KB009452

다시,
협동조합을
묻다_____

다시,
협동조합을
묻다____

정체성 전환의 시대, 한국판 레이들로 보고서

김기태, 강민수 지음

북돋움COOP

추천의 글

이 책은 두 가지 가치가 있다. 첫째, 협동조합의 과거, 현재, 그리고 미래를 이해할 수 있다. 둘째, 김기태, 강민수, 두 저자의 새로운 제안인 '협동조합 허브론'을 알 수 있다. 이 책을 많은 사람이 함께 읽고 토론하면 더 나은 사회를 만드는 데 큰 도움이 될 것이라 믿는다. 협동조합의 조합원, 이사회 구성원, 경영자, 직원 등은 물론이고 협동조합을 이해하고 싶어 하는 모든 사람들에게 의미 있는 책이 될 것이다.
– 장승권(한국협동조합학회 회장, 성공회대학교 교수)

우리는 전보다 물질적으로 훨씬 풍요로운 세계에 살고 있지만 여전히 불안하다. 기후 위기로 인한 재난의 시대이자 사회적 불평등 구조가 심화되고 있기 때문이다. 협동하려는 인간에 대한 신뢰를 바탕으로 자유롭고 평등한 사회를 만드는 것은 정녕 불가능한가? 이 책은 협동조합 운동을 통해 이러한 인류의 오랜 꿈을 실현하는 것이 가능한지 묻고 있다.
– 임종한(인하대 의과대학 학장, 전 한국사회적경제연대회의 상임대표)

국가의 번영을 위해서는 정부와 사회가 균형 있게 발전해야 한다. 협동의 경제로 우리나라를 재조직할 때 불평등의 개선, 지역 일자리 창출, 그리고 사회 문제의 해결이 가능해진다. 이 책은 협동조합의 의미와 정체성을 정립하면서 이 나라의 나아갈 바를 생각하게 한다. 저자들은 협동조합의 현장에서 설립, 운영, 정부 정책 결정과 집행, 중간 지원 기관, 연구소 등을 두루 거치면서 그 동안의 논의를 정리하고 앞으로의 방향에 대해 모색해 보는 기회를 가졌다. 이에 따라 실천적 결과물을 제시하고 있어 실제 협동조합 경영에 지침이 되며, 정책 방향도 제시하고 있다.
– 김재구(명지대 교수, 일자리위원회 사회적경제전문위원회 위원장)

누구나 참여할 수 있는 보편적 협동조합운동을 펼쳐야 한다는 두 분 연구자의 제안은 기후 위기와 사회적 불평등 시대에 아프게 들어야 할 충고다. 이 소중한 보고서가 협동조합을 다시 생각하고 다양한 협동으로 함께 걷는 협동사회를 만드는 귀한 책으로 남기를 바란다.

– 김영향(두레생협연합회 회장)

협동조합의 과거를 돌아보고 현재를 살피며 미래를 내다보려는 현장의 실천가들에게 좋은 길잡이가 될 책이다. 협동조합 운동의 역사부터 한국 사회적 경제의 분석에 기초한 소중한 제언까지 매 페이지에 밑줄을 긋게 된다.

– 김정희(아이쿱 생협연합회 회장)

오랜 시간 협동조합을 했지만 아직도, '나는 이 일을 왜 하고 있지? 이렇게 해도 괜찮은 걸까?'라는 질문이 몰아치는 절벽 같은 순간을 만난다. 그런 순간마다 이 책을 쓴 저자들의 폭넓은 경험에서 나오는 이론과 실천, 새로운 미래에 대한 야심 찬 문제의식이 상상력과 자신감을 되찾아 주는 '방향잡이 별'이 될 것이라 믿는다.

– 조완석(한살림 생협연합회 회장)

신자유주의 시장경제가 우리의 삶을 지배하는 생활 환경이 되면서 생활 세계의 기반인 사회의 토대가 뿌리부터 침식당하고 있다. 사회적 존재인 인간의 존엄이 경제적 동물로서만 가치를 인정받는 이 시대에 경험하는 참상은 말로 다 설명할 수 없이 참혹하다. 《다시, 협동조합을 묻다》는 협동조합과 사회적 경제를 통해 대안적 경제사회 모델을 모색하는 데 전력해 온 김기태, 강민수의 분투가 담긴 책이다. 정체성 전환의 시대, 이론뿐만 아니라 실물 영역의 풍부한 경험도 담겨 있어 시민민주주의의 경제적 토대를 꿈꾸는 분들께 일독을 권한다.

– 김경민(한국YMCA전국연맹 사무총장)

이 책은 사회 책임 경영, 공유 가치 창출, ESG 경영 등 기업 경영 환경의 급격한 변화 속에서도 협동조합들이 어떻게 자신의 가치와 원칙을 지키면서 동시에 다른 사회경제 주체와 협력을 통해 보다 넓은 협동의 생태계를 구축할 수 있을지에 대한 질문과 답을 준다.

– 정현곤(한국사회적기업진흥원 원장)

서문

　존재의 변하지 않는 본질을 정체성(正體性, identity)이라고 한다. 우리는 우리 시대 협동조합의 본질이 무엇인지 살펴보고자 했다. 여기서 중요한 것은 '우리'의 정체성을 확인하는 것이다. 왜냐하면 서로 공통점이 있다고 믿지 않는 개인들끼리는 우리라고 생각하지 않기 때문이다. 나아가 우리는 우리가 확신하지 못하는 새로운 일은 할 수 없다. 또한 함께 확신하지 않는다면 함께 행동할 수 없기 때문에 우리는 끊임없이 우리가 누구인지 물었다.

　협동조합 운동의 본질은 협동하려는 인간에 대한 신뢰를 바탕으로 자유롭고 평등한 사회를 만들겠다는 인류의 꿈을 실현하는 것이다. 우리가 꿈꾸는 자유롭고 평등한 세상은 '사회 속에서 경제의 의미'를 찾고 그것을 현실로 구현하는 것이다. 더욱이 인간을 도구적 존재로서가 아니라 존엄한 존재로 인식하고 그런 인식에 근거하여 조직을 운영하고 사회를 구성하려고 한다는 점에서 협동조합 운동은 주식회사 기업과 근본적으로 다르다. 물론 협동조합 운동이 불가능한 유토피아를 꿈꾸는 것은 아니다. 우리는 이론이 아니라 그것을 현실에서 구현하는 것이 중요하다고 생각한다. 그래서 우리는 협동조합 운동이 나갈 길을 모색하는 과정에서 협동조합 운동에 관여한 역사적 보고서들을 참고하는 한편 그들의 문제의식에서 한발 더 나아가는 것을 두려워하지 않았다.

우리는 이 책을 통해 새로운 협동조합 운동론을 제안한다. 도발적이기는 하지만 우리는 협동조합 운동이 '협동촌'에서 시작하여 '협동조합 공화국론,' 그리고 '협동조합 섹터론'에 자리를 내어 준 이래 이론적 정체기에 빠져 있다고 생각했기 때문이다. 물론 1980년 레이들로(A. F. Laidlaw)가 협동조합 운동을 둘러싼 내외부 환경의 변화를 진단하며 협동조합 지역사회론을 주장했지만, 그의 주장 역시 자본주의 시장경제 안에서 개인의 전체 생활 가운데 일부를 조합하자는 것으로, 크게는 협동조합 섹터론의 연장이다. 그러므로 협동조합 운동은 여전히 협동조합 섹터론 아래에서 진행되고 있다.

우리가 주장하는 새로운 협동조합 운동론은 협동조합 운동이 시장을 다시 사회로 가져오려는 사람들을 엮는 '사회적 접착제'가 되어 작은 협동의 경험을 이어 주고 보다 큰 협동의 경험으로 연결해 나가는 '협동의 허브(hub)'가 되자는 것이다. 이때 협동조합 운동은 단순히 시장 실패나 국가 실패를 보완하는 것이 아니라 열린 협동을 통해 우리 사회가 처한 문제들을 해결해 가는 거시적 혁신자로서의 자기 미션을 가진다.

현장의 협동조합들은 자신이 속한 협동조합의 생존을 위해 치열하게 싸우고 있지만 결국 돌아오는 대답은 '바쁘다'와 '지쳤다'는 것이다. 우리의 작업은 이런 현실로부터 출발했다. 현장의 협동조합들이 살아남았고 성장했다고 하는데 왜 우리는 여전히 바쁘고 힘이 들까? 왜 협동조합 운동은 지식과 상상력이 내부에서 쏟아져 나오지 못하고 일에만 파묻혀 살고 있을까? 그럴 수밖에 없을까? 과연 이런 문제들은 어떻게 해소될 수 있을까?

우리는 이러한 질문들에 답하기 전에 다시 물었다. '우리는 누구인가? 우리는 무엇인가? 우리가 서 있는 현재의 상황에서 우리는 어떻게 정의되는가? 그리고 우리는 무엇을 하려고 하는가?'

1995년 협동조합 정체성 선언을 통해 이런 질문을 한 바 있지만 뚜렷한 해결책이 제시되지 못했다. 오히려 당시에 비해 세상은 더 위험해졌고, 우리의 경쟁 상대인 기업들은 더 복잡하게 되었고, 그 스펙트럼은 더 넓어졌다. 협동조합에 대한 우리 내부의 동의 수준도 높아진 것 같지 않고, 외부의 시각도 크게 변한 것 같지 않다. 그래서 우리는 협동조합 정체성에 대한 논의의 필요성이 여전할 뿐만 아니라 더 절실해졌다고 생각했다.

'협동조합 허브론'은 협동조합 공화국론과 섹터론, 지역사회론이 가지고 있는 장점을 하나의 체계로 연결해, 기존의 이들 운동론이 가지고 있던 한계를 해결해 보려는 노력에서 나온 것이다. 협동조합 허브론에서 말하는 협동조합 운동은 과도하게 커진 시장을 다시 사회로 가져오려는 다양한 세력과 협력하되 협동촌 운동과 같이 닫힌 협동이 아니라 사회를 향해 열린 협동을 지향한다. 협동조합 운동은 자신이 가지고 있는 자원을 발견하고 공통의 이해와 필요를 가진 사람들의 자조를 통해 도시지역을 지역사회로 바꾸는 여러 활동의 접착제가 되어야 하며 이를 통해 협동의 경험이 연결되도록 돕는 허브가 되어야 한다.

이제 협동조합은 협동조합임을 증명하는 데서 벗어나 협동조합이기에 할 수 있는 무한한 가능성과 성과를 보여 주어야 한다. 그래서 많은 사람이 협동조합의 거대한 잠재력에 감동하고 참여하도록 해야 한다. 우리는 협동조합 운동이 자유롭고 평등한 사회를 만들려는 사람들을 위한 협동의 허브가 될 수 있다고 믿는다.

차례

제1부 협동조합이 지나온 길

제1장 돌아보기

제2장 우리는 누구인가

제2부 지금 협동조합이 서 있는 곳

제4장 우리의 현실

제3부 한국 협동조합이 갈 길

협동조합 허브론을 제안하며

만인의 진정한 자유를 보장하는 사회는 정말 불가능할까? 경험했듯 현실 사회주의는 실패했고, 인간 이성과 거대 이론에 대한 회의로 사람들은 시장을 비판하고 대안을 모색하는 일을 이제는 멈춘 듯하다. 그러나 두려움을 건너뛰고자 하는 사람이 있었고, 불평등한 세계에서 계속 살고 싶은 것이 아니라면 대안을 함께 모색하자고 했다.

협동조합 운동은 지나치게 비대해진 시장을, 사회를 위한 시장으로 돌려 놓는 운동에 앞장서야 한다. 그러기 위해 시민사회, 지역사회, 사회적 경제 등 사회운동에 관심을 가진 조직과 연대하고 긴밀하게 소통해야 한다.

우리는 이러한 문제의식을 협동조합 운동, 협동조합 사업, 협동조합 부문의 차원에서 살피고 대안을 모색하고자 했다. 여기서 말하는 운동이란 특정한 목적을 이루고자 함께 모인 사람들의 협동조합 운동을 의미한다. 사업이란 협동조합 운동을 실현하는 과정에서 출현하고 성장한 협동조합의 구체적 비즈니스를 말하며, 부문이란 협동조합 운동이 자본과 국가와는 다른 영역이라는 의미에서 사용된다.

이상의 주제와 구상을 드러내기 위해 이 책은 총 3부로 구성된다.

제1부에서는 협동조합 운동의 역사와 이에 관여한 이론을 다룬다.

제2부에서는 협동조합 운동이 처한 현실을 분석하고 과제를 제안한다.

제3부에서는 한국 협동조합 운동을 회고하고 한국 협동조합 운동의 방향을 제시한다.

우리는 협동조합 운동이 나아갈 길을 모색하는 과정에서 협동조합 운동에 관여한 역사적 보고서들을 참고하는 동시에 거기서 한발 더 나아가려고 했다. 왜냐하면 협동조합과 협동조합 운동을 둘러싼 현실은 늘 변화하고 있기 때문이다. 우리는 토마 피케티(Thomas Piketty)의, "오늘날까지 모든 사회의 역사는 (불평등을 합리화하는) 이데올로기 투쟁과 (불평등에 맞서는) 정의 추구의 역사일 뿐이다."라는 견해에 동의하며, 지금보다 더 나은 세상, 좋은 사회로 가기 위한 투쟁은 계급투쟁이 아니라 이데올로기 투쟁을 통해 이루어져야 한다고 생각한다. 당연하게도 이데올로기에 대한 투쟁은 계급투쟁과 달라 인식과 경험의 분유(分有), 타자에 대한 존중, 숙의와 민주주의에 기초해야 한다.

1

앞으로의 협동조합 운동

미래에 필요한 협동조합 운동론은 단순히 과거 협동조합 운동론의 한계를 지적하고 다른 방향을 제시하는 것으로 그쳐서는 안 된다. 미래의 협동조합 운동론은 이전의 협동조합 운동론을 포괄하면서 극복해야 하고, 더 높은 이상을 제시하면서 동시에 현실적 설명력을 높여, 다양한 업종, 다양한 발전 수준, 다양한 환경에 놓여 있는 협동조합인의 실천에 녹아들어야 한다. 동시에 다음의 발전을 위해 고개 들어 지향점을 바라보고 궤도를 조정하는 데 도움을 주는 휘날리는 폿대 역할을 해야 한다.

협동조합 운동사에 출현했던 협동조합 공화국론, 협동조합 섹터론, 협동조합 지역사회론이 가지는 강점들을 하나의 설명 체계 속에 묶으면서도, 각각이 가지는 현실 적용상의 어려움을 해소하거나 최소한 완화해 주어야 한다. 이런 점에서 앞으로의 협동조합 운동론을 한마디로 정리한다면 '협동조합 허브론'이다. 협동조합 허브론이란 사회경제계 내에서 협동조합이 다양한 네트워크의 허브가 되어 영향력을 단계적으로 강하게 발휘함으로써 연속적으로 더 나은 사회를 만들어 나가고, 이를 통해 인류 전체가 지속 가능한 행복한 삶을 살아가기 위한 안정적인 구조를 형성하는 데 필수 요소로 자리 잡아야 한다는 것이다.

이런 목표를 달성하기 위해 미래의 협동조합 운동은 협동조합을 둘러싼 사회경제 생태계의 모든 영역에서 의미 있는 영향력을 발휘할 수 있도록 확장적 정체성을 추구해야 한다. 협동조합의 영향력이 강화되면 소상공인이나 회사법인들의 행태도 달라질 수 있고, 국가는 물론 세계적인 사회경제의 제도도 재구조화될 수 있다는 신념을 가지고, 협동조합의 고유한 소유-통제 구조가 가지는 장점을 최대한 활용하여 양질적 성장을 해야 한다. 동시에 다른 법인 유형이나 다양한 경제 주체들이 부분적으로라도 협동조합의 장점을 벤치마킹하도록 만들고, 이를 통해 다양한 사회경제 조직의 명실상부한 허브로 인정받도록 노력해야 한다.

허브가 경제 분야에만 한정되어서는 협동조합의 본질이 가지는 어소시에이션(association)이라는 강점을 다 발휘하지 못한다. 비경제적인 다양한 사람 중심의 조직들과 협력하고 연대함으로써 사회경제적 영향력을 더욱 다양한 각도에서 발휘해야 한다. 주민 자치, 주창형 시민운동, 지역공동체 운동 등의 다양한 민간 운동들과 함께 활동해야 한다.

이런 경제적 조직, 사회적 조직들과 중층적이고 다면적인 네트워크 활동을 하고 공동사업, 공동활동이 지역적으로 펼쳐지면 '협동조합 지역사회론'의 확장판이 되고, 그것을 업종별 차원으로 펼치면 '협동조합 섹터론'의 확장판이 될 것이다. 또한 한 국가 내에서 협동조합 혹은 사회적 경제의 구성원들이 다수를 이루고, 그들의 사회경제적 선택이 점차 축적되어 나간다면 자연스럽게 '협동조합 공화국'이라 불려도 좋을 것이다.

따라서 협동조합이 주도하는 지역사회를 만들기 위해서는 협동조합이 지역의 민간 활동과 경제 영역의 다양한 활동에 함께 참여하고 서로 좋은 영향력을 높여 나가도록 거멀못 역할을 해야 한다. 도시화 경향과 탈도시화 경향이 공존하고 있는 상황에서 협동조합은 도시와 농어촌 모두에서 협동조합 지역사회를 추구해야 하며, 도시와 농어촌의 협력·연대를 통해 서로의 영향력 확대를 도모해야 한다.

국가적 차원의 제도 및 정책 정비를 위해서는 업종별 활동에서 다수를 차지하는 상대적 약자의 입장을 대변하는 업종별 협동조합연합회의 활동과 그들 간의 연대를 더욱 강화시켜야 한다. 이를 통해 개별 업종 전체의 대표성을 확보하는 것은 물론 실질적인 경제민주화를 심화시키는 핵심적 주체가 되어야 한다. 이를 통해 경제계 전체의 허브가 됨으로써 '주도적인 협동조합 섹터'가 되어야 한다.

이렇게 국가적 차원에서 협동조합 친화적 생태계 환경을 조성하기 위해 협동조합의 국제적 연대는 더욱 중요한 과제가 된다. 어떤 나라의 모범 사례와 제도 정책이 다른 나라에 더 쉽게 확산될 수 있도록 전 세계의 협동조합 운동가들은 최대한의 노력을 해야 할 것이다.

물론 글로벌 체계 속에서 협동조합의 국제적 연대는 중요하지만, 단순한 지원만으로는 부족하다. 각 국가의 주체가 강화될 수 있도록 세심한 연대가 이뤄져야 한다. 이를 통해 협동조합이 ODA(Official Development Assistance, 공적 개발 원조)의 새로운 패러다임을 선도해야 한다.

2

협동조합 허브론

우리는 협동조합 운동사를 제1세대: 오언주의 협동촌 건설의 시대, 제2세대: 로치데일과 협동조합 공화국의 시대, 제3세대: 협동조합 정체성 위기의 시대, 제4세대: 시장의 자기조정에 맞서는 새로운 사회운동의 시대로 구분하여 분석한다.

1세대 협동조합 운동은 비록 실패했지만 자유롭고 평등한 세상을 살고자 하는 사람들에게 공동체 경제의 가능성을 사상적으로 정립했다는 점에서 불멸이라고 할 수 있다. 2세대 협동조합 운동은 1세대 협동조합 운동의 실패를 교훈 삼아 협동운동을 지속하기 위한 조건을 분석하고 규칙을 세움으로써 이론적·경영적으로 크게 성장했으나 제2차 세계대전 이후 발전한 자본주의 기업과의 경쟁에서 그 영향력이 쇠퇴하게 된다.

3세대 협동조합 운동은 시장경제 내에서 자본주의 기업과 경쟁하면서 살아남기 위해 다양한 경제, 경영적 기법들을 도입함으로써 외형적으로는 크게 성장하지만 동시에 정체성 위기를 맞이하게 된다.

지금의 협동조합 운동을 희망으로만 기록할 수 없다. 우리는 분명 협동조합 운동의 정체성 위기 시대를 살았고, 여전히 살고 있다. 그러나 우리는 자유롭고 평등한 사회를 지향하는 사람들로서 우리가 사는 지금이 평등하지도 지속 가능하지도 않다고 생각한다. 그래서 우리는 새로운 협동조합 운동이 필요하다고 주장한다.

우리는 지난 협동조합 운동을 분석하여 이를 토대로 4세대 협동조합 운동이 지향할 바를 '협동조합 허브론'이라 정의한다. 협동조합 운동은 시장을 다시 사회로 가져오기 위해 다양한 세력과 협력하되 사회를 향해 열린 협동을 지향한다. 열린 협동이란 시장을 인정하지만 시장이 결코 자기조정될 수 없다는 점을 기초로 시장을 다시 사회를 위한 기능적인 것으로 돌려놓으려는 사람들을 위한 사회적 접착제가 된다는 것이며, 이를 통해 점차 작은 협동들이 보다 큰 협동으로 나아가도록 돕는다는 것이다. 협동조합 허브론에서 협동조합 운동은 단순히 국가와 시장의 실패를 보완하는 잔여적이고 수동적인 역할이 아니라 적극적으로 우리 사회가 처한 문제를 해결해 가는 거시적 혁신자로서의 자기 미션을 가진다.

협동조합 허브론이 지향하는 협동 사회

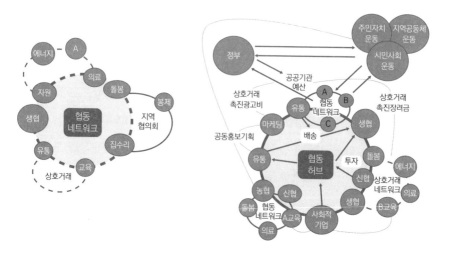

3

협동조합 운동의 과제

협동조합 운동을 통해 지속 가능한 사회를 만들기 위해서는 우리 사회가 직면한 가장 중요한 문제를 해결하려는 의지를 가지고, 문제 해결에 필요한 협동조합 사업을 펼쳐야 한다. 그리고 성공적인 실천을 통해 성과를 만들어 내야 한다. 이런 과정들이 연속적으로 이뤄질 때 협동조합 운동이 발전되고 사회적으로 점차 영향력을 넓힐 수 있다. 그렇다면 현재 우리에게 가장 중요한 과제는 무엇일까? 세계적 차원에서 함께 해결해야 할 과제와 한국 사회에 특히 필요한 과제를 정리해 보면 다음과 같다.

1) 전 세계 협동조합 운동의 과제

첫째, 기후 위기와 불평등의 심화 등 인류가 파국을 향해 치닫는 가속도를 늦추기 위해 협동조합 운동이 유의미한 역할을 해야 한다. 지구 온난화에 따른 피해가 단순한 전망에서 벗어나 피부로 느낄 정도로 가시화되고 있다. 파괴적 피드백의 고리에 빠져 들어가는 임계점을 넘어서지 않도록 전 세계 사회경제계의 기존 문법과 질서를 바꿔야 한다. 파국을 방지하고 사회경제계가 재구조화되기 위해서는 다음과 같은 과제가 해결되어야 한다.

① 전 인류가 사용하는 에너지 양을 줄여야 한다. ② 국가 간의 평화적 협력 체계가 구축되어 전 지구적 문제 해결에 힘을 모아야 한다. ③ 국가 내에서는 도시화를 되돌리고 지역사회의 완결성을 높일 수 있는 사회경제적 제도·정책이 마련되어야 한다. ④ 경제적 양극화를 줄일 수 있는 지역 기반 시민 공유의 경제 체계를 확대해야 한다. ⑤ 저탄소 생산 기술을 전 세계적으로 공유하고, 지역-생산 소비 체계를 구현해야 한다. ⑥ 이런 거시적 전환의 전제 속에서 중앙-광역-기초 정부의 각 층위마다 시민 참여의 거버넌스 구조를 마련하고, 시민들의 세계 시민적 교육과 의식 전환을 촉진해야 한다.

이런 활동은 단순한 정치나 주창형 시민운동만으로 해결될 수 없다. 협동조합 운동이 앞장설 수밖에 없다. 비영리조직-사회적 경제 조직 중 가장 많은 시민을 조직하고 있는 협동조합의 대중성이 이 과제를 해결하는 데 기여할 수 있도록 노력해야 한다. 특히 소비자협동조합의 조합원에 대한 교육과 홍보, 지속 가능한 사회를 만드는 새로운 사업의 협동조합에 대한 지원, 소비자협동조합 조합원의 관심과 참여를 유도하는 등의 활동을 더 강화할 필요가 있다.

재생 가능한 에너지를 생산, 유통, 소비하는 협동조합을 빠르게 육성해야 한다. 탄소 발자국을 줄이는 지역 푸드 플랜, 재활용 제조업 및 관련 전후방 산업 등에서 협동조합의 역할이 주도적으로 이뤄져야 한다.

둘째, 급속히 확대되는 플랫폼 경제에 대한 협동조합 운동의 대응이 요청된다.

공유경제라는 '화려하지만 텅 비어 있는' 수식어가 붙은 ICT 대기업의 플랫폼은 매우 위험하다. 그들의 수익 모델은 새로운 플랫폼을 전 세계 사람들이 거쳐야만 하는 필수적인 공간이 되도록 만든 후, 공급자 혹은 소비자의 이용에 각종 수수료를 붙여 독점이윤을 추구하는 것이다. 이런 독점성은 일자리 축소, 지역사회 경제의 파괴, 공동체의 축소 등 엄청나게 큰 부(負)의 외부 경제 효과를 양산한다.

협동조합은 이런 움직임에 대응하기 위해 수평적이고 진정한 의미의 공유경제 정신에 따른 수평적 플랫폼을 구축해 나가야 한다. 충분한 이용자-생활인을 확보하고 있는 소비자협동조합, 신용협동조합의 플랫폼 경제에 대한 관심이 높아져야 한다. 다만 온라인 플랫폼 경제의 특징상 기존 협동조합의 소유-통제 구조만 가지고 이런 과제를 해결하기 어려울 수 있다

빠른 전략적 의사결정과 필요한 기술의 개발을 담당할 소셜 벤처, 초기 시스템의 시장이 되어 줄 소비자협동조합들의 연대, 공공성을 위해 초기 개발 및 홍보를 담당할 공적 기금이나 지방정부와의 협력 등이 함께 발맞춰 나가야 한다. 성공한 애플리케이션의 확산도 국내, 국제적으로 연결된 협동조합의 네트워크를 활용할 필요가 있다.

특히 초국적 ICT 기업에 대응하기 위한 공유자산으로서의 지역 및 국가 단위의 플랫폼 구축과 이들 국가별 플랫폼을 하나의 플랫폼으로 연결하는 기술적 표준에 대해 세계 협동조합 전체의 관심이 높아져야 한다.

셋째, 협동조합 지역사회 건설 운동을 본격적으로 전개하고 확산해야 한다.

레이들로 보고서에서 협동조합 지역사회 건설을 우선 과제로 제시

했지만, 이런 제안이 충분히 확산되었다고 말하기는 어렵다. 더욱이 레이들로가 협동의 지역사회를 말한 시점으로부터 지금의 상황은 많이 변해 있다. 그러나 그의 생각은 앞으로의 협동조합 운동이 추구해야 할 방향과 과제로서는 타당한 지적이다. 도시로서는 이탈리아 중부지역, 농촌으로서는 캐나다 퀘벡의 사례들을 더욱 넓게 확산하기 위해 더 많은 이론적 연구와 실천이 필요하다.

레이들로는 주로 도시지역의 협동조합 지역사회 건설을 강조했지만 농어촌 지역에서의 지역사회 건설도 여전히 추구되어야 한다. 양자의 건설 과정 속에서 도시와 농촌 협동조합 간의 협력과 연대를 통해 만들어지는 시너지 효과는 다른 회사 유형의 조직에서는 채택하기 어려운 협동조합만의 강점이 될 것이다. 민간 주도 혹은 민관 협력의 다양한 방법을 통해 협동조합 지역사회의 다양한 모델을 만들고 확산해야 한다.

2) 한국 협동조합 운동의 과제

첫째, 저출생 고령화 문제에 대한 대안을 만드는 한국 협동조합 운동이 되어야 한다.

저출생 고령화 문제를 구조적으로 해결하기 위해서는 가사의 분담, 이를 위한 노동 관행의 개선, 노동 관행 개선을 위한 기업 간 격차 완화, 양육비 절감을 위한 교육 체계 개편, 노인의 사회적 생산 연령의 확대(청년 취업 현황을 보면서 속도 조절이 필요) 등 전 사회적인 리모델링이 필요하다.

이런 변화들이 진행된다는 전제 속에서 협동조합·사회적 경제는 다른 영역이 하기 어려운 부분인 지역사회 통합 돌봄의 성공 사례를 만들고, 전국적으로 일반화되도록 해야 한다.

지역사회 통합 돌봄은 지역사회의 자원을 결합하여 영유아에서 아동까지 포괄하는 아동 돌봄과 급격하게 증가하는 노인 돌봄을 함께 해결해야 한다. 이미 공동 육아와 마을 교육 공동체에 대한 논의와 시도는 우리나라에서 다양하게 있어 왔고, 노인 돌봄도 의료복지사회적 협동조합과 사회서비스협동조합들의 노력으로 다양한 모범 사례가 만들어지고 있다. 관련 협동조합들의 집행 역량을 바탕으로 서로 연대하여 지역사회 통합 돌봄의 허브를 만들고, 지역사회 내의 자원 봉사 활동, 공동체 활동 등을 결합하여 효과적인 돌봄 체계를 만들어야 한다.

둘째, 수도권 집중, 지역 소멸에 맞서는 한국의 협동조합 운동이 되어야 한다.

수도권 집중과 지역 소멸에 맞서는 것은 한국 협동조합 운동이 우리 사회의 불필요한 에너지 소모를 줄이고, 극단적인 경쟁을 완화하여 국민 전체의 심리적 소모도 줄일 수 있는 매우 중요한 과제이다. 이를 위해 협동조합이 앞장서서 지역 순환 사회경제 체계를 완성해서 전국이 고루 지속 가능한 공간이 되도록 해야 한다.

협동조합·사회적 경제 조직들은 지방자치단체와 협력하여 선도적인 역할을 할 필요가 있다. 지역 순환 사회경제의 핵심 비즈니스 모델은 주민 주도의 마을협동조합이 될 것이다. 이때 마을은 순환되어야 할 자원의 성격에 따라 동리(洞里)일 수도, 읍면일 수도, 시군 단위일 수도 있다. 그동안 초기 단계에서 많이 만들어졌던 농수산물 생산-가공 위주의 협동조합에서 벗어나 돌봄 서비스나 지역 관리 등을 모두 포함해야 한다.

로컬푸드와 학교 급식 사업, 공공 급식, 식생활 교육, 먹거리 복지 등의 영역을 포괄하여 지역 내 생산-유통-소비가 순환할 수 있도록 체계화하는 것은 푸드플랜이며, 이를 가장 잘 수행할 조직 형태는 협동조합이다. 또한 에너지 자립을 지역사회 내에서 최대한 추구하는 것도 중요하다. 이를 위해 지역 내 시민이 주도하는 재생에너지협동조합이 전면화되고, 20~30만을 묶음으로 지역 내에서 에너지가 순환되도록 하는 지역 그리드 체계를 구성할 수 있게 시민사회 전체가 노력해야 한다.

이 두 가지 방향이 활성화되는 속에서 조직된 다수의 지역 소비자 조합원들의 구매력을 바탕으로 광역 단위 제조업에서 협동조합이 설립·운영되도록 지향해야 한다.

셋째, 지역사회 경제에서 협동조합의 영향력을 확보하고, 현재 우리 경제의 심각한 문제인 소상공인 문제를 해결하기 위해서 소셜프랜차이즈 전략이 필요하다.

소셜프랜차이즈가 성공하기 위해서는 전파가 쉬운 비즈니스 모델이 있어야 한다. 전파가 쉬우려면 다음의 특징을 갖추어야 한다. ① 우월한 성공 사례와 시스템, ② 성공의 요인이 개인보다 일반적인 데 있을 것, ③ 지역별로 비슷한 해당 비즈니스 모델에 대한 시장 수요가 있을 것, ④ 자원의 공급과 역량 학습이 용이할 것. 여기에 특히 소셜프랜차이즈는 사회적 가치를 확인받을 수 있는 체계를 갖추어야 지역

간 확산이 쉬워진다.

협동조합이 중심이 되는 소셜프랜차이즈는 ① 소상공인협업화사업의 재편을 통한 성공적인 소상공인협동조합의 발굴과 확산, ② 농협, 생협 등 개별법 협동조합의 기존 프랜차이즈 사업 강화와 이종 협동조합과의 연대, ③ 협동조합의 업종연합회가 발전하여 소셜프랜차이즈 추구, ④ 복지 사회 서비스 센터들의 사회적협동조합 전환과 프랜차이즈화의 네 가지 경로를 통해 추구되어야 한다.

넷째, 업종별 연합회를 통한 혁신 성장이 필요하다.

업종별 연합회는 발전할 경우 소셜프랜차이즈의 기능을 수행하겠지만, 이런 사업 연합의 발전 이외에 제도·정책 개선 활동도 매우 중요하다. 지난 10년간의 개선 활동과 성과에도 불구하고 여전히 협동조합으로 사업하기에는 영리회사에 비해 제도적 불이익이 남아 있다.

이런 문제를 해결하기 위해서는 업종별 연합회를 만들고, 각각의 수준에서 공동 대응해야 한다. 비슷한 문제를 가진 사람들을 모아 그 속에서 지도자를 육성하고 스스로 협동조합을 만들 수 있도록 도와주고, 선도적인 협동조합들의 사례를 일반화하기 위한 연구와 교육을 계속해야 한다. 또한 그 과정에서 발굴된 제도·정책의 개선 과제들이 사장되지 않도록 숙성시키고, 공동으로 개선 활동을 해야 한다.

4

책을 읽기 위해 이해해야 할 용어

1) 국가

우리는 국가란 가장 큰 공동체이면서 동시에 사회가 형성된 후 가장 큰 사회(전체 사회)로서 작동하고 있다고 생각했다. 그러나 동시에 국가는 하나의 커다란 바위처럼 단일한 집단이 아니라 다양하게 나눠진 의견 집단의 연합체이며, 구성원들의 복잡한 이해관계가 얽혀 있는 조직이라고 파악한다.

국가는 권력을 행사하여 제도를 만들고, 시민사회와 경제 주체에게 자원을 배정하는 역할을 통해 영향을 미친다고 본다. 한편 사회적 경제나 협동조합인들이 국가의 문제를 깊이 있게 고민한 경우가 없다고 생각하며, 대개 '지원은 하되 간섭은 말아야 할 존재' 정도로 이해하고 있다고 판단했다. 그러나 국가는 시장 계약을 수행하는 하나의 단순한 주체 정도가 아니다. 이 책을 통해 우리는 사회적 경제의 맥락에서 국가의 기능과 역할, 정부, 거버넌스에 대해 다룰 것이다.

2) 거버넌스

우리는 거버넌스란 기존의 국가와 그 외 주체를 수직적으로 이해하는 '거번먼트(government, 통치)'의 개념으로만 설명하기 어려운 정부의 역할을 재정립하기 위해 거번먼트를 포괄하면서 확장한 개념이라고 본다. 복지국가 모델의 해체와 신자유주의 모델의 확장이라는 과정에서 좌우 모두에서 주장된 거버넌스 논의는 제기자의 이념에 따라 궁극적 의도가 다르게 나타났다. 그러나 한국에서의 거버넌스 논의는 대개 거버넌스가 대의제 민주주의를 보완할 수 있는 참여 민주주의의 통로라는 이해하에 받아들여졌다고 보았다. 우리는 협동조합이 스스로 국가와 정부를 구성하자는 주장을 하기 전까지 정부와의 거버넌스는 피할 수 없다고 판단한다.

3) 시장

시장이란 인간이 재화의 교환을 위해 발전시켜 온 사회 구조이다. 시장은 분업을 통해 생산된 재화와 용역이 가격을 매개로 교환, 배분되는 효율성을 가지지만 동시에 수요와 공급이라는 자기조정을 통해 일반 균형에 도달할 수 없는 시장 실패가 존재한다고 본다. 이러한 시장 실패에 대해 국가는 제도를 통해 개입하고 협동조합은 비즈니스를 통해 개입한다. 물론 우리는 협동조합이 단지 시장의 실패를 보완하기 위해 출현한 제도라고 보지 않는다. 오히려 협동조합이란 협동하려는 인간에 대한 신뢰를 바탕으로 자유롭고 평등한 사회를 만들겠다는 인류의 오랜 꿈을 실현하기 위해 출현한 구체적인 실체라고 파악한다.

4) 사회

사회란 개인들이 특정한 목적이나 이익을 실현하기 위해 결성한 것으로 관계를 통해 실재한다. 사회는 인류와 함께 끊임없이 변화해 왔으나 그 본질은 관계에 있으며 관계는 특정한 규범에 의해 제약된다. 특정한 규범이란 계급을 말하기도 하고 시장과 같이 사회가 고안한 특수한 제도를 말하기도 한다.

사회적 경제 운동, 협동조합 운동은 시장이 사회와 국가로부터 이탈해 인간, 자연, 화폐와 같이 상품화할 수 없는 것들을 상품화하고 있으며 심지어 능력만 된다면 무한대로 이런 것들을 소유하는 것이 나쁘지 않다고 말하는 상황에 처해 있다. 우리는 이런 생각들에 맞서 사회의 자기보호 운동이 필요하다고 생각한다. 우리는 협동조합 운동이 인간사회의 실체적 경제 활동을 회복시켜 인간이 지금보다 자유로워지는 데 기여할 수 있다고 생각한다.

5) 경영

경영이란 어떤 특정한 조직을 그 설립 목적에 부합하도록 의식적으로 계획·유도하고 지휘하는 것을 말한다. 여기서 중요한 것은 목적이다. 협동조합의 설립 목적은 다양할 수 있다. 그러므로 우리가 이 책에서 사용하는 경영 또는 협동조합의 경영은 개별 협동조합 기업이나 협동조합의 유형을 의미하는 것이 아니다. 여기서 말하는 것은 협동조합 전체의 경영이 지향해야 할 바를 의미한다.

6) 정체성

정체성은 존재의 본질 혹은 이를 구성하는 특징들의 구조적 관계를 구성원들이 주체로서 경험하고 합의해 나가는 이미지라고 할 수 있다. 따라서 정체성은 단순히 객체적인 사실을 의미하는 것이 아니라 주체들의 노력과 탐색을 전제하고 있다. 여기서 중요한 것은 '우리'의 정체성이다. 서로 공통점이 있다고 믿지 않는 개인끼리는 우리라고 생각하지 않으며, 우리는 우리가 확신하지 못하는 새로운 일은 할 수 없다. 또한 함께 확신하지 않는다면 공동의 행동이 불가능하다. 우리가 협동조합의 정체성에 대해 논의하려는 이유가 여기에 있다.

정체성에는 두 가지가 있다. 적대적인 외부 환경, 협동조합의 존재 필요성에 대한 의심에 대응하고 스스로의 위기의식을 극복하기 위해 정의되는 방어적 의미의 정체성이 있다. 그리고 기존의 사회적인 실재가 높은 성과를 거두었을 때 그것을 확장하기 위해 정당성을 제공하고, 다른 사회적 실재를 변화시키도록 요구하려는 확장적 정체성이 있다. 이 책을 통해 우리는 '협동조합이란 무엇이고, 그것은 어떻게 다른 주체들과 결합하면서 어떤 수준으로 사회를 더 나은 방향으로 변화시킬 수 있는가?'라는 확장적 관점에서 정체성 논의를 진전시키고자 한다.

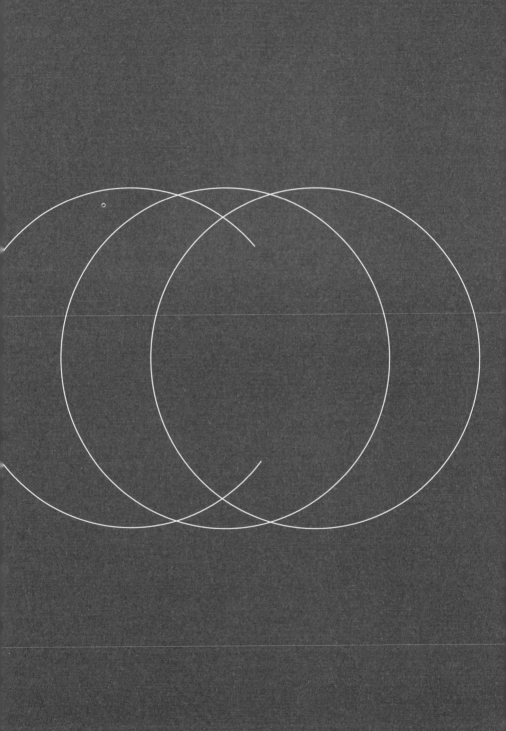

제1부
협동조합이 지나온 길

제1장

돌아보기

협동조합(Cooperative)은 발명된 것이 아니다. 협동조합은 산업혁명이 초래한 대량 실업, 생계비 증가 등 초기 자본주의 사회에서 발생한 사회경제적 문제를 해결하려는 역사의 격랑 속에서 탄생하고 성장해 왔다. 여기서는 역사 속에서 출현한 협동조합 운동을 4개의 세대로 나누어 시기, 사건, 역사적 평가, 각 세대에 관여한 주요 이론들을 살펴보고 협동조합 운동이 주목했던 시대의 문제와 문제 해결을 위해 제기한 과제들을 살펴볼 것이다. 한편 국제협동조합 운동을 대표하는 ICA(International Cooperative Alliance, 국제협동조합연맹)의 공식 문서들을 통해 시대의 과제를 국제협동조합 운동 차원에서 어떻게 이해하고 해결하려 했는지 추적해 볼 것이다.

협동조합 이론사의 측면에서 자본주의의 모순과 사회주의의 경직을 해소한 새로운 사회 건설을 주장한 협동조합 공화국론 이후 자본주의 시장경제에 정면으로 도전한 거대 이론은 더 이상 출현하지 않왔다. 그러나 존스턴 버챌(Johnston Birchall, 2009)이 지적한 바와 같이 2008년 세계 금융 위기 이후 위기에 강하고 사회적 책임을 다하는 기업 모델로 협동조합이 주목받게 되면서 협동조합에 대한 관심이 높아지고 있는 것이 현실이다. 더욱이 불평등이 초래하는 양극화, 가속화되고 있는 기후 위기와 같은 전 지구적 위기 상황에서 협동조합 운동은 어떤 대응을 조직할 수 있을까? 역사를 통해 그 길을 찾아보자.

1

협동조합 운동의 역사

협동조합 운동은 언제, 어떻게 출현해서 오늘에 이르게 되었을까?

대개 협동조합은 산업혁명이 초래한 문제들을 해결하려는 과정에서 운동으로 출현했다고 한다. 이때 협동조합 운동은 레이들로(1980)의 지적처럼 특정한 사회적, 경제적 목적을 이루고자 함께 모인 사람들을 의미하며 동시에 협동조합에서 구현해야 할 철학과 원칙을 포함한다. 산업혁명이라는 역사의 격랑 속에서 탄생하고 성장해 온 협동조합 운동의 역사는 크게 4개의 시기로 구분할 수 있다.

	제1세대	제2세대	제3세대	제4세대
시기	1844년 이전	1844년~1950년대	1950년대~2008년	2008년 이후
정치·사회	•산업혁명 •자본주의	•1·2차 세계대전 •사회주의의 등장 •1929년 대공황	•냉전시대 •자본의 황금기 •1970년 자본 불황과 신자유주의 등장	•2008년 금융 위기 •기후 위기 •코로나 19
평가	공동체 경제의 가능성을 사상적으로 정립	협동조합을 통한 새로운 사회경제 구상	자본주의를 보완하는 부분 전략	시장의 자기조정에 대한 사회의 보호 운동
이론	협동촌	협동조합 공화국론	협동조합 섹터론	협동조합 지역사회론
ICA	설립 이전	•ICA의 설립 •협동조합 원칙 발표	•레이들로 보고서 •ICA의 정체성 선언	•협동조합 지역사회론 •사람 중심의 협동조합

1) 제1세대 협동조합 운동(1516~1844)

■ 시기: 오언주의 협동촌 건설의 시대

제1세대 협동조합 운동은 산업혁명이 본격화되기 이전인 1516년 토머스 모어(Thomas More)에 의해 언급된 '유토피아(Utopia)'를 시작으로 영국의 로버트 오언(Robert Owen)[1]의 협동촌(Village of Cooperation) 실험이나, 프랑스 샤를 푸리에(Charles Fourier)의 팔랑주(phalange) 실험 등 협동조합 운동의 수많은 실험과 실패가 있었던 1844년까지라고 할 수 있다.

■ 역사적 사건

제1세대 협동조합 운동이 진행되던 시기의 가장 중요한 역사적 사건은 산업혁명이다.

18세기 영국에서 시작된 산업혁명은 엄청난 사회의 변화를 가져왔다. 버챌(1997)에 따르면 영국은 19세기 초에 인구가 1,000만 명에서 2,000만 명으로 증가하고, 19세기 말에는 4,000만 명으로 증가했다. 수출은 7배, 수입은 16배, 석탄 생산량은 20배, 선철(무쇠) 생산량은 30배로 증가해, 공업의 총생산이 14배가량 성장했다. 이것은 생존 수단의 대변혁이다. 19세기 초에는 인구의 80%가 농촌에서 생활했으나 19세기 말에는 인구의 80%가 도시 및 읍내에서 생활했다. 이러한 사회의 급격한 변화에 대해 버챌은 18세기 말 근대사회가 출현했다면서 이는 신석기시대의 대변혁에 필적할 만한 것이라고 평가했다. 이러한 변화에 대해 칼 폴라니(Karl Polanyi)는 집안과 소규모 작업장에서 이루어지던 생산이 공장에서 이루어지고, "시장이 사회의 부속물에서 사회가 시장의 부속물이 되는 새로운 시대로 전환되었다."고 평가한다.

■ 제1세대 협동조합 운동에 대한 평가

토머스 모어는 소설 《유토피아》를 통해 당시 영국에서 진행된 엔클

1 　로버트 오언(1771~1858)은 협동조합 사상가인 동시에 협동조합 운동의 선구자이다. 오언은 29세가 되던 1800년 뉴래너크의 수차 방적 공장을 인수하여 경영하면서, 당시 자본가들에게 아동노동과 장시간 노동 없이, 노동자들에게 채찍을 가하지 않더라도 공장 운영에 성공할 수 있다는 모델을 제시했다. 오언이 경영한 뉴래너크 공장은 약 2,000명의 노동자들을 고용하고 오언의 방침대로 운영하면서도 대성공을 거두어 투자자들에게 약속한 배당을 실현했다.
뉴래너크의 경영 경험은 후일 협동조합 사회 구상에 이르게 되었고, 1825년 뉴하모니 협동촌의 건설을 계기로 현실화되었으나 계획의 무모성, 조합원 간의 감정 대립 및 견해 차이 등에 의해 4년 만에 실패하고 말았다.
이처럼 오언의 이상은 실패로 돌아간 듯 보이지만 훗날 수많은 협동조합 운동가들의 가슴에 자리 잡게 되었고, 평화적이며 점진적인 수단을 통하여 자본주의 사회를 변혁하고 새로운 사회주의 사회를 건설하려는 시도들로 이어졌다.

로저 운동을 비난하면서, 사유재산을 폐지해야 인간이 평등과 복지에 이를 수 있다고 주장한다. 이런 이상은 훗날 '유토피아 사회주의자'라 불렸던 오언, 생 시몽(Saint Simon), 푸리에 등에게 큰 영향을 미치게 된다. 이들은 자본주의의 발전 과정에서 파생된 많은 사회적 불안과 모순을 개선하기 위한 사회 개혁 사상에서 출발했으며, 협동조합 운동은 이와 같은 사회 개혁 사상의 실천 조직체로서 발생한 것이다. 이들은 공통적으로 '경쟁 없는 평등 사회,' '생산과 소비가 공동화된 이상사회'를 구현함으로써 자본주의 사회의 모순을 개혁하려 했으나 사회현상에 대한 정확한 이해 없이 출발함으로써 이상에 그치고 말았거나, 현실화되었더라도 오래 지속되지 못하고 모두 실패하고 말았다.

다만 이들의 생각과 실험은 협동조합 운동이 실질화되는 밑거름이 되었으며, 비록 현실에서 실패로 돌아갔다고 하나 이후 협동조합 운동의 사상과 이론의 배경이 되었다는 측면에서 협동조합 운동사에서 불멸의 구상이었다.

▪ 주요 이론

협동촌(협동공동체, co-operative community)은 로버트 오언이 1821년 스코틀랜드 래너크주위원회의 의뢰로 작성한 보고서에서 밝힌 구상이다.

이 보고서의 핵심 구상은 실업과 빈곤 문제를 해결하기 위해서는 빈곤층이 생산적인 노동에 종사할 수 있어야 한다는 것이었다. 오언이 구상한 협동촌은 약 1,000명 정도가 독립 단위로 농장과 공장이 있는 마을을 형성하고 위생적인 집합주택에서 생활하는데 가족별 방은 따로 있으나 부엌, 독서실, 집회실 등은 공동으로 사용하며, 3세 이상 어린이는 인격 형성 교육을 받기 위해 기숙학교에서 생활하고, 학교 주변에는 채마밭을 가꾸며 노작 교육을 실행하는 것이었다. 공장과 주거지역은 구분되어 주민들은 매연의 영향을 받지 않고 건강을 유지할 수있다. 오언은 이러한 협동촌을 통해 노동자들이 비로소 자본의 노예로타락한 생활에서 벗어나 새로운 도덕을 갖출 수 있다고 보았다.

오언의 협동촌 구상은 협동조합 활동가들에게 큰 영향을 미쳐 1820~1830년대 영국 협동조합 운동의 주요 목적이 되었으며 그는 1825년 미국으로 건너가 뉴하모니 협동촌을 설립했으나 실패했다.

오언의 협동촌 구상은 산업혁명과 프랑스 혁명 후의 혼란기에 발행한 사회적 문제를 해결하기 위한 것으로, 기존 질서의 모순은 사유 재산 제도에 원인이 있다고 보고 생산 수단의 공유와 소비 생활의 공동화로써 유토피아적인 사회를 지향했다.

2) 제2세대 협동조합 운동(1844년~1950년대)

■ 시기 - 로치데일과 협동조합공화국의 시대

제2세대 협동조합 운동은 1844년 로치데일 협동조합(Rochdale Equitable Pioneers Society)을 시작으로 협동조합 모델이 전 세계적으로 전파되면서 1924년 세계협동조합의 날을 제정하고 1937년 ICA 협동조합 원칙을 제정하는 등 협동조합 운동이 자리를 잡아 가던 1950년대까지라고 할 수 있다.

▪ 역사적 사건

제2세대 협동조합 운동이 진행되는 시기는 인류 역사에서 가장 불행한 시기 중 하나로 제1차 세계대전과 제2차 세계대전이 발발한 때였다. 동시에 사회적으로는 1917년 사회주의 사회의 등장, 1929년 대공황 등 자본주의 내부의 갈등과 자체의 모순이 극대화되던 시기로 협동조합 운동은 혼란과 위기에 빠진 사회의 대안이 되고자 했던 역사적 시기였다. 실제 버챌(1997)에 따르면 2차 세계대전이 시작되었을 때 영국에는 2만 4,000개의 점포를 관리하는 1,100개의 소비자협동조합이 있었는데, 소매업에서 25만 명을 고용했고, 제조업과 유통업에서 30만 명을 고용했으며 155개의 공장을 보유했던 CWS는 세계에서 가장 큰 기업의 하나였다고 할 정도로 협동조합 운동이 성장하던 시기였다.

▪ 제2세대 협동조합 운동에 대한 평가

제2세대 협동조합 운동기에는 오언을 따르는 사회주의자들, 공화정에 기반하여 노동운동을 넘어 시민으로서의 투표권을 요구한 차티스트(Chartist) 운동가들이 있었다. 그리고 헌신적인 노동조합주의자들과 금욕적이고 도덕적인 생활 규범을 현실에 구현하고자 한 활동적인 종교 지도자들이 세계 협동조합 운동사에서 가장 중요한 성공 중 하나로 평가받는 로치데일 협동조합을 탄생시켰다. 로치데일 협동조합은 시작과 함께 그 이념과 사업 방식이 빠르게 전파되면서 사업적으로도 성장의 가능성을 보여 줌으로써, 이론적으로도 실질적으로도 자본의 지배에 반대하고 사회주의와도 다른 새로운 협동조합 경제 체제를 꿈꾸었다는 데 그 특징이 있다.

■ 주요 이론

① 노동이 자본을 고용한다(1893)

홀리요크(G. J. Holyoake)는 오언주의자로 노동운동과 협동조합 운동에 참가했다. 그는 1857년에 로치데일 공정선구자조합의 역사를 정리한《민중에 의한 자조-로치데일 선구자들의 역사(Self-help by the people-the History of Rochdale Pioneers)》를 출판하여 로치데일 공정선구자조합에 대해 이해할 기회를 제공했다. 그는 《영국 협동조합의 역사》(1893년 재판) 제22장에서 협동조합 노동은 자본을 고용하도록 제안하고 자본에 시장 가격을 지불하고 모든 이익을 가져가야 한다면서 사회의 진보 면에서는 자본이 사람들을 소유하는 것보다는 사람들이 자본을 소유하는 쪽이 훨씬 도리에 맞으며 더욱 나은 것이라고 했다. 이런 생각은 협동조합 운동이 단지 사회적 약자의 단결과 협동을 통해서 경제적인 개선을 이루는 차원에 머무는 것이 아니라 사회 진보를 위한 운동임을 뒷받침하는 사상적인 기초가 되었다.

② 협동조합 공화국론(1920)

협동조합 공화국은 프랑스의 샤를 지드(Charles Gide)가 1889년에 제시하고 1920년에 에르네스트 푸아송(Ernest Poisson)이 책으로 펴내면서 알려지게 되었다. 이들의 주장은 협동조합이 자본주의 사회의 모순과 사회주의 경직을 해소한 새로운 사회 건설을 주도해야 한다는 것으로 협동조합사에서는 협동조합주의라고 부르기도 한다. 협동조합 운동은 반자본·반사회주의적인 입장에서 사회 개혁을 위한 새로운 방안을 모색해야 하며, 협동조합 운동을 국가적인 차원으로까지 확대하여 협동조합 사회를 건설하자고 했다. 협동조합 공화국에서 협동조합은 자체로서 하나의 거대한 목적이며, 국민 경제 활동의 모든 영역에서 협동조합 활동을 통해 영리회사의 횡포를 없앨 수 있다고 보았다. 푸아송은 협동조합은 소비를 통해서 분배의 불균등을 수정하는 재분배 기능을 수행할 수 있으며 그 결과 생산-소비의 조화가 이루어질 수 있다고 보고, 소비협동조합을 중심으로 타 협동조합과의 연대를 구상했다.

한편 협동조합 공화국론 이후 협동조합 운동사에서 자본주의 시장경제에 정면으로 도전한 거대 이론은 더 이상 출현하지 않았다. 레이들로 역시 지역사회에서는 그것이 실현 가능하지만 국가 규모에서는 이런 비전을 가지기 어렵다고 평가했다.

3) 제3세대 협동조합 운동(1950년대~2008년)

▪ 시기 - 협동조합 정체성 위기의 시대

1, 2차 세계대전이 끝나고 자본주의 시장경제 내 주식회사 기업들과 협동조합이 본격적으로 경쟁하게 되면서 협동조합은 한편으로는 성장했지만 주식회사와의 경쟁에서 파산하는 위기에 빠지기도 했다. 시대적으로 자본주의는 2차 세계대전 이후 황금기를 거쳤으나 1970년대에 들어서면서 새로운 형태의 불황을 맞으며 영미를 중심으로 신

자유주의 시대로 전환했다. 이렇게 세계대전 이후 2008년 미국발 금융 위기까지를 제3세대 협동조합 운동의 시대라고 한다.

■ **역사적 사건**

2차 세계대전 이후는 자본의 황금기라고 불리지만 협동조합에는 시련의 시기이기도 했다. 1950년대 미국에서 시작된 소매 유통 혁명(Retailing revolution)을 시작으로 자본주의 기업과 협동조합 간 경쟁이 격화되었다. 1960년대 영국 소비자협동조합의 지속적인 시장점유율 하락, 1970년대 네덜란드· 벨기에 생협연합의 도산, 1983년 프랑스 브르타뉴 생협의 도산, 1998년 조합원이 50만 명이나 되었던 도르트문트 생협의 도산 등 수많은 유럽 소비자협동조합 운동이 파산하는 상황에 직면하게 되었다. 그러나 한편으로는 미국의 농업생산자협동조합, 몬드라곤의 노동자협동조합, 사회적협동조합 모델 등 기존 소비자협동조합 모델을 넘어 새로운 협동조합 모델들이 성장하기도 했다. 한편 1970년대에 들어서면서 경기 침체 속 물가 상승이라는 새로운 자본의 위기가 닥쳤고 산업자본이 금융자본에 자리를 내어 주기도 했다. 정치적으로는 자본주의와 사회주의로 나뉘어 대립하던 시기에 ICA는 냉전의 한가운데서 정치적 중립을 견지하면서 동서의 가교가 되어 평화를 촉구하던 역사적 시기였다.

■ **제3세대 협동조합 운동에 대한 평가**

연구자에 따라서는 이 시기를 다르게 구분할 수 있으나 협동조합 운동에서는 본질적으로 크게 다를 것이 없다고 생각한다. 제3세대 협동조합 운동을 한마디로 평가하면 경쟁의 시대 협동조합이 자본과 국가 사이에서 하나의 섹터로서 생존 전략을 모색하는 가운데, 정체성 위기에 빠진 시기였다고 할 수 있다. 협동조합 운동은 주식회사 기업이 급격하게 성장하고 이를 기반으로 한 자본주의 체제가 안정화되자 생존을 위한 다양한 경영적 기법을 도입하여 외형적으로는 크게 성장하나 사회 변혁을 위한 지향이 증발하는 시기로 레이들로가 그의 보고서에서 언급한 협동조합 정체성 위기의 시기이기도 하다.

■ 주요 이론

협동조합 섹터론[2](1935)

1935년 국제노동기구(ILO)의 협동조합국에서 일하던 조르주 포케(Georges Fauquet)에 의해 제안된 이론으로 '협동조합 조직에서 인간의 위치와 경제 활동에서 협동조합의 위치에 관한 시론'이라는 부제로 쓰였다.

협동조합 공화국론이 협동조합 단독의 발전을 통해 협동조합 국가 건설을 이상으로 삼은 반면, 포케의 협동조합 섹터론은 협동조합의 목표는 자본주의나 자본주의 국가를 극복하는 것이 아니라 공공 부문 및 사적 부문과 나란히 존재감을 발휘하면서 경제를 개혁하는 주체가 되는 것이라고 파악했다. 포케는 협동조합을 "조합원의 공통 이익, 공통의 관심을 충족하는 조직"으로 설명하면서, "협동조합은 개인들의

---

2   김기태 외, 《협동조합 키워드 작은 사전》, 알마, 2014.

결사체와 사업체라는 2가지 요소를 통합한다."고 함으로써 협동조합의 이중적 속성(Dual Nature)에 대해 연구한 협동조합 이론가이기도 하다. 포케의 협동조합 섹터론은 발표 당시에는 큰 주목을 받지 못하다가 1951년 영국 협동조합 연합회가 이 책을 번역, 출판하자 영향력을 얻게 되어, 1950년대 이후 유럽 협동조합들의 중요한 이론적 기반이 되었다.

협동조합 지역사회론(1980)

레이들로는 1980년에 쓴 보고서[3]에서 협동조합이 선택해야 할 네 번째 우선 과제로 '협동조합 지역사회론'을 제시했다. 레이들로는 협동조합은 도시 내에서 수많은 지역사회(Community)를 세우고 마을(Village)을 창조해야 한다면서, 협동조합의 위대한 목표는 드넓은 도시 내에 수많은 커뮤니티를 창조하여 사회적·경제적 필요와 결합한 협동조합 조직을 만드는 것이며, 이를 통해 협동조합은 자신이 가지고 있는 자원을 발견하고 공통의 이해와 필요를 가진 사람들의 자조를 통해 도시를 지역사회로 바꾸는 '사회적 접착제의 역할'을 해야 한다고 했다.

그러나 레이들로 보고서의 핵심은 '협동조합이란 무엇인가'에 관해 본질적이고 체계적인 문제를 제기한 데 있으며, 그의 보고서에서 협동조합 지역사회론이 핵심을 이루는 것은 아니다.

3　ICA 제27차 모스크바 대회에 제출한 보고서로, 제목은 "Co-operatives in the year 2000"이다. 한국에서 《서기 2000년의 협동조합》(한국협동조합연구소, 2000)과 《21세기의 협동조합》(알마, 2015)으로 두 번 출간되었다.

그럼에도 불구하고 레이들로의 21세기 협동조합을 위한 문제 제기
는 오늘날 협동조합 운동이 처한 이론적 빈곤에 비추어 협동조합 운
동의 발전을 위한 중요한 초석이 될 수 있다.

4) 제4세대 협동조합 운동(2008년~현재)

■ 시기 - 시장의 자기조정에 맞서는 새로운 사회운동의 시대

제4세대 협동조합 운동은 2008년 금융 위기 이후 자본에 대응하는
사회경제 운동의 새로운 도전의 시기라고 할 수 있다. 협동조합 운동
은 '전 지구적 차원에서 심화되고 있는 불평등과 기후 위기에 맞서 어
떤 대응을 조직하고 있고 어떻게 해야 할 것인가?'라는 새로운 도전에
직면해 있다.

■ 역사적 사건

2008년 금융 위기와 월스트리트 점령(Occupy Wall Street) 운동은
인류에게 큰 충격을 주었다. 사람들은 '미국식 자본주의에 뭔가 문제
가 있는 것이 아닌가' 하는 합리적 의구심을 가졌으나 위기는 공멸을
바라지 않는 사람들에 의해 봉합되었다. 폴라니 식으로 말한다면 인
간(노동), 자연(토지), 화폐와 같이 상품화할 수 없는 것들이 수요와 공
급이라는 법칙에 의해 일반 균형에 도달할 수 있다는 시장의 자기조
정에 맞서 사회의 자기보호 운동이 일어난 것이다. 그러나 폴라니의
생각과 다르게 지금도 시장은 점점 인간, 자연, 화폐를 효과적으로 상
품화하고 있다. 시장은 격렬했던 사회주의의 도전을 넘어 오히려 완

벽하게 사회와 국가로부터 이탈하여 자기조정이라는 신화를 계속 써 가고 있다. 시장의 자기조정은 결국 이윤은 사유화하고 비용은 사회화한 결과 기후 위기와 감염병 위기를 반복하고 있다.

■ 평가

협동조합 운동이 시작된 이유는 산업혁명이 초래한 사회 문제를 해결하는 데 있었다. 그리고 우리가 살고 있는 지금 시대는 불평등이 초래하는 양극화, 기후 변화 등으로 인해 개인의 삶뿐만 아니라 전 지구적인 위기가 현실화되면서 환경, 의료, 경제, 산업 등 인류의 전 분야에서 전환이 가속화되고 있다. 과연 협동조합 운동은 자본이 초래한 이러한 위기에 맞서 새로운 대안을 제시할 수 있을까? 2009년 UN은 2012년을 세계협동조합의 해로 정했고, ICA는 2013년 '협동조합 10년을 위한 청사진'을 발표하며 금융 위기 이래 협동조합이 보여 주었던 회복력을 기반으로 확실한 성장을 이루고자 했다. 그리고 2019년 ICA 총회를 통해 '사람 중심의 협동조합 두 번째 10년 전략 2030'을 발표하고, 협동조합 정체성을 어떻게 강화할 것인지에 대한 고민을 계속하고 있다.

■ 주요 이론

제4대 협동조합 운동을 대표할 이론은 아직 출현하지 않았다.

1995년 ICA 총회를 통해 발표된 협동조합 정체성 선언은 지난 협동조합 운동에 대한 평가를 기반으로 한 정리의 성격이라고 판단된다. 이러한 맥락에서 전 세계 협동조합 운동은 변화된 상황을 반영한 새로운 운동론을 정립할 필요가 있다. 본격적이지는 않지만 레이들로가 1980년 언급한 협동조합 지역사회론이 새로운 협동조합 운동의 이론을 구성하는 단초가 될 수 있지 않을까 생각한다.

■ 새로운 협동조합 운동론의 필요성

협동조합 운동은 사회 속에서 경제의 실체를 찾기 위해 진행된 실체적인 운동이다. 로버트 오언의 협동촌 실험이나, 샤를 푸리에의 팔랑주 실험 등 협동운동의 수많은 실패를 교훈 삼아, 1844년 최초의 성공한 협동조합이라 불리는 로치데일 협동조합이 출현했다. 로치데일 협동조합이 출현한 이래 협동조합 운동을 이론의 측면에서 살펴보면 협동조합 공화국론, 협동조합 섹터론, 협동조합 지역사회론으로 구분할 수 있다.

협동조합 운동사에서 출현한 이론 중 협동조합 공화국론은 자본주의 시장경제에 정면으로 도전한 거대 이론이라는 측면에서 의의가 있다. 협동조합 섹터론은 현재까지 협동조합 운동에 영향을 미치고 있는 이론이다. 다만 협동조합 운동을 둘러싼 내외부 환경이 급격하게 변하고 있는 시점에서 협동조합 운동의 미래와 관련하여 주목할 이론은 1980년 레이들로가 보고서에서 말한 협동조합 지역사회론이다.

레이들로는 명확하게 협동조합 지역사회론이 협동조합 운동의 방향이라고 언급하지는 않으며 동시에 레이들로의 이런 논의는 자본주의 시장경제 안에서 개인의 전체 생활 가운데 일부를 조합하자는 것으로, 크게는 협동조합 섹터론의 연장으로 이해할 한계를 가진다. 그러나 레이들로가 말하는 협동조합 지역사회론에는 협동조합 운동과 사회적 경제 운동의 논의를 새로운 시각으로 해석할 수 있는 맹아가 있다.

레이들로의 협동조합 지역사회론은 국가와 시장을 인정하고 그 사이에서 협동조합 운동을 진행하자는 협동조합 섹터론과는 다르게, 협동조합이 시장경제를 단순히 보완하는 것이 아니라 시장을 사회 속으로 다시 뿌리내리게 하여 지역이라는 구체적 공간 속에서 경제의 의미를 해석할 수 있게 하기 때문이다. 다만 레이들로는 1980년 신소유주의가 본격화되기 이전의 협동조합 이론가였다. 그러므로 신소유주의와 제4차 산업혁명 시기를 염두에 둔 새로운 협동조합 이론들이 출현할 필요가 있다.

2

ICA의 역사적 보고서

ICA는 1895년 설립된 이래 협동조합 운동을 대표하는 세계 최대의 비영리, 비정부 기구로 성장해 왔다. ICA는 설립 후 1921년 제10차 바젤 대회를 통해 로치데일 원칙을 정형화한 이래 1937년 협동조합들이 공동으로 지켜 나가야 할 실천의 규범으로 협동조합 원칙을 제정했다. 이후 1966년 제23차 빈 대회에서 협동조합 원칙을 개정했다. 이는 1963년 제22차 본머스 대회에서 제기된 원칙 개정의 요구를 받아들인 것이다.

1995년 협동조합 정체성 선언에 이르게 된 보고서

대회	보고서 명칭	내용
제27차 모스크바 대회 (1980년)	서기 2000년의 협동조합 (레이들로 보고서)	협동조합 지역사회를 만들어 협동조합 센터를 강화하고 하면서 ① 식량 문제 도전 및 기아 극복 ② 인간적이고 의미 있는 일자리 창출 ③ 탈낭비의 사회 및 환경 보전 ④ 협동조합 지역사회 건설을 21세기 협동조합 운동의 4가지 미래 과제로 제시
제29차 스톡홀름 대회 (1988년)	협동조합과 기본적 가치 (마커스 보고서)	협동조합이 지지하고 발전시켜야 할 가치로 ① 민주주의 ② 참여 ③ 정직 ④ 배려의 4가지를 제시
제30차 도쿄 대회 (1992년)	급변하는 세상에서 협동조합의 가치 (뵈크 보고서)	협동조합의 기본적 가치로 ① 사람들의 필요를 충족시키는 경제 활동 ② 참여형 민주주의 ③ 인적 자원 개발 ④ 사회적 책임 ⑤ 국내 및 국제적 협동을 제기하고 협동조합의 원칙 개정 제안

이후 ICA는 1972년 제25차 대회 주제로 '다국적기업과 협동조합'을, 1976년 제26차 대회 주제로 '협동조합 간 협동'을 정하며 자본주의 기업들과의 경쟁에서 협동조합은 어떤 대응을 모색해야 할 것인지에 대해 지속적으로 고민해 왔다. 당시 협동조합 운동이 이런 논의를 진행한 것은 자본주의 기업과 경쟁하면서 협동조합들이 파산하기도 했지만 경쟁 속에서 규모화된 협동조합들이 출현하면서 협동조합의 구조와 조합원의 특질에 적합한 이론적 수요가 커진 데 그 이유가 있다.

이제 ICA의 공식 보고서들을 통해 1995년 협동조합 정체성 선언이 발표되기까지의 과정을 살펴 국제협동조합 운동이 어떤 고민을 했고 앞으로 어떤 방향으로 전진해 가려고 하는지 추적해 보자.

1) 레이들로 보고서(1980)

■ 시대적 상황

레이들로는 ICA 제27차 모스크바 대회에 〈서기 2000년의 협동조합
(Co-operatives in the year 2000)〉이라는 제목의 보고서를 제출한다. 레
이들로 보고서는 1950년 전후 협동조합들이 자본주의 기업들과 본격
적으로 경쟁하는 과정에서 발생한 문제들에 대한 인식과 대안을 모색
하는 과정에서 제출되었다.

실제 유럽의 소비자협동조합은 1960년대 지속적인 시장점유율 하
락으로 경영상의 위기에 빠졌고 1970년대 네덜란드·벨기에 소비자
생활협동조합연합회의 도산, 1983년 프랑스 브르타뉴 생협의 도산,
1998년 도르트문트 생협의 도산 등 수많은 협동조합의 파산에 직면
했다.

이러한 상황에서 '협동조합은 어떻게 이 도전에서 살아남을 수 있을
것인가?' 하는 질문을 하게 되었다. 이에 대해 레이들로는 협동조합들
이 고유한 신념 체계를 형성하는 과정에서 많은 혼란이 있었으며, 주
식회사 기업과 경쟁하는 과정에서 지나치게 협동조합의 경영적인 측
면을 강조해 정체성의 위기에 빠졌다고 지적하면서, 협동조합 운동의
발전을 위해서 협동조합의 정체성을 찾아야 한다고 요청했다.

■ 레이들로 보고서의 주요 내용

레이들로는 보고서를 통해 "협동조합이 처한 위기의 본질은 다국적
기업에 비해 경쟁력이 부족한 데 있는 것이 아니라 협동조합들이 '조

합원에 의한, 조합원을 위한 사업 활동을 전개해야 한다.'는 협동조합 운동의 본질에서 벗어난 데 있다."고 했다. 그리고 협동조합이 설립 목적과 역할에 대한 인식 없이는 사업적 성공도 이룰 수 없으며, 설사 사업적으로 성공한다 해도 의미가 없고, 그런 성공은 정당화될 수 없다고 했다. 초창기 협동조합은 신뢰를 바탕으로 한 경영을 할 수 있었으나, 협동조합이 하나의 제도로 정착되면서 경영 우선주의, 업적 제일주의의 경향이 강해지면서 협동조합의 이념이 점차 희미해지고 본질 또한 퇴색하며 그 결과 조합은 조합원들로부터 멀어져 결국 협동조합 운동은 실패하고 만다고 지적한 것이다.

레이들로는 협동조합이 정체성 위기를 극복하기 위해서는 주식회사와 대응하기 위해 다양한 경영 기법들을 도입하는 것도 중요하지만, 협동조합 본연의 사상을 명확하게 해야만 협동조합이 처한 근본적 위기를 벗어날 수 있다고 했다.

한편 21세기의 협동조합 운동은 기존 소비자협동조합 중심의 운동을 넘어 생산자, 노동자 협동조합 운동과 결합하고 협동조합 간 협동을 통해 협동조합 지역사회를 만들어 협동조합 섹터를 강화해야 한다고 했다. 그리고 ① 식량 문제 도전 및 기아 극복, ② 인간적이고 의미 있는 일자리 창출, ③ 탈낭비의 사회 및 환경 보전, ④ 협동조합 지역사회 건설을 21세기 협동조합 운동의 4가지 미래 과제로 제시했다.

▪ 역사적 공헌

레이들로의 문제 제기는 1988년 ICA 스톡홀름 총회에 맞추어 발표된 보고서 〈협동조합과 기본적 가치〉(마커스 보고서), 1992년 도쿄 총

회에서 발표된 〈급변하는 세상에서 협동조합의 가치〉(뵈크 보고서)
에 영향을 미쳤으며, 이들의 논의가 밑거름이 되어 1995년 〈협동조합
정체성 선언〉(이에 대한 해설서 형식의 이언 맥퍼슨 보고서)에 이르게 된
다. 1980년 〈레이들로 보고서〉에서 시작해서 1995년 〈협동조합 정체
성 선언〉에 이르는 15년의 협동조합 이론사는 소비자협동조합 중심
의 기존 협동조합 운동에 대한 성찰(노동자협동조합 운동의 성장을 반영
하여 소비자협동조합과 함께 수많은 커뮤니티에서 협동의 빌리지를 만들자
는 지역사회론의 제기)과 다국적기업의 성장에 대응한 결사체 중심의
협동조합 운동과 사업체 중심의 협동조합 운동 사이의 성숙한 타협의
산물이기도 하다.

2) 마커스 보고서와 뵈크 보고서

■ 마커스 보고서[4](1988)

ICA는 1988년 제29차 스톡홀름 대회를 통해 협동조합 운동의 위기
극복을 위해 원칙 개정 필요를 제기한 레이들로의 문제의식을 발전
시켜 나간다. 1988년 당시 ICA의 회장이었던 마커스(Lars Marcus)는
〈협동조합과 기본적 가치〉라는 보고서를 통해 ① 조합원 참가, ② 민
주의의 절차, ③ 정직, ④ 타인에 대한 배려를 협동조합이 추구해야
할 4가지 가치로 제기했다. 마커스의 이러한 제기는 협동조합의 생성,

---

4   Marcus, Lars. "Cooperatives and basic values." ICA, XXIX Congress, Stockholm, July 1988,
Agenda & Reports, 1988.

발전, 소멸에 영향을 미치는 인간행동의 특질에 기반한 협동조합 운동의 활성화를 위한 제안으로 받아들여지며, 협동조합이 민주주의를 기반으로 하면서 동시에 사회적으로 어떤 가치를 추구해야 하는지에 대한 제안이라고 할 수 있다.

■ 뵈크 보고서[5](1992)

뵈크 보고서는 1992년 제30차 도쿄 대회에서 스웨덴 협동조합연구소의 소장이었던 뵈크(Böök)가 〈급변하는 세상에서 협동조합의 가치〉라는 이름으로 제출한 것이다. 뵈크는 마커스 보고서의 문제의식을 성숙시켜 협동조합 운동이 미래에 추구해야 할 필수 가치와 협동조합의 기본 원칙을 제안한다. 뵈크가 제안한 가치는 ① 사람들의 필요를 충족시키는 경제활동, ② 참여형 민주주의, ③ 인적 자원 개발, ④ 사회적 책임, ⑤ 국내 및 국제적 협동이다. 한편 뵈크는 협동조합의 가치가 실행에 옮겨지기 위한 기본적인 지침이 협동조합의 원칙이라고 하면서 협동조합 원칙의 수정을 제안한다. 이러한 문제의식은 1995년 ICA 총회에서 협동조합의 정의, 가치, 원칙을 포함하는 정체성 선언으로 구체화된다.

■ 역사적 공헌

마커스와 뵈크의 문제 제기는 1980년 시작된 레이들로의 문제의식

---

5   Böök, S. Å., M. Prickett, and M. Treacy. "Cooperative values in a changing world: report to the ICA Congress, Tokyo." Geneva: The International Cooperative Alliance , 1992.

을 국제협동조합 운동이 지속·발전시켜 나가는 일련의 과정을 보여준다. 이들의 보고서가 징검다리가 되어 마침내 1995년 국제협동조합 운동의 역사에서 가장 중요한 사건 중 하나로 평가되는 '협동조합 정체성 선언'에 이르게 된다.

3) 협동조합 정체성 선언(1995)

▪ 역사적 의미

ICA 제31차 대회[6]는 원래는 1996년에 개최되어야 하나 ICA 탄생 100주년이 되는 1995년 영국의 맨체스터에서 개최되었다. ICA는 대회의 주제를 '21세기의 협동조합 원칙'과 '협동조합과 지속 가능한 인간의 발전'이라는 2가지로 정하고 토론을 진행하여 협동조합 운동의 발전을 위한 역사적 선언문을 발표한다. 이 선언문에 대해 캐나다의 협동조합 학자인 맥퍼슨(Ian MacPherson)은 1996년 〈협동조합 정체성 선언문에 대한 배경 보고서〉를 발표했다.

▪ 협동조합 정체성 선언문의 주요 내용

① 협동조합의 정의

1995년 발표된 협동조합에 대한 ICA의 정의는 인류에 대한 근본적

---

6   ICA는 1992년 도쿄 대회 이후 4년마다 열리던 대회(congress)를 2년마다 여는 총회(General Assembly)로 바꾸어 진행하기로 하고 대회는 필요에 따라 개최하는 것으로 정했다. 이런 변화에 따라 제33차 ICA 대회가 2021년 12월 서울에서 개최된다.

인 존경과 신뢰를 기반으로, 경제 활동에 민주적 절차를 적용하는 것이 가능하고 효율적이라고 믿으며, 민주적으로 관리되는 경제 조직이 공공을 위해 공헌할 수 있다는 철학적 견해에 기초하고 있다.

협동조합은 공동으로 소유하고 민주적으로 운영되는 사업체를 통하여 공통의 경제적·사회적·문화적 필요와 열망을 이루기 위해 자발적으로 결성한 사람들의 자율적인 조직이다.

ICA의 협동조합에 관한 정의는 ① 주체, ② 목적, ③ 조직 성격, ④ 소유 및 운영 방법, ⑤ 수단을 종합적으로 설명하고 있다. 즉 협동조합은 ① 자발적으로 결성한 사람(조합원)들이 주체이며, ② 공통의 경제·사회·문화적 필요와 열망을 이루려는 목적을 가지고, ③ 인적 결사체라는 조직 성격을 바탕으로 하기 때문에, ④ 공동으로 소유하고 민주적으로 운영하는 데, ⑤ 앞의 목적을 달성하기 위해 필요한 사업을 하는 사업체이다.

② 협동조합의 가치

협동조합 정체성 선언에 의하면 협동조합의 가치는 기본적 가치와 윤리적 가치로 구성된다.

기본적 가치

협동조합의 기본적 가치는 사업체이면서 동시에 결사체인 협동조합의 특징을 협동조합 운영 속에서 구현할 필요를 반영한 것으로 자조와 자기책임, 민주주의와 평등, 공정이라는 가치를 통해 조합원의 참여를 이끌어 내고 연대라는 가치를 통해 폭넓은 협동의 정신을 갖추도록 요구하고 있다.

윤리적 가치

윤리적 가치란 인간의 자기실현과 타자와의 공존의 기초가 되는 가치들이다. 협동조합이 추구하는 윤리적 가치는 협동조합 선구자들이 수행한 전통에 닿아 있다. 로치데일의 개척자들, 라이파이젠(Raiffeisen), 그룬트비히(Grundtvig) 등 협동조합의 선구자들은 협동조합을 성공으로 이끌었을 뿐만 아니라 협동조합이 윤리적이고 도덕적인 우위에 설 수 있도록 이끌었다. 이에 협동조합인들은 이들 협동조합의 선구자들의 전통을 이어받아 정직, 열린 마음, 사회적 책임, 타인에 대한 배려라는 윤리적 가치를 신조로 한다.

③ 협동조합의 원칙

협동조합의 원칙이란 조합원 결사체이면서 동시에 공동의 사업체인 협동조합이 효율적으로 운영되기 위해 필요한 경영적 지침이라고 할 수 있다. 협동조합의 운영 원칙에 관한 역사상 가장 중요한 진전은 1844년 영국의 로치데일 공정선구자조합에서 비롯된다. 이들은 산업혁명과 함께 영국 각지에서 생겨난 협동조합의 수많은 시행착오와 실패로부터 교훈을 얻어 협동조합 운영 원칙을 수립하여 역사상 최초의 성공한 협동조합으로 기억되고 있다.

로치데일 조합의 원칙은 사업을 운영하기 위한 행동강령(practice)에 가까우며, 현재도 로치데일 원칙을 운영 방식으로 채택하는 협동조합이 있다. 로치데일 원칙은 역사 발전 과정에 따라 수차례 수정되며 오늘에 이르고 있다.

■ **역사적 공헌**

ICA의 협동조합 정체성 선언은 역사적으로 함께 성장해 온 소비자협동조합, 노동자협동조합, 신용협동조합, 농업협동조합 등 다양한 종류의 협동조합에 공동으로 적용될 수 있는 최소한의 규정에 대한 필요를 반영한 것이며, 1960, 70년대 다국적기업과의 경쟁 과정에서 협동조합들이 대거 도산하는 사태에 직면하여 협동조합이란 무엇인지를 명확히 해야 할 시대적 요청이 반영된 결과이다. ICA의 협동조합에 대한 정의는 국가별 입법의 기초가 되거나 협동조합 교육에서 유용한 개념으로 사용되고 있다.

4) 협동조합 두 번째 10년 전략

ICA는 2013년 〈협동조합 10년을 위한 청사진〉을 발표하며 금융 위기 이래 협동조합이 보여 주었던 회복력을 기반으로 확실한 성장을 이루고자 했으며, 2019년 ICA 총회를 통해 〈사람 중심의 협동조합 두 번째 10년 전략〉을 발표하고, 협동조합 정체성을 어떻게 강화할 것인지에 대해 고민하고 있다.

■ 협동조합 10년을 위한 청사진

ICA는 2012년 UN이 정한 세계협동조합의 해를 맞이하여 2013년 1월 협동조합 10년을 위한 청사진을 발표했다. 2020년 비전은 "협동조합 형태의 비즈니스가 2020년까지 사회, 경제, 환경 분야에서 지속 가능성을 리드하는 것으로 인정받으며 사람들이 선호하는 비즈니스 모델이자 가장 빨리 성장하는 기업 형태가 되는 것"을 목표로 하여 아래의 5가지 주제에 초점을 맞춰, 실행 전략을 수립해야 한다고 했다.

1. 조합원 제도와 지배 구조에서 참여를 새로운 수준으로 끌어 올린다.
2. 협동조합을 지속 가능성을 창출하는 모델로 각인시킨다.
3. 협동조합의 메시지를 만들고 협동조합의 정체성을 확보한다.
4. 협동조합이 성장할 수 있도록 지원하는 법률 체제를 보장한다.
5. 조합원 통제를 보장하면서 믿을 만한 협동조합 자본을 확보한다.

■ 사람 중심의 협동조합 두 번째 10년 전략

세계협동조합의 새로운 10년을 준비하는 '사람 중심의 협동조합 두 번째 10년 전략(A People-Centered Path for a Second Cooperative Decade)'은 ICA 회원 및 산하 기구와 22개월간의 협의를 거쳐 2019년 10월 17일 르완다의 키갈리에서 열린 ICA 총회에서 승인되었다. 애초 이 계획은 2020년 발표할 예정이었지만, 코로나 19로 인해 2021년 12월 1~3일 서울에서 열리는 세계협동조합대회(World Cooperative Congress)로 발표 시기가 미뤄졌다. 계획은 4개 주제로 이뤄졌는데

① 협동조합 운동의 성장, ② 협동조합 간 협력 강화, ③ 전 세계 지속 가능 발전에 대한 기여, ④ 협동조합 정체성의 증진이 포함돼 있다. 이에 따라 ICA는 협동조합의 정체성이 개별 국가의 법률은 물론 UN 세계인권선언이나 국제노동기구(ILO) 근로 기준 같은 국제표준에도 반영될 수 있도록 노력할 것이라고 했다.

3

허브가 되는 협동조합

지금까지 새로운 협동조합 운동의 방향을 모색하기 위해, 협동조합 운동을 제1세대 오언주의 협동촌 건설의 시대, 제2세대 로치데일과 협동조합 공화국의 시대, 제3세대 협동조합 정체성 위기의 시대, 제4세대 시장의 자기조정에 맞서는 새로운 사회운동의 시대로 구분하여 협동조합 운동의 도전과 성취 그리고 과제가 무엇인지 살펴보았다. 더하여 국제협동조합 운동을 대표하는 ICA의 공식 보고서들을 통해 전 세계적 차원에서 협동조합 운동을 둘러싸고 어떤 논의들이 진행되어 왔는지 동시에 살펴보았다.

돌아보면 협동조합 운동은 협동하려는 인간에 대한 신뢰를 바탕으로 오늘까지 성장해 왔다. 이제 '불평등으로 인한 양극화, 가속화되는 기후 위기와 같은 전 지구적 위기 속에서 협동조합 운동은 어떻게 대응해야 할까?' 진지하게 물어야 할 시점이다. 살펴본 바와 같이 협동조합 운동은 협동촌에서 시작되었고, 이제 다시 협동의 지역사회를 구축하려는 시도를 해야 한다.

협동조합 운동은 레이들로의 말처럼 '자신이 가지고 있는 자원을 발견하고 공통의 이해와 필요를 가진 사람들의 자조를 통해 도시지역을 지역사회로 바꾸는 협동조합 지역사회'를 만들어야 하며, 이때 협동조합 운동은 '사회 접착제 역할'을 할 필요가 있다. 다양한 사회경제 주체들이 연결된 네트워크 안에서 협동조합이 허브가 되어 선한 영향력을 확산시키면서 어디에서나 빠질 수 없는 필수 요소로 자리 잡아야 하는 것이다. 협동조합인들은 협동조합 선구자들이 추구했던 협동조합의 가치를 다시 생각하며 협동조합으로서의 자기 정체성을 찾기 위한 노력을 부단히 함께 해 나가야 할 것이다.

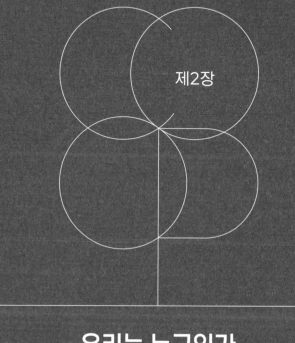

제2장

우리는 누구인가

1

정체성을 생각한다

1) 왜 정체성을 고민할까?

우리가 협동조합의 정체성을 더 깊게 고민하고 계속 새롭게 재구성하려는 이유는 무엇일까? 당연히 협동조합 운동을 더 발전시키기 위해서일 것이다. 그렇다면 왜 협동조합 운동이 발전되어야 할까? 더 나은 사회를 만들기 위해서일 것이다. 더 나은 사회란 무엇인가? 개개인의 구성원들이 사람으로서 살아가기 더 자유로운 환경을 서로 제공해줄 수 있는 사회라고 할 수 있다. 더 나은 사회는 어떻게 만들어질까? 그것은 누군가에 의해 저절로 주어지는 것이 아니라 그 구성원들이 함께 만들고 지켜 가는 곳일 수밖에 없다.

그렇다면 어떤 요소들이 어떻게 사회를 구성하고 있는가? 협동조합은 이런 다양한 구성 요소들과 어떤 관계를 맺고 있으며, 맺어져야 하는가? 협동조합이 어떻게 스스로의 포지션을 정하고, 다른 구성 요소들과 관계를 맺어야 '더 나은 사회'를 만드는 데 의미 있는 역할을 할 수 있을까?

이런 질문들에 답하기 위해서는 결국 '협동조합이란 무엇인가?'에 대한 협동조합계 내부 구성원들의 합의가 필요하다. 또한 이런 우리 내부의 합의에 대해 외부의 주체들이 동의해 줄 수 있어야 한다. 정체성이란 '우리'의 정체성이다. 서로 공통점이 있다고 믿지 않는 개인들끼리는 우리라고 생각하지 않는다. 우리는 우리가 확신하지 못하는 새로운 일은 할 수 없다. 또한 함께 확신하지 않는다면 어떤 공동의 행동도 존재할 수 없다. 협동조합 정체성에 대한 논의는 이런 필요를 충족시키기 위한 것이라고 하겠다.

1980년 신자유주의의 서막이 서서히 올라올 무렵, 유럽의 소비자협동조합이 초국적 대형 유통업체와의 경쟁에서 후퇴하거나 소비자협동조합 자체가 일반 기업으로 전환하려는 경향성이 감지되는 시점에서 협동조합계가 가진 위기의식은 컸을 것이다. 따라서 '우리가 누구인가? 우리는 무엇인가? 우리가 서 있는 현재의 상황에서 우리는 어떻게 정의되는가? 그리고 우리는 무엇을 하려고 하는가?'에 대한 공통의 인식이 이런 위기 상황을 해결해 가는 데 도움이 될 것으로 판단했고, 협동조합 정체성 논의를 시작한 것으로 보인다.

하지만 1995년 협동조합 정체성 선언을 통해 이런 과제들이 해결되었다고 보는 사람은 없다. 오히려 당시에 비해 세상은 더 위험해졌고, 우리의 경쟁 상대인 기업들은 더 복잡하게 되었고, 그 스펙트럼은 더 넓어졌다. 협동조합에 대한 우리 내부의 동의 수준도 높아진 것 같지 않고, 외부의 시각도 크게 변한 것 같지 않다. 협동조합 정체성에 대한 논의의 필요성은 여전할 뿐만 아니라 더 필요해졌다.

2) 협동조합 정체성 논의를 돌아보며

1995년 발표된 협동조합 정체성 선언을 보면 '정체성은 무엇이다'라고 명확하게 표현하지 않고 있다. 다만 협동조합의 정의, 가치, 원칙을 정체성이라는 포괄적인 개념으로 묶어서 제시했다.

협동조합 정체성 선언의 서막을 연 레이들로의 모스크바 총회 보고서인 〈서기 2000년의 협동조합〉에서는 협동조합의 대표자들이 연구를 의뢰한 동기를 ① 세계 정세의 다양한 경향에 관해 협동조합인들이 더 많이 알고 이해할 필요가 있다는 인식, ② 협동조합이 급속한 변화에 대응하지 못할지 모른다는 위기감, ③ 거대 다국적기업의 무서운 힘에 맞서 대항할 수 없게 될지도 모른다는 두려움, ④ 각종 협동조합이 유지되기 위해서는 근본적인 대전환과 구조 개혁이 필요하게 될지도 모른다는 인식 등으로 추정했다.

이런 동기 속에서 다양한 질문을 자문한 말미에 "더욱이 만약 세계가 이상한 방향으로 또는 때때로 당혹스러운 방향으로 변화할 때 협동조합이 그러한 길을 따라가야 하는가? 그러지 않고 다른 길을 선택하여 다른 종류의 경제적·사회적 질서를 새로 창조해 가면 안 되는 것인가?"라는 최종적인 질문을 던지고 있다.

레이들로는 또한 현대에 대해 "문명의 기둥이 흔들리고 있는 시대"라고 진단하고 "인류는 더 이상 종래의 연장선상에서 더 멀리 항해할 수 없을 것이다. …… 이와 같이 어려운 시대에 협동조합은 다소 광기 어린 세계 속에서 '온전한 정신을 가진 섬'이 되지 않으면 안 된다. …… 협동조합인이 전 인류를 위해 정의에 입각한 새로운 세계와 사회질서를 건설하기 위해 노력해 온 시대의 선구자로 기억"되기를 희망했다.

하지만 레이들로 보고서에서도, 1995년 발표된 정체성 선언에서도 세계에 대한 긴박한 진단에 비해 협동조합을 통한 총체적인 새로운 사회 건설의 전망을 충분히 보여 주지는 못했다. 오히려 정체성 선언은 레이들로 보고서의 질문과 내용 확장의 분투에서 좀 더 후퇴하여 협동조합의 소극적이지만 이전에 비해서는 좀 더 확장된 정체성을 제시하는 것에 머무르지 않았나 생각된다.

1995년 협동조합 정체성 선언에서 왜 정의, 가치, 원칙을 제시했을까? 칼 폴라니는 《거대한 전환》에서 근대화 이후의 사회를 복합사회라 명명했다. 복합사회란 '자율기구로서의 시장'이 기존의 전통적인 의미의 사회를 파괴하는 하위 사회를 만들어 내는 한편, 시장 사회의 파괴성에 대항하기 위해 다른 하위 사회가 작동되는 역동적 상황을 설명하기 위해 만든 말이라고 생각한다. 어떤 사회는 다른 사회를 파괴하고 위축시키는 성향을 가지고 있다. 마찬가지로 어떤 공동체·결사체는 다른 공동체·결사체를 공격하기도 한다. 반대로 어떤 사회, 공동체·결사체는 다른 사회, 공동체·결사체가 더 활성화되고 분화·발전되도록 도와준다. 서로 상반되는 목적을 가진 다양한 사회가 각축하고 있는 것이 현재의 복합사회이다.

그렇다면 이런 사회 속에서는 협동조합만을 따로 떼어 내어 단순히 '본질적으로 무엇'이라고 정의하는 것만으로는 내부의 구성원에게도 외부의 사람들에게도 충분히 협동조합의 정체성을 설명했다고 말할 수 없다. 그래서 협동조합 정체성 선언문은 우선 협동조합의 '정의'를 제시한 후, 협동조합인들이 추구하는 '가치'를 나열하여, 협동조합이 무엇을 지향하는가를 제시함으로써 일반 투자자 소유의 영리기업과의 차별성을 강조했다. 또한 이런 가치를 구현하기 위해서 원칙을 부가하여 설명했다. 선언문에서는 "협동조합 원칙은 협동조합의 가치를 실천으로 옮기는 안내 지침이 된다."고 설명한 후 7가지 원칙을 나열하고 있다. 분량으로 보자면 원칙이 가장 많은데 그 이유는 단순하게 '우리는 무엇이다'라고 정체성을 밝히는 데서 그치지 않고 정체성과 가치를 실현하기 위한 구체적인 조직의 운영 지침을 제시함으로써 다른 결사체, 다른 사업 조직과의 차이점을 더 잘 드러내려 한 것이다.

하지만 지난 수십 년간 한국에서 정체성 선언이 이해되어 온 방식을 돌아보면 정체성 선언의 편재(遍在)가 의도했던 목표대로 잘 달성되었다고 보기 어렵다. 왜 그랬을까?

3) 정체성이란?

정체성(正體性, identity)은 존재의 본질 혹은 이를 구성하는 특징들의 구조적 관계를 구성원들이 주체로서 경험하고 합의해 나가는 이미지라고 할 수 있다. 따라서 정체성은 단순히 객체적인 사실을 의미하는 것이 아니라 주체들의 노력과 탐색을 전제하고 있다. 하지만 이런 정체성에 대해 구성원이 합의하기 위해서는 구성원이 아닌 자들과의 관계 속에서 정체성에 포함되지 않는 외부의 다양한 실재들과의 정립이 필요하다.

그렇다면 왜 구성원들은 굳이 정체성을 확보하려고 하는가? 소극적으로는 타자들의 공격과 존재 필요성을 묻는 질문에 대응하기 위해, 혹은 스스로 지속하기 어렵다고 생각하는 위기의식을 극복하기 위해 정체성을 추구하는 것이다. 이를 방어적 정체성이라고 하자. 또 다른 경우는 기존의 사회적 실재가 높은 성과를 거두어 확장하려고 할 때 확장의 정당성을 확보하고, 다른 사회적 실재를 변화시키도록 요구하기 위해 정체성을 추구하는 것이다. 이를 확장적 정체성이라고 하자.[1]

예를 들어 19세기 중엽 독일이나 이탈리아 같은 후발 자본주의 국가들은 독립을 위해 혹은 국가를 만들고 이에 속한 사람들에게 동일한 국민으로 소속감을 갖게 하기 위해 '민족(民族)'이라는 상상의 울타리를 활용했다. 또한 영국이나 프랑스, 독일, 일본 등 선발 자본주의

---

1   정체성과 관련된 논의는 아주 많다. 방어적 및 확장적 정체성이란 틀로 해석할 수 없는 경우도 있다. 예를 들어 1980년대 전두환 정권 시절 벌어진 '국풍' 운동은 비민주적 정권을 정당화하기 위해 민족 감정을 불러일으키되, 실제 민족적 전통을 심화하는 것에는 어느 정도 제어를 가하는 일종의 쇼윈도-허구적 정체성 운동이라고 할 수 있다. 하지만 여기서는 이 책의 목적에 적합한 수준으로 조정하여 서술한다.

국가에 지배된 식민지 중에서 독립운동이 벌어지는 경우에 그 독립운동 세력은 식민지 상황을 극복하기 위한 독립운동의 정당성을 확보하거나 광복 후 국민들을 하나로 통합하기 위해 '과거의 국가 재건' 혹은 '민족'이라는 공통성을 강조했다. 이런 식의 정체성 구성이 방어적 정체성의 예시이다. 반면 1930년대 후발 제국주의적 팽창을 정당화하려는 독일이나 대동아공영권을 내세운 일본의 움직임은 확장적 정체성을 추구하는 행위로 봐야 한다.

정체성을 명시적으로 추구하지 않는 상황도 발생한다. 이런 상황은 다시 두 가지로 나눌 수 있다. 하나는 소멸해 가는 자신들의 사회적 실재(實在)를 포기해 버린 구성원들의 패배적인 정체성 무시(identity disregard)이며, 다른 하나는 이미 충분히 지배적인 위치에 서서 현 상황이 '이상적인 보편성'을 담지하고 있다고 주장하는 지배적 이데올로기를 바탕으로 하는 정체성 무시이다. 예를 들어 20세기 자본주의 상황에서 주식회사를 중심으로 편성된 경제 시스템과 그 핵심 구성원(신자유주의 경제학자, 초국적기업의 CEO 등)은 스스로의 필요성과 유용함을 굳이 설명하려 하지 않는다.

마지막으로 짚고 넘어가야 할 점은 조직의 정체성과 조직 구성원의 정체성은 일대일 대응 관계가 아니라는 점이다. 아마르티아 센(Amartya Sen)은 《정체성과 폭력》에서 개인이 의식하는 정체성은 한 조직의 구성원이라는 하나의 정체성이 아니라, 성별-연령-인종-종교-학력-자산-출생지 등 자신을 구성하는 다양한 개별적 정체성들이 복합적으로 연결된 것이며, 자신이 처한 상황에 따라 각각의 개인이 갖는 다양한 정체성의 우선순위가 변경되어 나타난다고 했다. 협동조합의 정체성에 대한 심화된 논의를 위해서는 협동조합인들이 가지는 다양한 정체성 속에서 협동조합 정체성이 어느 정도의 비율로 자리 잡고 있는가, 그리고 그것이 다른 정체성에 어떻게 영향을 미치는가도 논의해야 한다.

이렇게 구성원들이 가지는 복합적 정체성을 염두에 두면서 협동조합의 정체성을 더 심도 깊게 이해하기 위해서는 협동조합 조직[2]이 당면하고 있는 전체 사회경제 시스템의 변화는 물론이고, 협동조합과 다른 사회경제 주체들의 관계와 그 흐름, 외부의 구성원들이 협동조합계를 바라보는 이미지와 실제 맺고 있는 관계 및 그 변화 방향 등을 다층적, 다면적으로 보아야 하며, 동시에 협동조합 구성원 개개인들이 가지는 다층적이고 다면적인 개인별 정체성이 어떻게 협동조합에 대한 정체성을 배치하고, 혹은 변화되거나 변화시키려고 하는지 종합적으로 관찰해야 할 것이다. 이 속에서 협동조합 운동을 추구하는 우리가 공통으로 나아가야 할 방향을 지속적으로 설정해야 한다. 이런 역동적 과정을 통해 협동조합의 정체성은 지속적으로 변형되면서 새롭게 재구성된다.

4) 1995 정체성 선언의 성과와 한계

1995년 협동조합의 정체성 선언은 1970년대 후반 초국적 자본의

---

2   협동조합 조직은 개별 협동조합이나 협동조합의 연대 조직들은 물론 협동조합 운동을 추구하는 협동조합인들이 주도하여 만들고 운영하는 연구소 등 여러 조직을 포괄하는 개념이다.

영향으로 신자유주의적 국가가 태동되면서 협동조합계가 가졌던 위기의식을 극복하기 위해 우리 공통의 인식 기반을 정비하는, 소극적 정체성을 적극적으로 만들어 나가는 노력의 결실이었다. 하지만 우리 내부에서 정한 정체성이 역동적 과정을 계속 사유하고 성찰하게 만드는 진실한 정체성으로 자리 잡았는지에 대해서는 깊이 고민해 보아야 한다.

방어적 정체성을 확립하기 위해 내부적인 규정만 정리하면서, 외부와의 관계를 정체성 선언에서 배제함으로써 이후의 협동조합 원칙 논쟁, 정체성 논란이 발생하지 않았을까? 혹은 외부와의 관계에 대한 구체적인 해석 방법이 제공되지 않아 협동조합 정체성을 논의할 때마다 협동조합의 외피만 두껍고 더 단단하게 만들어 버리는 부작용을 만들지 않았을까 생각해 봐야 한다.

협동조합에 대해 내외부가 제시하는 시각의 핵심 요인은 무엇인가? 첫째, 사업성(business, 기업적 성격), 둘째, 사회성(association, 운동적 성격), 셋째, 국민국가 내부에서 제도와 기능(공공성)에 대한 이해도의 차이, 강조점의 차이를 들 수 있다. 이들의 조합에 따라 정체성에 대한 인식이 달라졌다.

예를 들어 한국의 경우 2010년 이전에는 농협과 생협이라는 줄임말에서 협동조합을 연상하는 대중이 거의 없었다는 것을 보면 개별법 협동조합 시기에 한국은 제도 설계자와 협동조합계 연구자 및 핵심 구성원을 제외한 외부로부터의 협동조합에 대한 인식은 거의 존재하지 않았다고 할 수 있다. 이는 결국 내부적으로도 취약한 정체성을 가질 수밖에 없도록 만들었다. 하지만 2021년 현재 협동조합기본법에 의한 협동조합이 2만 개를 넘어서고 있고, 협동조합이 중심이 되어 사회적 경제를 제도화하려는 단계에 도달해 있다. 개별법 협동조합도 일반 국민들에게 점차 전체 협동조합의 범주 안에서 이해되고 있다.

1990년대, 2000년대에 협동조합의 사회성에 대해 과도하게 강조된 면이 있어서 우리는 그에 대한 대응으로 협동조합의 사업성, 기업적 성격을 상대적으로 강조한 면이 있다. 협동조합 운동 담론의 양질적 균형을 잡기 위한 전략적 말하기였다.

반면 농협 개혁을 위해 농민조합원을 대상으로 한 교육이나 강연에서는 사업의 성격과 효과보다는 '협동조합의 민주적 운영'을 강조한다. 이미 충분한 사업 시스템을 갖추고 있는 농협을 둘러싼 문제나 정체성을 따지는 논의에서는 사업성을 굳이 강조할 이유가 없기 때문이다.

하지만 이제 한국에서 ICA 세계협동조합대회가 개최되고, 그 주제가 정체성에 대한 심화된 이해라는 점을 감안할 때, 협동조합의 사업성, 사회성, 제도적 강화를 한꺼번에 고려하는 종합적 관점에서 협동조합의 정체성을 심화시켜 이해해야 한다.

5) 생태계적 역동성

정체성은 주체들이 선언하는 바에 따라 고정되어 있지 않다. 협동조합을 둘러싼 환경이나 협동조합의 구성원, 개별 협동조합 및 연대 조직은 항상 변화할 수밖에 없고, 그에 따라 서로의 관계도 변화된다. 관계가 변하면 협동조합계의 각 주체들은 대응할 수밖에 없으며, 이 과정에서 자신 스스로에 대한 이미지도 변하고 외부에서 바라보는 시각도 변한다.

여기에는 물론 협동조합계가 만들어 내는 성과와 영향력이 가장 큰 영향을 미치겠지만, 다른 주체들이 만들어 내는 문제와 성과, 영향력과의 상대적인 비교, 정부 제도의 변화, 협동조합에 참여하는 구성원들의 양적·질적 변화도 영향을 미친다.

또한 협동조합계가 확장되고, 다양한 협동조합의 연대가 손쉬워지면 개별 협동조합을 운영하는 데 필요한 비용이나 노력도 줄어들어 비용 대비 편익이 증가한다. 외부 구성원들이 협동조합에 대해 우호적인 인식을 가지고, 그에 따라 협동조합에 우호적인 제도를 정비하는 것이 쉬워지면 사회경제계의 자원을 끌어들이는 데 유리해지는데, 이렇게 되면 개별 협동조합의 성과와 영향력을 높이는 데 도움이 된다. 이런 현상은 선형적으로 일어나는 것이 아니라 다양한 영역과 층위에서 발생하는 일들이 유기적으로 연결되어 비선형적으로 효과를 만들어 낸다.

이런 점에서 자연뿐만 아니라 사회경제계는 물론 협동조합계도 생태계로서 작동한다고 할 수 있다. 생태계적 역동성 속에서 협동조합의 정체성을 바라볼 때만이 협동조합의 절대적·상대적 위치, 영향력, 변화의 방향, 전략적 선택을 올바르게 할 수 있을 것이다.

그동안 우리는 협동조합과 그렇지 않은 것을 구분하는 데 많은 관심을 가져왔다. 1945년 2차 세계대전이 끝난 후 자본주의의 지구화와 이를 주도한 국가들의 정책과 제도의 거친 공격 속에서 협동조합의 존재 의의와 필요성을 중심으로 방어적 정체성을 구성하기 위해서는 어쩔 수 없는 선택이었다. 특히 한국과 같은 분단 상황에서 협동조합을 이념적으로 곡해하는 관행이 수십 년간 지속된 상황에서는 더욱 그랬다.

따라서 방어적 정체성에 너무 기댄 일부 구성원들은 '협동조합의 원칙'을 과도할 정도로 강하게 강조하면서, 새로운 변화의 시도에 대해 혹시라도 협동조합의 선을 넘어갈까 우려하기 일쑤였다. 또한 미래 전략을 수립할 때에도 당면한 사회경제계가 가지고 있는 다양한 자원을 적극적으로 활용하기보다는, 외부에서 협동조합에 제공하려는 자원에 대해 진정성을 가지고 있는지 끝없이 확인하려 하고, 외부에서 협동조합에 기대하는 바에 대해 협동조합을 공격하거나 균열을 일으키는 것이 아닌가 과도하게 걱정하기도 했다. 이런 움직임들은 그 의도와는 달리 협동조합 생태계를 좁게 바라보게 만들었다. 또한 협동조합의 역동성을 위축시켰다.

6) 정체성의 확장

여기서는 협동조합의 정체성에 대해 논의하고 있지만, 앞에서 제시한 관점에서 정체성 논의를 확대하다 보면 사회적 경제를 논의하지 않을 수 없다. 1970년대를 경과하면서 선진국들은 공통적으로 기존의 전통적인 협동조합 운동의 방식이나 논리만으로 해결할 수 없는 새로운 사회경제적 문제들에 직면했다. 이때 협동조합 운동을 기반으로 잘 해결한 경우에는 문제가 되지 않지만 그렇지 않은 경우 다양한 새로운 움직임이 발생했다.

예를 들어 이탈리아와 스페인의 몬드라곤은 협동조합계 내부에서 이들 문제를 잘 해결해 왔지만, 영국이나 프랑스 등은 기존의 협동조합에 만족하지 못한 사람들이 주도하여 새로운 민간 차원의 경제 운동이 나타났다. 사회적 기업과 연대경제가 그것이다. 독일은 사회적 시장경제라는 국가 차원의 대응을 통해 일반 기업의 사회성을 높여 이들 문제에 대응했다. 1970년대에 협동조합 지역사회 건설 가능성이 가장 높다고 평가되던 일본은 오히려 국가적 제도 정비가 지체되어 새로운 사회적 경제의 성장을 가로막았다. 이런 상황에서 각 과제를 해결하려는 시도들이 병행적으로 진행되고 있다.

협동조합 운동이 단순히 협동조합 조직의 영향력을 높이려는 것을 목적으로 하지 않고, "전 인류를 위해 정의에 입각한 새로운 세계와 사회질서를 건설하기 위해 노력"(레이들로, 2000, p. 10)하는 것을 목적으로 한다면, 자본주의가 고도화된 상황에서 발생한 협동조합 이외의 사회적 경제 조직들과의 적극적인 연대와 공동 행동, 국가마다 다른 상황에 적합한 적절한 역할 분담이 필수적이다.

사회적 경제 조직은 경제적 활동을 통해 사회적 문제를 해결하는 것을 목적으로 민주적으로 운영되며, 자본금에 대한 배당을 제한함으로써 지속 가능성을 높이고, 영리기업으로 변질되지 않도록 제어하는 경제 조직으로 간략하게 설명할 수 있다. 이런 사회적 경제 조직은 크게 협동조합, 회사형 조직, 사업형 비영리법인의 세 가지로 나눌 수 있다.

협동조합의 정체성 논의를 심화하기 위해서는 방어적 차원에서 확장적 차원으로 전환할 필요가 있다. 확장적 정체성을 추구하는 활동이 외부 구성원을 공격하여 내부의 이익을 추구하기 위한 것만은 아니다.

상대적 약자들이 함께하는 공동 활동 가운데 한 방식인 협동조합 운동은 사회경제적 문제가 더욱 심각해지고 기존 사회경제의 주도적인 주체가 해결책을 제시하지 못할 경우, 다른 공동 활동들과 연대하여 확장적 정체성을 추구하는 것이 본래 목표를 달성하는 데 더 도움이 될 수 있다. 그리고 이 과정을 통해 협동조합 운동은 사회경제의 다양한 자원을 더 적극적으로 결합하고, 개별 협동조합의 문제를 더 손쉽게 해결하는 계기를 만들 수도 있다.

협동조합 정체성 논의가 더 깊어지려면 가장 가까운 주체들을 아우르는 사회적 경제 논의를 적극적으로 수용할 필요가 있다. 이 속에서 협동조합은 사회적 경제의 중요한 주체로서 재정립되어야 한다. 협동조합의 정체성 논의는 곧 사회적 경제의 정체성 논의이기도 하며, 그 역도 성립한다. 따라서 우리는 사회적 경제와 관련된 내용은 물론 사회적 경제 논의와 연결될 수밖에 없는 기업의 사회적 책임 혹은 ESG, 국가나 지방정부의 역할 변화 등에 대해서도 폭넓게 다루려고 한다.

더 나아가면 다른 사회를 파괴하는 사회가 엄존하는 상황에서 다양한 사회를 건강하게 유지하려는 모든 운동들과도 연대해야 한다. 환경운동, 여성운동, 노동운동, 지역운동, 애드보커트 시민운동과 공동체 운동, 심지어 정치운동까지도 협력과 연대의 대상이 되어야 한다. 협동조합의 정체성 논의를 심화하기 위해서는 논의가 사회적으로 훨씬 확장되어야 한다.

2

가치, 믿음과 신념

협동조합은 사람들 사이의 협동을 조직하는 과정에서 탄생했고, 협동조합 운동이 성장하면서 선구자와 사상가들에 의해 그 개념이 발전되어 왔다. 인간의 협동을 조직하는 과정에서 자신이 하는 일에 대한 믿음과 신념이 자연스럽게 형성되었을 것이고, 이는 협동조합이 공동으로 추구해야 할 가치라는 이름으로 개념화되었다.

일반적으로 가치란 어떤 사건을 창조하는 힘이며 사람들에게 도덕, 관습, 문화적 행동 양식을 구성하게 하여 근본적인 믿음을 형성토록 한다. 협동조합의 가치는 일반적인 의미의 가치에 더해 협동조합이 역사를 통해 성장해 오는 과정에서 자연스럽게 형성된 공동의 행동 양식을 의미한다.

1) 정체성을 찾기 위해

레이들로는 협동조합 운동이 성공하기 위해서는 주식회사 기업들과 달라야 한다고 생각하고 협동조합과 협동조합인들이 정직하고 청렴하며 높은 윤리적 기준을 가져야 한다고 강조했다. 레이들로는 협동조합 운동을 평가하면서 지난 시기 협동조합인들이 고유한 신념 체계를 형성하는 과정에서 많은 혼란이 있었고, 주식회사 기업과 경쟁하는 과정에서 지나치게 협동조합의 경영적인 측면을 강조하면서 정체성의 위기에 빠졌다고 지적했다. 그리고 협동조합 운동의 발전을 위해서 윤리적 기준을 포함한 협동조합의 정체성을 찾기 위한 노력을 요청했다.

레이들로로부터 시작된 협동조합의 정체성 위기에 대한 문제 제기는 스웨던 협동조합연구소에서 일하던 뵈크에 의해 보다 체계적으로 정리되어 1992년 10월 일본의 도쿄에서 열린 제30차 ICA 세계협동조합대회에서 〈급변하는 세상에서 협동조합의 가치〉라는 이름으로 발표되었다.

2) 정체성 선언

뵈크는 1992년 보고서에서 "세계 협동조합인들은 인간 삶의 질을 향상시키기 위한 조건을 위해 어떤 것이 좋고, 바람직하고, 추구할 만한 가치가 있는지 관점을 개발하고 표현했다."고 하면서 각각의 협동조합과 전체 공동체, 그리고 인류 전체에 적용할 가장 본질적인 협동의 개념을 기본적 가치와 윤리적 가치로 구분한다고 했다.

그러나 뵈크는 협동조합의 기본 사상과 윤리는 서로 다른 현실 배경에서 서로 다르게 해석되어 왔으며 현실적으로 이러한 가치가 일률적으로 해석될 수는 없다고 말하기도 했다.

뵈크와 각국 협동조합인들의 이런 생각이 씨앗이 되어 ICA는 1995년 창립 100년이 되는 해를 기념하여 협동조합 운동이 시작되었던 영국의 맨체스터에 모여 총회를 개최하면서 〈협동조합 정체성에 관한

ICA 선언〉을 채택하게 되었다.

이 선언은 ICA 역사상 처음으로 협동조합이 무엇인지 정의하고, 협동조합 운동이 지향해야 할 가치를 포함하여 가치를 실천하기 위한 지침으로 7대 원칙을 제시했다.

3) 윤리적 가치

19세기 최초로 소비자협동조합의 성공을 일구어낸 로치데일 협동조합의 선구자들은 당시 상업자본가들이 회분가루와 돌을 섞어 양을 속이고 좋지 않은 재료를 파는 것에 대항하여 정직과 신뢰를 기반으로 사업을 전개함으로써 모든 이들로부터 존경과 찬사를 받았다.

이에 협동조합인들은 이들 협동조합 선구자들의 전통을 이어받아 정직(honesty), 열린 마음(openness), 타인에 대한 배려(caring for others), 사회적 책임(social responsibility)이라는 윤리적 가치를 신조로 한다.

① 정직

정직은 단순히 협동조합 상품의 품질이나 정보 제공의 문제만이 아니다. 협동조합이 추구하는 정직이라는 가치는 조합원이 다른 조합원들과 어떤 관계를 가져야 하는가에 대한 가이드 라인이기도 하다. 1인 1표의 민주적 운영이라는 협동조합의 의사결정 구조 속에서 조합원들은 자신의 의견을 솔직하게 말해야 하고 자신이 가지고 있는 정보를 최대한 공유해야 한다. 서로가 서로에게 정직할 때에만 조합원 서로 간에 신뢰가 자리 잡고 튼튼해질 수 있기 때문이다.

② 열린 마음

열린 마음이라는 가치는 단순하게 정보를 개방한다는 것을 넘어 스스로 생각을 열고 조합원들이 모여 협동조합을 성공시키기 위해 작은 차이를 넘어 협동하려는 자세를 가져야 한다는 것을 말한다. 더 나아가 협동조합은 약자들에게도 열려 있어야 하며, 협동조합의 조합원들은 나보다 더 어려운 사람, 나하고 처지는 다르나 어려움에 처한 사람들에 대해 그들의 생각을 편견 없이 바라보려는 노력을 해야 한다.

③ 타인에 대한 배려

타인에 대한 배려는 자신의 이해만을 추구하는 것이 아니라 더불어 살아가는 사람들에 대해서도 항상 역지사지(易地思之)하는 마음을 가져야 한다는 것을 의미한다. 그것은 내 삶의 구체적인 활동에서 다른 사람을 고려하고 있는지 돌아보는 성찰의 마음이며 모든 종교에서 제시하는 성숙한 인간상의 요건이기도 하다.

④ 사회적 책임

타인에 대한 배려가 발전하면 더 넓은 타인이 모두 포함되는 '사회'로 시야가 넓어지게 된다. 협동조합의 조합원은 언제나 사회 속에서 살아가게 된다. 따라서 협동조합은 사회가 올바른 방향으로 가도록 함께 노력해야 하며, 활동할 때 사회적 책임을 다해야 할 의무를 가지고 있다.

4) 기본적 가치

협동조합은 자조(self-help), 자기책임(self-responsibility), 민주주의(democracy), 평등(equality), 공정(equity), 연대(solidarity)를 기본적 가치로 한다.

① 자조

'자조'란 모든 사람들이 자신의 운명을 스스로 개척할 수 있고 또 그렇게 노력해야 한다는 것이다. 스스로 돕지 않으면서 남들에게 도와달라는 것은 협동조합의 가치에 어긋나는 일이며, 그런 조합원이 많아질수록 협동조합은 정체성을 잃게 된다는 것을 말한다.

② 자기책임

'자기책임'이란 조합을 설립하고 활발히 운영하는 모든 일에 대해 조합원들이 스스로 책임을 져야 한다는 것을 말한다. 조합원들이 모여 함께 결정하고, 함께 집행한 일의 결과에 대해 잘되어도 잘못되어도 조합원들이 함께 책임을 져야 한다는 것 이다.

③ 민주주의

협동조합의 조합원은 1인 1표의 평등한 투표권을 가지고 있으며 조합의 여러 가지 의사결정에 참가해야 한다. 민주주의는 협동조합의 의사결정 방법이면서 협동조합의 조직 문화를 평가하는 가장 중요한 기준이기도 하다.

④ 평등

'평등'의 가치는 협동조합이 조합원 각자를 온전한 인간으로 대한다는 뜻을 가진다. 협동조합의 조합원은 조합원으로서 협동조합에서 평등한 기회를 가지며 참여의 권리, 알 권리, 들을 수 있는 권리, 의사결정에 개입할 수 있는 권리가 있다.

⑤ 공정

'공정'의 가치는 협동조합의 조합원은 성별이나 인종과 같은 이유로 차별받지 않으며 조합원은 이용과 배당 등 조합의 사업에 참여한 대가에 대해서도 공정하게 대우받아야 함을 의미한다.

⑥ 연대

'연대'는 협동조합이 개인들의 단순한 결합체 이상의 단체임을 강조하는 가치로, 협동조합은 개인들의 이익만을 추구하는 단체가 아니라 집합체 전체의 이익을 증진하기 위해서도 노력하는 단체이다. 협동조합에서 연대의 가치는 협동조합인과 협동조합이 단결하여 지역과 전국 단위에서 그리고 국제적으로 단결된 협동조합 운동을 펼쳐 나가는 기초가 된다.

5) 급변하는 세상에서

협동조합의 가치란 협동조합의 실천과 경험을 통해 만들어진 협동조합 혹은 협동조합의 조합원이 추구해야 할 공동의 행동 양식을 의미한다.

오늘날 협동조합 운동이 협동조합의 가치에 대해 함께 고민하는 이유는 협동조합들이 시장 환경의 급격한 변화에 따라 1960~70년대 파산하면서 협동조합과 주식회사의 차이를 분명히 하고 협동조합의 고유한 특질을 찾아야 한다고 생각한 것이다.

돌아보면 실패가 있었지만 협동조합 운동은 협동하려는 인간에 대한 신뢰를 바탕으로 성장해 왔다. 급변하는 세상에서 협동조합이 가지는 근본적 가치는 이런 신뢰에 기반하여 정치의 민주화와 함께 경제의 민주화를 실현하는 운동이라는 것이다.

협동조합인들은 협동조합 선구자들이 추구했던 가치를 다시 생각하며 자기 정체성을 찾기 위한 노력을 멈추지 말아야 한다.

3

원칙, 어떻게 할 것인가

1) 원칙의 의미

협동조합 정체성 선언문에 포함된 협동조합 원칙은 협동조합의 실질적인 경험을 포함하는 것으로 지속 가능한 협동조합 기업의 성공적인 운영에 기본이 된다는 데 의미가 있다.

2015년 ICA가 발행한 《ICA 협동조합 원칙 안내서》에서는 "협동조합의 정체성과 가치는 불변하지만 협동조합의 원칙은 꾸준히 재해석되고 개정되어 왔다."고 언급하면서, "협동조합의 원칙이 개정되고 다시 쓰이는 동안에도 본질은 그대로 남아 협동조합 기업의 일상 운영에서 협동조합의 정체성과 가치를 실현하도록 하는 지침이 되고 있다."고 했다.

여기서 주목할 것은 협동조합의 정체성을 이루는 정의, 가치, 원칙 중 협동조합의 정의, 가치와 다르게 원칙은 꾸준히 재해석되고 개정되어 왔다는 점이다. 이는 세계 각국의 협동조합 운동이 처한 문화와 전통뿐만 아니라 협동조합 기업의 규모, 발전 정도가 다를 수 있기 때문이다. 그러므로 세계 협동조합 운동에 공통으로 적용할 정의, 가치는 그대로 두고 이를 실행하기 위한 지침으로서의 원칙은 7원칙이라는 이름으로 규정하지만 실제 적용은 개별 협동조합에 따라 달리할 수 있도록 한다.

예를 들어 협동조합의 첫 번째 원칙인 가입 자유의 원칙은 정치와 종교, 성별, 인종에 차이를 두지 않는다는 것인데, 오랫동안 단일민족 국가를 유지해 온 우리 역사의 맥락에서 인종의 차이는 크게 의미 있는 규정이 아니었을 것이다. 그러나 지금처럼 우리 사회가 빠른 속도로 다문화 사회로 전환되어 간다면 이주민을 조합원으로 받아들이는 데 인종에 차별을 두지 않는 규정은 현실적으로 의미가 있게 된다.

이처럼 협동조합의 원칙은 조합원 결사체이면서 동시에 공동의 사업체인 협동조합이 성과적으로 운영되기 위해 필요한 경영적 지침으로 고정 불변하는 것이 아니라 현실을 따라 꾸준히 변화할 수 있다는 것을 이해하고 함께 토론하는 것이 중요하다.

2) 로치데일의 운영 원칙

1844년 영국의 로치데일 공정선구자조합은 협동조합 운영 원칙을 수립했다. 그들은 1844년 규약 제정 이후 1845년, 1854년에 규약을 수정했고 다음과 같은 로치데일 원칙을 협동조합인들에게 남겼다.

로치데일 공정선구자조합의 운영 원칙

1인 1표의 평등한 의결권(Democratic control: One man, One Vote)
열린 조합원 제도(Open membership)
출자금 이자 제한(Limited interest on capital)
이용액 배당(Dividend on purchase)
현금 거래(Cash trading)
순정한 질과 양(정직한 물품)(Full weight and measure)
교육 장려(Promotion of education)
정치적·종교적 중립(Political and religious neutralty)
개별 조합원에게 분배하지 않은 공동 재산의 처분
(The disposal of collective assets)

3) 원칙의 변화

ICA는 제1차 세계대전의 포화가 멈춘 폐허에서 1921년 협동조합 대회를 개최하기로 결정하고 로치데일 협동조합의 원칙을 기초로 전후 협동조합 재건과 통일을 위한 가이드 라인을 제시했다.

그러나 1934년 런던 대회에서는 바젤 대회에서 정형화한 로치데일 원칙이 소비자협동조합 중심이며 노동자협동조합, 농업협동조합, 신용협동조합에 적용하기 어렵다는 문제 제기가 있었고, 이에 협동조합 원칙검토특위의 설치를 결의하여 협동조합 원칙에 대한 논의를 진행한 결과 1937년 파리 대회를 통해 ICA의 협동조합에 관한 원칙이 처음으로 제정되었다.

ICA는 1966년 빈 대회를 통해 협동조합을 둘러싼 사회경제의 변화를 반영하여 현금 거래와 같은 원칙은 삭제하고, 사회주의 체제 확대와 제3세계 형성 등 새로운 협동조합 운동의 등장을 반영하여 협동조합 간 협동의 원칙을 삽입하는 등 원칙을 개정했다.

한편 1995년 ICA 창립 100년이 되는 해에 환경에 대한 전 세계적인 관심을 반영하여 지속 가능한 인류 발전에 관한 ICA 협동조합 총회의 결의를 통해 환경문제에 대한 관심을 포함한 '커뮤니티 관여'라는 원

ICA의 협동조합 원칙과 변화

1937년	1966년	1995년
가입의 자유	가입의 자유	가입의 자유
민주적 관리	민주적 관리	민주적 관리
이용고 배당	잉여금 공정 배분	조합원의 경제적 참여
출자에 대한 이자 제한	출자에 대한 이자 제한	
정치적, 종교적 중립		자율과 독립
현금 거래		
교육 촉진	협동조합 교육	교육 및 홍보
	협동조합 간 협동	협동조합 간 협동
		커뮤니티 관여

칙을 채택했다.

이처럼 ICA의 협동조합 원칙이 현실을 따라 끊임없이 변화해 온 것은 협동조합이 역사, 문화, 제도, 협동조합 유형에 따라 다양한 형태로 조직되고 성장해 왔기 때문이다.

4) 원칙의 정의

2015년 ICA가 발행한 공식 문서인 《ICA 협동조합 원칙 안내서》에 따르면 협동조합 원칙은 다음과 같이 정의된다.

1원칙: 자발적이고 개방적인 조합원 제도

협동조합은 자발적인 조직으로서, 협동조합의 서비스를 이용할 수 있고 조합원으로서 책임을 다할 의지가 있는 모든 사람들에게, 성(性)적·사회적·인종적·정치적· 혹은 종교적 차별 없이 열려 있다.

2원칙: 조합원에 의한 민주적 관리

협동조합은 조합원에 의해 통제되는 민주적인 조직으로서, 조합원은 정책 수립과 의사결정에 적극적으로 참여한다. 선출직으로 활동하는 대표자들은 조합원에게 책임을 다해야 한다.

단위협동조합의 조합원은 동등한 투표권(1인 1표)을 가지며, 다른 연합 단계의 협동조합도 민주적인 방식으로 조직된다.

3원칙: 조합원의 경제적 참여

조합원은 협동조합의 자본 조달에 공정하게 기여하고 민주적으로 통제한다. 최소한 자본금의 일부는 조합의 공동 자산으로 한다.

조합원 자격을 얻기 위해 납부하는 출자금에 대한 배당이 있는 경우에도 보통은 제한된 배당만을 받는다.

조합원은 다음의 목적을 위해 잉여금을 배분한다.

- 최소한 일부는 분할할 수 없는 준비금 적립을 통해, 협동조합을 발전시키기 위해
- 협동조합 이용에 비례하여 조합원에게 혜택을 주기 위해
- 조합원이 승인한 여타 활동을 지원하기 위해

4원칙: 자율과 독립

협동조합은 조합원이 통제하는 자율적이고 자조적인 조직이다. 정부를 포함한 다른 조직과 협약을 맺거나 외부에서 자본을 조달하고자 할 경우, 조합원의 민주적 통제가 보장되고 협동조합의 자율성이 유지될 수 있는 조건에서 이루어져야 한다.

5원칙: 교육, 훈련 및 정보 제공

협동조합은 조합원, 선출된 임원, 경영자, 직원이 협동조합의 발전에 실질적으로 기여할 수 있도록 교육과 훈련을 제공한다. 협동조합은 일반 대중, 특히 젊은 세대와 여론 주도층에게 협동의 본질과 장점에 대한 정보를 제공한다.

6원칙: 협동조합 간 협동

협동조합은 지방, 국가, 지역, 국제적 차원의 조직들과 협력함으로써 조합원에게 가장 효과적으로 봉사하고 협동조합 운동을 강화한다.

7원칙: 커뮤니티 관여

협동조합은 조합원이 승인한 정책을 바탕으로 커뮤니티의 지속 가능한 발전을 위해 활동한다.

ICA가 언급한 바와 같이 협동조합의 원칙은 협동조합의 가치를 실천에 옮기도록 안내하는 지침으로 150년 협동조합의 역사와 함께 변해 왔고 앞으로도 변해 갈 것이다.

4

다양한 협동조합[3]

1) 구분의 필요성

ICA의 산하에는 8개(Banking, Agriculture, Fisheries, Insurance, Health,

---

3   강민수, 〈협동조합 연구 현황과 향후 과제〉, 서울대학교 대학원, 2016 참고.

Housing, Consumer, Worker)의 연합회[4]가 있다. ICA의 협동조합에 관한 분류는 엄격한 학문적 잣대가 아니라 현실을 사후적으로 반영한 결과이다. 실제 ICA의 협동조합 유형 구분은 협동조합이 성장한 부문별 협동조합연맹을 나열한 것으로 논리적인 구분이라고 하기는 어렵다.

문제는 협동조합에 대한 기존의 분류 방식은 다양한 협동조합의 형태를 포괄하지 못하는 한계가 있다는 것이다. 실제 ICA의 경우 산업별 협동조합 분류 체계를 취하고 있어, 새로운 산업이 나타날 때마다 병렬적인 분류를 제시해야 하는 한계를 가진다. 이런 현실을 반영하여 협동조합을 보다 체계적으로 구분하여 분류하는 일이 필요하다.

특히 우리는 유럽과 달리 단시간에 너무나 많은 협동조합이 만들어졌고 협동조합 유형 간 운영의 차이를 분명히 구분하지 못한다는 현실적인 이유도 있다.

예를 들어 협동조합으로 슈퍼마켓을 경영한다고 가정할 때, 공동구매를 목적으로 소비자들이 모여 만들면 소비자협동조합이 되고, 유통판매를 목적으로 직원들이 모여 만들면 직원협동조합이 되고, 공동판매를 목적으로 가공업체들이 모여 만들면 생산자협동조합이 되고, 사업자와 직원이 공동으로 경영하면 다중이해관계자협동조합이 되고, 직원 중 취약계층에게 일자리를 제공할 목적이라면 사회적협동조합으로 운영될 수도 있다.

이처럼 협동조합이란 공동으로 소유하고 민주적으로 운영되는 사업

---

4   ICA의 조직 구조에 관한 자세한 사항은 https://www.ica.coop/en/about-us/our-structure/alliance-organigram을 참조하라.

체로 이용자가 소유하고 이용자가 통제하고 사업의 이용을 기준으로 수익을 나누는 사업체라는 결사와 운영의 원리를 공유한다 해도 소유와 기능에 따라 사업 전략이 다를 수 있다. 특히 주식회사와 다르게 협동조합은 동일한 업종의 사업체라 하더라도 다양한 형태로 설립, 운영이 가능하며 이들의 운영 원리에는 큰 차이가 있을 수 있기 때문이다.

따라서 협동조합의 유형을 이해하는 것은 자신이 하고자 하는 사업에 맞는 협동조합을 이해하는 데 도움이 될 뿐만 아니라 협동조합을 성공적으로 경영하는 데도 도움이 된다.

2) 선행 연구

협동조합의 유형이 다양한 이유는 스테파노 자마니(Stefano Zamagni, 2012)의 지적처럼 '협동조합은 상상력의 산물'이기 때문이다. 협동조합은 역사적으로 그 사회가 필요로 했던 '무엇'을 상상력을 동원하여 사업의 형태로 구상하고 조합원의 참여를 조직한 사업체이기 때문에 가능한 상상만큼 다양한 형태로 출현했다.

역사적으로 영국에서는 소비자협동조합이 발달했고 프랑스에서는 생산자협동조합, 독일에서는 신용협동조합, 미국에서는 농업협동조합이 발달했는데 이는 나라마다 생산의 조건이 다르고 법률도 차이가 있기 때문이다. 다중이해관계자협동조합 같은 새로운 형태의 협동조합이 출현하는 이유는 경제 상황의 변화에 따라 협동조합을 만들려는 조합원의 필요도 다양해지기 때문이다.

그렇다면 현실에 존재하는 협동조합을 배제와 중복이 없도록 구

	근거	내용	장점·단점
ICA	경험적 분류	8가지 구분	역사적, 경험적으로 그렇지만 분류에 따른 시사점이 없음
한스만 (1996)	소유자	생산자·소유자로 구분	비용 절감 목적 함수로 일관되게 설명할 수 있으나 이론적임
버챌 (2011)	투자자·이용자	소비자, 생산자, 생산자 및 소비자, 노동자로 구분	•역사적이며 현실적임 •다만 사회적협동조합의 출현을 설명하는 데 한계가 있음
김기태 (2012)	목적·동기·사업	소비자협동조합, 사업자협동조합, 직원협동조합, 다중이해관계자협동조합, 사회적 협동조합, 보건의료사회적협동조합의 6가지로 구분	•우리나라 협동조합기본법상의 구분 기준 •중소기업, 농협, 신협 등 이해관계자의 요구에 의해 사업자협동조합의 다양함을 구분하는 데 어려움이 존재
장종익 (2014)	설립 주체·분야와 기능	소비자, 사업자(생산자), 노동자, 금융협동조합, 사회적협동조합의 5가지로 분류하고 분야와 기능을 중심으로 다시 16가지 유형으로 구분	•거버넌스 비용이 높은 일반 다중이해관계자협동조합 불인정 •실제로 우리나라는 사회적협동조합을 일반 다중이해관계자협동조합으로 설립하는 경우가 있음

분할 수는 없을까? 미국 예일대학의 법학자인 헨리 한스만(Henry Hansmann)은 협동조합뿐만 아니라 기업 전체를 생산자가 소유하는 기업과 이용자가 소유하는 기업으로 구분하여 협동조합을 포함하여 기업의 출현과 존재의 이유를 집단적 의사결정 비용과 경영자대리인 비용의 절감이라는 비용 절감 목적 함수로 설명한다. 그에 따르면 주식회사는 자본들의 협동조합이라고 해석될 수 있다.

한편 영국의 저명한 협동조합학자인 존스턴 버챌은 기업을 크게 조합원 소유 기업(Member-owned business)과 투자자 소유 기업(investor-owned business)으로 구분하고 둘의 근본적 차이는 사업이 사람 중심적이냐, 자본 중심적이냐 하는 것으로 구분했다. 버챌은 기업에는 자본 투자자 이외 3가지 주요 이해관계자가 있는데 이를 소비자, 생산자, 노동자로 구분하고 이들 이해관계자 중 하나가 사업의 중심이 됨에 따라 소비자 소유, 생산자 소유, 노동자 소유 기업으로 분류될 수 있다고 하였다. 이런 이유로 버챌은 협동조합을 소비자, 생산자, 생산자 및 소비자, 노동자 소유의 4가지 유형으로 구분한다.

우리나라의 대표적인 협동조합 연구자인 장종익은 2014년 협동조합 유형에 관한 연구가 최근 협동조합의 새로운 진화를 반영하지 못하고 있다면서, 기존 협동조합 유형에 대한 분류는 사회적협동조합을 거의 무시하고 있으며, 금융협동조합을 다룰 경우에도 협동조합투자은행(cooperative investment bank)이나 사회적협동조합은행을 간과하고 있다고 주장했다. 그는 협동조합의 유형을 운영 주체를 중심으로 소비자, 사업자(생산자), 노동자, 금융협동조합, 사회적협동조합의 5가지로 분류하고 분야와 기능을 중심으로 이를 다시 16가지 유형으로 구분했다.

3) 유형별 정의

현실에서 출현하는 다양한 협동조합을 소유와 기능을 기준으로 분류하면 크게 6가지 유형으로 구분할 수 있다.

1차 기준: 누가 기업을 소유하는가?
2차 기준: 구분된 협동조합은 어떤 기능을 수행하는가?

협동조합의 유형

소유	기능	유형	사례
소비자	공동 구매 공동 이용 (금융) 공동 구매	소비자협동조합	구매협동조합 이용협동조합 금융협동조합
사업자	공동 구매·이용 공동 판매	생산자협동조합	농업협동조합 장인협동조합
		판매협동조합	상인협동조합
노동자	공동 생산 후 공동 판매	노동자협동조합	몬드라곤 협동조합
다중이해	공동 구매·이용	다중이해관계자협동조합	에로스키 사회적협동조합
	사회 서비스 생산·이용	사회적협동조합	

생산자협동조합은 상품과 서비스의 판매를 위해 조합원이 공동으로 사업을 전개하는 것이다. 개인이 해결하기 어려운 사업 부문을 공동으로 위임하여 사업 성과를 높임으로써 조합원들의 경영 개선 혹은 안정을 이루기 위해 만들어지며 범위의 경제를 실현하여 효율을 추구한다.

소비자협동조합은 공동 구매를 목적으로 하는 '구매협동조합'과, 자산 및 서비스의 공동 이용을 목적으로 하는 '이용협동조합'으로 구분할 수 있다. 특별히 금융협동조합은 경제적 약자들이 자금 융통이나 위험 분산을 목적으로 협동조합을 설립하여 예금, 대출, 보험 상품을 구매한다고 보아 소비자협동조합으로 구분했다.

노동자협동조합은 일자리를 창출하고 고용을 유지할 목적으로 설립된다. 조합원들이 개별적으로 생산하는 경우보다 공동으로 생산활동을 함으로써 규모의 경제를 실현할 수 있을 때 설립되는데, 모든 형태의 산업에서 출현하는 특징이 있다.

다중이해관계자협동조합은 둘 이상 유형의 조합원들이 모여 협동조합 활동을 통하여 조합원의 경영 활동을 돕거나 취약계층에 대한 사회 서비스 제공, 지역 개발 등 국민경제의 균형 있는 발전 도모를 목적으로 한다.

현실에 존재하는 협동조합을 MECE[5]하게 분류하는 것은 쉬운 일이 아니다. 실제 협동조합 운동이 시작된 초기에는 협동조합을 소비자협동조합, 생산자협동조합, 노동자협동조합, 신용협동조합으로 분류했다.

그러나 비록 완벽하지는 않더라도 최대한 배제와 중복이 없도록 협동조합을 분류하면 분류된 유형 사이의 공통된 특성과 운영의 원리를 파악할 수 있으며 이를 통해 협동조합 운영에 필요한 시사점을 얻을 수 있을 것이다.

5

생태계로 접근하다[6]

---

5   Mutually Exclusive, Collectively Exhaustive. '서로 배타적이면서 합하면 전체를 차지하도록' 한다는 분류의 원칙이다.
6   이 부분은 소상공인시장진흥공단과 한국사회적기업진흥원의 의뢰에 김기태가 참여하여 진행한 연구용역보고서의 내용을 수정·요약·보완한 것이다. 협동조합이 사회적 경제의 한 부분이기 때문에 사회적 경제 생태계를 설명하는 것이 더 효과적이라 생각한다.

1) 생태계 논의의 도입

협동조합 정체성에 대한 논의는 오랜 시간 동안 개별 협동조합이 협동조합적인가 아닌가, 협동조합의 어떤 결정이 협동조합의 정체성에 비춰 볼 때 적합한가 그렇지 않은가라는 이슈에 매몰되어 있는 경우가 많았다. 방어적 정체성의 논의 구조에서 자주 나타나는 현상이다.

하지만 글로벌 금융 위기 이후 UN, ILO라는 대표적인 국제기구에서 협동조합의 필요성을 강조하고, 2012년 세계협동조합의 해가 지난 이후 방어적 정체성 논의 구조는 점차 변모하기 시작했다. 특히 우리나라에서는 협동조합기본법 제정 이후 협동조합에 대한 기대와 인식이 높아지면서 더욱 극적인 변화가 일어났다. 확장적 정체성을 추구하기 시작한 협동조합과 사회적 경제 진영에서는 '생태계'라는 개념을 도입하기 시작했다.

'협동조합 생태계'라는 용어에 대해 협동조합 조직들 간의 사업적·비사업적 관계의 망으로 이해하는 경우가 있다. 또 '사회적 경제 생태계'를 설명하는 여러 자료들을 살펴보면 중간 지원 조직을 통한 통합적 지원을 생태계적 정책으로 설명하는 경우도 많다. 이는 특정 업종을 육성하기 위한 정책을 설명할 때 기업 생태계라는 표현을 사용하는 데서 차용한 것으로 보인다.

하지만 여기서 우리가 협동조합 생태계를 구축해야 한다고 주장하는 것은 단순히 협동조합 간의 협동을 통해 개별 협동조합의 생존력을 높이거나 기업으로서의 성공 가능성을 높여 주는 데서 머무르지 않는다. 앞에서 정리한 현재 생활인이 직면하고 있는 전 세계적인 문제점들을 해결하는 데 협동조합이 앞장서고 영향력을 확장해야 함을 강조하기 위함이며, 이런 협동조합의 지향이 잘 실현될 수 있도록 협동조합을 둘러싼 모든 환경적 요인들을 협동조합에 유리하게, 혹은 최소한 불이익이 없도록 만들어야 한다는 점을 명확하게 하기 위함이다. 또한 더 나은 사회를 만드는 데 사업을 통해 기여하려는 협동조합이 아닌 조직들도 있다. 이를 포괄하여 사회적 경제라고 하는데, 협동조합 생태계는 사회적 경제 생태계의 가장 많은 부분을 차지하고 있기 때문에 둘을 군이 구분하는 것은 크게 의미가 없을 것 같다. 여기서는 사회적 경제 생태계로 통합해서 살펴보자.

2) 중층적 시스템의 생태계

협동조합·사회적 경제 생태계에 대해 심도 깊게 이해하기 위해서는 사전적으로 알아두어야 할 내용이 있다.

일반적으로 생태계(eco-system)는 '어떤 지역 안에 사는 생물군과, 이것들을 제어하는 무기적 환경 요인이 종합된 복합 체계'로 정의[7]할 수 있다. 개별 생명체의 존재와 활동을 단순히 그 생명체의 특성으로만 분석해서는 한계가 있다는 문제 인식에서, 주변 생명체들과의 관계 및 환경 요인들과의 상호관계 등을 종합적으로 이해하는 것이 더 풍부한 설명을 할 수 있다는 관점에서 만들어진 용어이자 접근 방법

---

7   두산백과, http://terms.naver.com/entry.nhn?docId=1110625&cid=40942&category Id=32334#__datalab

생태계(ES)와 사회경제계(SES)의 열역학적 연관과 공진화

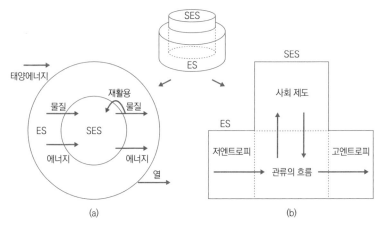

(a): 중앙의 그림을 위에서 내려다본 것으로 생태계와 사회경제 시스템 간의 순수한 열역학적 연관을 나타낸다.
(b): 중앙의 그림을 옆에서 본 것으로 열역학적 관류를 매개로 한 생태계와 사회경제 시스템 간의 공진화를 나타낸다.

(조영탁, 〈생태경제학 산책〉)

이다.

이런 생태계적 접근법은 이후 사회와 경제 등 다양한 영역으로 확대되었으며, 경제학에서도 지속 가능한 사회경제의 조건을 탐색하는 것을 목적으로 하는 생태경제학으로 응용되었다. 생태경제학의 논의는 지구 생태계의 한계가 임박했다는 불안감을 주는 지금, 중요한 시사점을 전해 준다.

생태경제학에서는 생태계와 사회경제계를 두 개의 독자적인 복잡계로 인식하고 있으며, 사회경제계는 생태계를 토대로 유지되고 있다고 본다.[8]

---

8   조영탁, 〈생태경제학 산책〉, 한국사회경제학회 2003년 겨울학술대회 발표문, 2003.

사회경제계는 생태계의 한 부분으로 인간이 생물군(群)의 부분집합이라는 점을 고려할 때, 사회경제계는 생태계의 한 부분이 발전하여 새로운 차원의 복잡계(쉽게 표현한다면 문명사회)를 이루는 창발성을 발휘한 것으로 이해되고 있다.

생태경제학의 접근법을 연장해 보면 협동조합 혹은 사회적 경제도 마찬가지로 사회경제계의 부분집합이면서 독자적인 복잡계이다. 따라서 사회경제계와의 협력적 관계를 체계적으로 구성할 필요가 있다. 협동조합 생태계 혹은 사회적 경제 생태계라는 개념은 이런 의미에서 중요하다.

사회적 경제 생태계는 사회경제계의 한 부분이다. 사회적 경제 생태계는 회사나 비영리단체, 공동체 등 사회경제계 내의 다른 사회경제계 부문들과 관계를 맺으면서 상호작용하고 있으며, 시민의 역량, 사회경제 제도 등 비조직적 여건들과도 상호작용하고 있다.

사회적 경제 생태계의 거시적 존재 의의는 영리기업 중심의 사회경

사회경제계와 사회적 경제 생태계의 관계

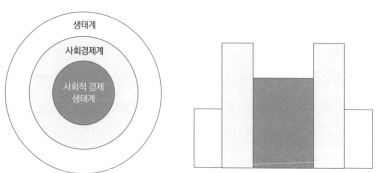

엔트로피를 줄이는 사회적 경제 생태계

제계가 생태계가 처리할 수 없을 정도로 많은 고엔트로피를 형성함으로써 지속 가능성을 훼손할 가능성이 있는 상황에서, 지역경제에 대한 중시와 사회 문제 해결을 위한 혁신 추구 등을 통해 엔트로피의 증가를 억제할 수 있다는 점이다.

또한 이런 시스템적 사유는 초기 사회적 경제 조직의 자본 동원 역량이 낮은 상황에서 사회적 경제 조직의 성공률 향상을 위해서는 다양한 사회적 경제 조직의 협력이 필요하며, 사회경제계의 제도를 사회적 경제에 친화적으로 개선해야 한다는 것을 보여 준다. 또한 사회적 경제 생태계에 포함되지 않는 영리기업 및 조직들과도 가급적 협력 관계를 맺고, 경쟁 대상을 명확히 이해하고 상호관계를 파악해야 한다는 것을 보여 준다.

또한 사회적 경제 생태계의 사유 체계는 사회적 경제의 구성원들이 사회적 경제 생태계의 환경이면서 동시에 전제조건인 사회경제계의 다른 구성원들과 대비할 때 어떤 활동을 해야 하는지를 보여 준다.

3) 복잡계와 사회적 경제

복잡계는 다양한 구성 인자가 여러 수준의 하위 시스템으로 구성된 위계적 구조(hierarchy)로 되어 있다.

복잡계를 이해하는 데 가장 가까이 있고 이해하기 쉬운 대상은 '인간'이다. 인간은 음식을 섭취하여 에너지를 취하고, 다양한 활동을 하며, 엔트로피가 높아진 물질을 분뇨로 배출함으로써 자체적인 질서도를 유지하는 하나의 시스템이다. 동시에 인간은 이런 에너지 흐름을 가능하게 하기 위해 소화기관, 순환기관 등의 하위 시스템을 갖추고 있으며, 이들은 복잡한 에너지 순환을 통해 서로 협력하고 있다.

소화기관은 다시 입, 위, 대장 등 각각의 하위 장기를 결합하고, 다른 주체-기관과 협력하여 작동하는 하나의 복잡계이다. 소화기관은 음식을 받아들여 소화시킴으로써 지방은 지방산으로, 탄수화물은 포도당이나 과당으로, 단백질은 각종 아미노산으로 분해하여 순환기관에 공급하고, 그 대가로 소화에 필요한 산소와 각종 전달물질을 공급받는다.

소화기관의 하위 시스템의 하나인 위장은 마찬가지로 소화기관의 다른 장기들과 협력하고, 다른 기관과 협력하여 역할을 수행하는 복잡계이다. 그 하위조직인 세포도 눈에 보이지 않을 정도로 작지만 세포핵과 세포막, 지질 등으로 이뤄진 복잡계이다.

이렇게 복잡계는 다양한 층위의 시스템이 결합해 시너지 효과를 내다가 서로 충돌하는 상황이 되면 이를 조절하려는 활동을 벌이는 구조를 갖추고 있다. 사회적 경제 생태계는 개인 구성원 또는 개별 사회적 경제 조직이라는 복잡계가 모여 만든 보다 상위의 복잡계이며, 동시에 사회경제계의 하위 복잡계라고 할 수 있다.

사회적 경제 조직은 '현재' '여기에' 구성된 사회경제계의 구체적인 조건에서 벗어날 수 없으며, 각각의 사회경제계의 특수성을 반영하여 만들어질 수밖에 없다. 따라서 소속된 사회경제계의 특징과 흐름, 변화를 감안하여 활동 계획을 세워야 한다. 만약 주변의 환경적 요인을 무시하거나, 다른 사회경제계에서 만들어진 원칙이나 사업 방침을 고집하면 계획하는 대로 활동이 이뤄지기 어렵고 장기적으로 쇠퇴하게 된다.

복잡계의 중요한 특징 중의 하나가 창발성(emergent property)이다. 창발성이란 하위 구성 요소들의 유기적인 결합을 통해, 하위 구성 요소들의 특징들을 모두 합한 것과 다른 특징적인 행동이나 패턴을 만들어 내는 것이다. 예를 들어 위장과 소장, 대장을 그냥 모아 둔다고 소화 행위가 가능한 것이 아니다. 위장과 소장, 대장이 유기적으로 연계될 때에만 소화기관으로 작동하며, 이때 소화 행위라는 새로운 행동이 만들어진다. 창발성이 발휘되는 것이다.

이런 창발성으로 인해 복잡계는 하위 구성 요소들로 환원할 수 없다. 황금알을 낳는 거위를 잡아 버리면 더 이상 황금알을 얻을 수 없게 되는 것과 같다. 이를 조합원과 협동조합의 관계에도 적용할 수 있다. 협동조합의 조합원들 각각은 우수하다고 하더라도, 경제 조직으로서의 시스템, 즉 비즈니스 모델이나 조직 운영 체계를 잘 구축하지 못하면 그 협동조합은 성공하기 어렵다. 구성원의 조건으로만 치환할 수 없는 협동조합, 혹은 사회적 경제 조직 자체의 복잡계적 특성을 충분히 감안해야 한다.

복잡계의 중요한 특징 중에서 또 관심을 가져야 할 특징은 '비선형성(non-linearity)'과 '되먹임 구조(feedback loops)'이다. 비선형성은 요인의 결합이 단순하게 일대일의 관계가 아니며, 두 요인을 결합했을 때의 성과도 1+1=2의 구조가 되지 않는다는 이야기이다. 비선형성은 창발성과 연결되어 있다. 조합원 10명이 모여 10의 효과가 아니라 20, 30의 효과를 가져올 수도 있고, 10명이 화합을 제대로 하지 않으면 오히려 5나 6 정도로 효과가 줄어들 수도 있다.

개별 사회적 경제 조직들의 연대 활동도 마찬가지로 시너지 효과가 나면 각각의 성과보다 더 높은 성과를 낼 수 있는 반면, 연대 활동의 시스템이 합리적이지 않다면 개별적으로 활동하는 것을 단순하게 합친 것보다 낮은 성과를 낼 수 있다. 따라서 개별 사회적 경제 조직은 더 높은 성과를 만들기 위해 서로 간에 연대 활동을 지속적으로 추구하고, 연대 시스템의 효과성을 높이도록 노력해야 한다. ICA가 정한 '협동조합 간 협동'의 원칙은 의도적 창발성과 시너지 효과를 내는 구조를 만들어야 한다는 점을 강조하고 있다.

되먹임 구조는 어떤 행동을 할 때 발생하는 정보가 다른 요인에 영향을 미치게 되는데, 이런 흐름이 지속적으로 이뤄질 수밖에 없다는 것이다. 위가 비어 있으면 위가 비어 있다는 신호를 보내게 된다. 이 신호를 받은 신경 체계는 다시 근골격계에 영향을 미쳐 음식을 섭취하게 된다. 어느 정도 음식이 들어와 더 이상 소화기관이 소화를 시키기 어려우면 포만감을 느끼는 물질을 분비하고, 이는 신경계에 작동하여 음식 먹는 것을 그만두게 된다. 이런 일상적인 정보의 흐름이 지속해서 진행되는 것이 복잡계의 특징이다.

이런 점에서 볼 때 협동조합은 최대한 많은 정보를 조합원에게 나눠야 한다. 이를 통해 조합원들은 협동조합의 발전과 사업 이용에 어떤 행동을 해야 할지 알게 되고, 조합원들의 활동을 통해 협동조합의 사업은 다시 움직이게 된다. 협동조합의 운영에서 '정보의 개방성'을 강조하는 것은 이런 이유에서이다.

복잡계의 또 다른 특징은 경계의 모호함(ambiguous boundary)과 열역학적으로 개방체계(open system)라는 것이다. 복잡계는 에너지 및 물질의 순환 체계 속에 있기 때문에 시스템 내부와 시스템 외부를 명확하게 나누는 경계를 설정하기 어렵다. 예를 들어 어제 먹은 음식은 시스템의 외부라고도 할 수 있고, 이미 소화된 음식은 내부라고 할 수 있다. 여러 관문으로 닫혀 있지만, 입에서 항문까지는 관문을 제거하면 몸의 외부라고도 할 수 있다.

사업자협동조합의 조합원은 협동조합의 구성원으로서 내부이기도 하고, 자신의 별도 사업을 운영하기 때문에 협동조합의 외부적 요소도 함께 가지고 있다. 같은 사업을 하는 구성원의 경우에는 협동조합의 조합원으로 참여할 수 있고, 참여하다가 탈퇴할 수도 있다. 다양한 차원과 의미에서 경계가 모호하다.

또한 복잡계는 경계를 의식적으로 설정했다 하더라도 경계의 바깥에 대해 열역학적으로 열려 있다. 앞에서 말한 것처럼 계속 외부의 자원이 들어와서 내부의 구성 요소와 섞이고 빠져나간다. 땀은 바로 얼마 전까지 내부의 수분이었지만, 대사 과정에서 필요하기 때문에 복잡계의 외부로 분출된 것이다.

사회적 경제 생태계와 사회경제계의 명확한 구분선은 존재하지 않으며 양쪽의 요소는 지속적으로 서로 영향을 미치면서 경향적으로 사회적 경제 생태계가 확장되거나 축소되는 것으로 이해해야 한다. 따라서 사회적 경제 생태계의 확장을 위해서는 새로운 구성 요소들을 계속 아울러야 하며, 이를 위해서 기존 사회적 경제 구성 요소들의 지속적인 '혁신'은 필수적이다. ICA에서 제시한 윤리적 가치인 '열린 마음'은 사회적 경제 생태계의 구성원이 어떤 자세를 취해야 하는지를 잘 보여 준다.

예를 들어 마을 만들기로 성장한 공동체들이 현재까지는 사회적 경제계의 구성 요소에 포함되지 않았지만, 정책적 효과와 민간의 협력과 연대를 통해 앞으로 사회적 경제 생태계의 영역으로 이동하면서 이 중 일부가 사회적 경제 생태계의 구성 요소로 편입될 수도 있다. 하지만 이때 사회적 경제계의 주체들이 마을공동체를 자신들과 다른 무엇으로 규정하고 연대하지 않으면 이들이 사회적 경제의 구성원으로 참여하는 것은 어려워진다.

복잡계의 또 다른 특징은 경로의존성과 열린 미래이다. 이 둘은 모순적인 것처럼 보이지만 확률적인 결정이라는 관점에서 볼 때 양립할 수 있다. 복잡계는 강한 경로의존성을 가지고 있지만 미래에 반드시 무엇으로 바뀐다는 운명이 정해져 있지 않다. 현재 복잡계를 구성하는 요소들의 상호관계와 운동에 따라 얼마든지 다른 미래를 선택할 수 있다. 특히 생물학적 차원을 넘어서 비균질적이고 역동적인 시간의 흐름을 의식하고 있는 인간들로 구성된 사회경제계와 사회적 경제 생태계는 더욱 그렇다. 다만 경로의존성에 따라 진행되는 흐름을 의식적으로 더 좋은 방향으로 변경시키기 위해서는 구성원들의 더 많은 노력과 공동의 의식적인 실천이 필요하다. 더 나은 사회는 쉽게 만들어지는 것이 아니다.

사회적 경제 생태계도 기존의 환경과 역사, 현재 사회적 경제 조직 및 그 구성원들의 역할과 역량에 따라 경로의존성을 가지게 되므로, 이를 고려하여 발전 계획을 수립해야 한다. 하지만 다양한 내·외부 요소와의 상호관계에 의해 과거의 흐름과 다른 변화가 언제든지 가능하다. 따라서 과도한 변화도 과거 경향의 고정도 존재하지 않는 근원적 불확실성(fundamental uncertainty)이 사회적 경제 생태계가 처해 있는 상황이다. 이를 고려하며 구성원들의 다양한 의견을 상호 존중하면서 사회적 경제 생태계의 발전을 추구해야 한다.

각국의 협동조합 운동은 당연히 각 나라의 환경과 기존의 협동조합 운동의 흐름에 규정될 수밖에 없지만, 새로운 정책, 새로운 모범 사례, 새로운 관계 속에서 얼마든지 더 나은 형태와 발전 경로를 개척해 나갈 수 있다. 현재의 모습에 사로잡혀 고정관념을 가지게 되면 좋은 지도자로서 앞으로의 방향을 제시하는 데 걸림돌이 된다.

4) 경제 생태계와 정책

인간사회의 발전에 의해 사회와 국가의 범위와 기능은 갈수록 크고 많은 영향력을 발휘하게 되었고, 민주주의 국가에서 제도의 영향력도 강화되었다. 또한 20세기 중반 이후 금융 자유화 제도가 전 세계적으로 시행됨에 따라 시장의 규모도 커지고 상품의 종류도 다양하게 되었다. 이제 한 기업이 운영되기 위해서는 이전과 달리 자재의 공급이나 판매와 관련이 있는 다른 기업이나 경제 주체들과 원활한 관계를 맺지 않으면 안 된다. 최근 코로나 19를 겪으면서 '공급망 관리'가 얼마나 중요한지를 모두 느끼게 되었다.

따라서 영리와 비영리를 불문하고 개별 기업이 홀로 성립될 수 없기 때문에, 어떤 산업이나 부문이 정상적으로 운영되기 위해서는 일종의 정상적인 생태계 내에 위치해야 한다.

경제 생태계는 미국의 실리콘밸리처럼 자연적으로 조성되기도 하지만 정부가 집중 육성해야 할 사업들에 대해 '클러스터,' 'RIS(지역 혁신 체계, Regional Innovation System)' 등의 정책을 통해 의도적으로 육성하는 경우도 있다. 우리나라도 최근 경제의 발전과 경제 규모의 증가로 인해 정부가 직접 개별 기업을 육성하는 정책의 효과성이 갈수록 줄어들고 있다.

현재 정부도 산업 육성 정책에서 개별 기업의 육성에서 산업 생태계 육성 정책으로 중심축을 이동시키고 있다. 벤처 기업 육성을 위해 제3의 증권거래소를 설치하거나, 벤처 기업에 투자하는 벤처 투자 회사를 지원하는 사업, 지역별 핵심 산업을 육성하는 정책 등은 모두 이런 생태계 육성의 관점에서 이뤄지는 것이다.

5) 사회적 경제 생태계의 필요성

사회적 경제, 특히 협동조합은 영리기업이나 개별 산업과 달리 생태계에 더 많은 영향을 받게 되는데, 그 이유는 다음과 같다.

첫째, 사회적 경제는 사회경제 문제를 해결하려는 목표를 가지고 있다.

둘째, 사회적 경제는 초기에 자본 조달이 어려워 설립 규모가 작기 때문에 주변의 관계를 잘 활용할 때 성공할 수 있다.

셋째, 사회적 경제는 이윤 극대화를 목표로 하지 않으므로 정보 공유 등 협력 활동이 쉽다.

사회적 경제는 앞에서도 계속 설명한 것처럼 사회경제계가 만들어 낸 문제를 해결하려는 목표를 가지고 있다. 사회경제적 문제는 특정한 문제만을 뽑아 개별적으로 해결할 수 없다. 다양한 문제가 서로 연결되고 상호작용하고 있기 때문에 개별 사회적 경제 조직만으로는 그 사회가 처한 특정한 문제를 해결하기 어렵다. 농업 생산자들의 생산 불균형 문제를 해결하기 위해서는 그들의 생산물을 안정적으로 소비해 줄 수 있는 소비자들이 조직되어야 한다. 농업협동조합이 제대로 역할을 하려면 소비자협동조합이 함께 조직되고 작동되어야 한다. 결국 주변에 있는 여러 조직과 협력하여 문제를 해결하는 것이 더 효과적이다. 따라서 여러 사회적 경제 조직들은 서로 협력해야 하고, 그럴 때에만 더 나은 성과를 만들 수 있다.

또한 사회경제 문제의 상당수는 사회적 자본이 축적되어 있어야 해결하기 쉬워진다. 따라서 개별 사회적 경제 조직보다 여러 사회적 경제 조직이 협력하고, 네트워크를 구성할 때 사회적 자본을 증가시키기 유리하다.

이탈리아 소비자협동조합을 방문하여 조합원에 대한 협동조합 교육을 어떻게 하느냐고 질문했을 때 돌아온 답변은 "첫째, 초등학교에서부터 협동 교육을 실시한다. 둘째, 조합원의 상당수가 사업자협동조합이나 노동자협동조합의 조합원이기 때문에 그곳에서 더 집중적인 교육이 생활 속에서 진행된다. 따라서 소비자협동조합에서 일반 조합원을 대상으로 교육을 하는 경우는 별로 없다."는 것이었다. 한국의 소비자협동조합과 달리 협동 의식과 실천이 공교육 등에서 이뤄지고 일상생활의 여러 측면에서 이뤄지면 사회적 자본도 자연스럽게 비용을 줄이면서 축적되고 이는 소비자협동조합을 운영할 때 발생할 수 있는 협상 비용을 줄여 준다. 협동조합 생태계의 구성 요소로 '정치적·

사회적·경제적·제도적 여건'을 설정하고, 개선하기 위해 노력하는 것은 이런 의미에서 매우 중요하다.

협동조합은 지역 주민이 주로 출자하고 이용하기 때문에 이해관계자의 균질성이 영리기업보다 높으며, 이해관계자들의 균질성이 높을수록 사회적 자본을 공동으로 이용하기 쉽다.

사회적 경제 연대 조직에 참여하고 네트워크를 조성하려는 가장 큰 동력은 개별 사회적 경제 조직의 힘만으로는 경쟁력을 확보하기도 어렵고 지속 가능한 구조를 만들기 어렵기 때문에 공동으로 함께 직면한 문제를 해결하기 위함이다. 예를 들어 초기 자본 조달이 어려운 상황에서 적극적인 신용협동조합이 네트워크 내에 있으면 그렇지 않은 경우에 비해 자본 조달이나 회계상의 지원을 받기 용이하다. 판로 개척도 공동 구매나 공동 판로 개척을 담당할 조직이 있는 경우 사업 추진이 훨씬 쉽다. 따라서 초기 비용을 줄이기 위해서는 생태계가 잘 구축된 지역에서 활동하는 것이 좋다. 지방정부나 중앙정부의 정책을 우호적으로 개선하는 데에도 개별 사회적 경제 조직보다 함께하는 것이 공통의 주장을 현실화하는 데 더 유리하다.

사회적 경제 조직은 이윤 극대화를 목표로 하지 않으므로 정보의 공유 등 상호 협조가 원활하다. 영리기업은 개별 조직의 이윤 극대화를 목표로 하기 때문에 정보의 공유를 꺼리거나, 지식재산권의 공유에도 어려움이 있다. 반면 사회적 경제 조직은 지속 가능성만 담보된다면 다양한 자원과 정보를 공유하는 것이 상호 도움이 되기 때문에 네트워크를 조성하기가 더 쉬워진다. 다만 사회적 경제 조직들이 모이는 데 소요되는 네트워크 비용보다 성과가 낮게 나타나는 상황이 계속된다면 연대의 강도가 약해질 것이다.

사회적 경제 조직 중 특히 협동조합은 주식회사형 사회적 기업과 달리 주식시장을 활용하기 어려워 투자 유치가 쉽지 않다. 그 결과 자본 조달이 어려워 초기 사업 시스템을 조합원의 역량과 참여에 의존하는 비중이 높다. 협동조합은 사회적 경제 조직 중에서도 특히 생태계적 접근의 필요성이 크다고 할 수 있다.

6) 도식적 이해

사회적 경제 생태계의 정의에서도 나타난 것과 같이 사회적 경제 생태계는 크게 4가지 영역으로 나눌 수 있다. 사회적 경제 생태계의 중심에는 '주체 영역'이 있고, 다음으로 주체 영역을 둘러싸고 있는 환경들을 구분한 영역이 있다. 환경 영역은 각각 주체 영역에 미치는 영향의 구조적 차이에 따라 사회적 여건, 시장 여건, 제도·정책 여건으로 나눌 수 있다.[9]

사회적 경제 생태계를 파악하는 관점에서 각 영역들은 다시 하위의 구성 요소들로 설명할 수 있으며, 이들 구성 요소들은 상호작용을 통해 사회적 경제 조직에 영향을 미치고 있다. 이런 관계를 체계적으로 파악해 나갈 때 사회적 경제 생태계에 대한 이해의 폭과 깊이가 심화될 수 있다. 사회적 경제 생태계를 그림으로 나타내면 다음과 같다.

---

9 주체 영역과 같이 세 가지 환경을 그룹화하여 영역으로 표현하는 것도 가능하지만 일반적으로 환경과 비슷하게 사용되는 '여건'이라는 용어를 사용했다.

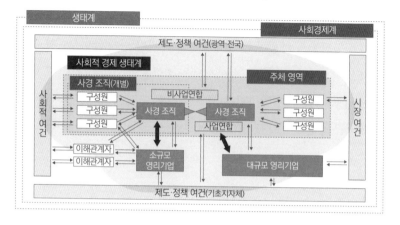

사회적 경제 생태계 영역별 모식도

그림에서 옅은 색으로 표시되어 있는 영역이 사회적 경제 생태계 영역이다. 사회적 여건과 시장 여건, 제도·정책 여건의 모든 것이 사회적 경제 생태계의 의미 있는 요인이라고 할 수 없어 그 일부만을 포함하는 것으로 나타낸 것이다.

■ 주체 영역

'주체 영역'은 사회적 경제 조직들과 그들의 네트워크, 사업적 연관 등을 다루는 영역이다. 모든 생태계 분석은 주체 영역이 어떤 환경에서 어떻게 작동하는가를 해명하기 위한 것이기 때문에 사회적 경제 생태계를 분석하고 파악하는 데에도 주체 영역의 분석이 가장 중요하다고 할 수 있다.

개별 사회적 경제 조직은 그 자체로도 하나의 복잡계라고 할 수 있다. 기업의 관리 구조와 구성원들의 소유·통제·성과 배분 구조를 하위 시스템으로 가지고 있기 때문이다. 이때 사회적 경제 조직의 구성원들은 사회적 경제 조직에 소속되어 있음에도 불구하고, 또한 스스로 하나의 복잡계로서 다양한 의사결정을 하면서 자원의 동원을 조절한다. 예를 들어 사업자협동조합의 조합원은 다른 여러 기업체와의 관계 속에서 지속적으로 협동조합의 성과[10]를 비교하며, 협동조합에 더 많이 참여할지, 아니면 투입 자원의 규모를 줄일지 판단하고 행동하게 된다.

구성원뿐만 아니라 이해관계자의 한 유형인 후원자도 비슷한 의사결정을 한다. 회사 형태의 사회적 경제 기업에 후원하는 사람도 그 구성원과의 친소 관계와 다른 사회적 경제 기업의 성과를 종합적으로 비교하여 자신의 후원금 분배를 조정한다. 친소 관계는 단기 및 중기적으로 판단하며, 성과는 장기적으로 판단하는 경향이 있다. 따라서 사업 성과뿐만 아니라 얼마나 후원자나 구성원의 사회적 관계를 잘 맺어 나가는가가 매우 중요하다. 이것이 대규모 비영리조직의 마케팅과 다른 점이다.

소비자협동조합의 구성원들은 소비자협동조합에서 취급하는 분야의 모든 물품을 구매하는 것을 원칙으로 하지만 실제로는 다른 영리기업의 물품이나 서비스와 비교하여 의사결정을 하는 것이 일반적이다.

따라서 사회적 경제 조직의 하위 구성 요소인 구성원들도 사회적

---

10 조직적 성과와 사업적 성과는 물론 미래의 기대 성과도 포함하여 종합적으로 판단하는 성과를 의미한다.

여건, 시장 여건, 제도·정책 여건에 반응하고 있는 것이다. 이런 설명의 핵심은 주체 영역의 구성 요소들도 안정적으로 고착되어 있지 않다는 것으로, 주체 영역조차도 지속적인 변화의 과정에 있다고 할 수 있다. 구성원과 사회적 경제 조직의 관계는 단순히 일대일의 거래 행위만이 관계에 영향을 주는 것이 아니다. 사회적 분위기, 제공되는 정보의 양, 신뢰도, 친밀감, 영리기업의 광고에 노출되는 정도 등 다양한 요소들이 작용한다. 생태계에서 환경이 중요한 이유이다.

■ 사회적 여건

'사회적 여건'은 사회적 경제 조직이 존재하는 지역 혹은 넓게는 국가의 사회적 환경을 의미한다. 그 지역이 해결하고자 하는 사회경제적 문제는 사회적 경제 조직의 존재 이유를 규정하고, 사회적 경제 조직과 지역 내 다양한 공동체와의 관계 속에서 사회적 경제 조직이 얼마나 지역사회에 깊이 뿌리내리고 있는지 파악할 수 있다. 사회적 경제 조직이 가지는 평판, 명성, 영향력 등이 함께 고려된다.

또한 사회적 경제 조직 구성원들의 관계망이나 상호 간의 신뢰는 사회적 경제 조직의 설립과 운영에 영향을 미친다. 상호 간의 신뢰는 그 지역사회 전체가 가지고 있는 신뢰도나 정주 안정성에 따른 구성원 상호간의 이해 수준에 영향을 받는다. 예를 들어 주민의 정주성이 강한 농촌은 도시에 비해 평판을 쌓기도 어려울 뿐만 아니라, 한번 좋은 평판이 생기면 오래 지속된다. 이런 관계망과 상호 신뢰 수준을 통틀어 사회적 자본이라고 한다.

사회경제적 문제나 사회적 신뢰, 사회적 경제의 바탕이 되는 지역사회의 평판 구조와 연결망 등의 다양한 사회적 여건을 분석하면 사회적 경제 조직들의 생산 및 재생산 구조가 왜 그렇게 구성되는지 이해하기 쉽다.

이렇게 지역사회마다 다른 사회적 여건은 사회적 경제의 모범 사례를 다른 지역으로 전파하는 데 서해 요인이 된다. 이런 이유 때문에 일반 영리기업에 비해 사회적 경제는 더욱 지역사회 맞춤형 비즈니스 모델을 고민해야 하고, 소셜프랜차이즈를 운영할 때에도 운영 방침을 더 유연하게 정해야 한다.

■ 시장 여건

시장 여건이란 사회적 경제 조직이 경제활동을 하는 데 어느 정도의 경쟁 상황에 놓여 있는지와 기타 다른 경제 조직(영리기업 등)과의 관계가 어떠한가를 보여 준다. 사회적 경제 조직이 운영하려는 업종의 시장 규모, 그 시장에 존재하는 기존 사업체(법인 혹은 개인을 포함하여)들의 분포와 성과, 추이 등이 모두 시장 여건에 포함된다.

또한 경제 사업을 수행하기 위한 기반 구조들도 포함되는데, 예를 들어 농산물 생산 유통의 경우 법정 도매시장의 존재 여부 혹은 분포, 창업을 할 때 코스닥 시장이나 펀드의 존재 및 분포, 규모 등은 사회적 경제 조직은 물론 영리기업에도 사업 전략을 수립하는 데 중요 고려 사항이다.

사회적 경제 조직과 그 외의 사업체들은 시장 관계 속에서 고객(소비자)을 둘러싸고 서로 경쟁하게 된다. 예를 들어 농업협동조합이 소비지에서 공동 판매 활동을 할 때 영리기업인 대형 유통업체나 소규모 청과상회와 경쟁하는 것이 당연하다. 따라서 소비자들의 소비 패턴과 트렌드, 가치 소비에 대한 민감도, 가격에 대한 민감도 등도 시장 여건의 한 부분으로 파악되어야 한다.

　노동자협동조합과 사업자협동조합은 이런 점에서 해당 국가나 지역에 소비자협동조합의 영향력이 강력할수록 지속적으로 운영하기에 더 쉽다. 일본의 농협은 연합회의 자회사를 통해 전체 물량의 3분의 1을 생협에 판매하는 반면, 한국은 소비자협동조합의 규모가 작아 직접 시장 경쟁에 뛰어들고 있다. 소비자들이 가성비뿐만 아니라 다양한 사회적 가치를 내면화하고, 이에 대한 추가적인 지불 의사를 가지고 있을수록 역시 사회적 경제 조직의 운영은 쉬워진다.

　사회적 경제 조직과 영리기업은 큰 틀에서는 경쟁 관계에 있지만, 세부 관계를 보면 더 다양한 관계망을 가지고 있다. 사회적 경제 조직은 경쟁 관계에 있는 영리기업과도 상황에 따라 다양한 방식으로 서로에 대해 영향을 끼치게 된다. 필요한 자원을 거래할 수 있고, 흡수합병이 될 수도 있고, 벤치 마킹의 대상이 될 수도 있다.

　지역 내 고객에 대해 서로 경쟁하던 사회적 경제 조직과 소규모 영리기업이 지역 외부의 투자자들이 소유하는 강력한 대규모 영리기업의 진입으로 경쟁이 촉발되면 그에 대응하기 위해 협력할 수도 있다.

　다른 지역에서는 영리기업에 대리점을 제공한 프랜차이즈 본사가 어떤 지역에서는 사회적 경제 조직에 대리점 권한을 부여할 수도 있다. 한국의 경우에는 100개의 편의점을 자활기업으로 운영하는 경우도 있다. 이를 통해서 사회적 경제 조직은 기존 영리기업의 사업시스템과 역량을 흡수할 수도 있다. 이런 다양한 관계는 기업의 CSR,

ESG 경영에 대한 관심도가 높아질수록 더 많아지고 다양하게 나타날 것이다.

이런 다양한 시장 여건의 변화에 어떻게 대응할 것인가를 협동조합 정체성 논의에서 깊고 구체적으로 고민해야 한다. 1995년의 정체성 선언 중 원칙 4 '자율과 독립'에서는 외부 기업 등과 관계를 맺을 때 협동조합의 자율성이 훼손되지 않아야 한다는 선언적인 언급에 머물고 있다. 2015년 공개된 《ICA 협동조합 원칙 안내서》에서는 이 부분을 상세히 설명하면서도 주로 정부와의 관계에 집중해서 설명하고 있다. 이제는 초국적 금융자본은 물론 지역 내 개인 사업체, 공급망 내 영리 기업과의 관계, 지역 내 동일 업종과의 협력 방식 등 다양한 측면에서 구체적인 고민들이 추가되어야 한다.

■ 제도·정책 여건

제도·정책 여건이란 사회적 경제 조직이 지자체나 국가가 구성하는 조건이나 자원을 배분하는 환경을 설명하는 개념이다.

협동조합과 사회적 경제 조직은 진공 상태의 무중력 공간에서 사업을 하는 것이 아니다. 사회적 경제 조직이 주체 영역과 사회적 여건 및 시장 여건을 감안하여 사업을 수행할 때 어떤 형태로든지 제도·정책 여건의 영향을 받게 된다. 제도·정책 여건에는 경제 관련 법률과 지방자치단체의 조례는 물론, 법률상에 정하지 않았어도 작동되는 각종 지원 정책이나 규제 정책, 이에 수반된 예산, 명문화되지 않았지만 해석의 권한이 있는 공무원들의 유권 해석과 이전의 판례 등이 포함된다.

제도·정책 여건의 중요성을 보여 주는 대표적인 경우로 공정거래법을 들 수 있다. 공정거래법이 어떻게 운영되는지에 따라 사회적 경제 조직의 활동은 촉진되거나 혹은 억제된다. 대규모 영리기업과 경쟁하기 위해서는 사회적 경제 조직들은 사업연합을 구성하고, 경제적 공동 활동을 전개하거나, 비경제적 제도 개선 활동을 전개한다. 한국의 경우 현재 독점 규제 및 공정 거래에 관한 법률에서는 '담합'을 금지하고 있는데, 사회적 경제 조직 중의 부분인 협동조합의 경우 특정한 요건이 충족되면 담합에서 제외한다고 법률이 개정되면 협동조합의 사업연합은 확장되고 사회적 경제 주체 영역도 확장될 것이다. 하지만 현재로서는 협동조합의 공동 활동을 담합이라며 수사하고 판결하는 경우가 많아 지체되고 있는 실정이다.

이런 공정거래 관련 법률을 사회적 경제 조직의 특수성을 반영하여 개정하려고 할 때 영리기업은 반대 의견을 제시할 것이며, 이에 따라 국회 및 정치권에 대한 여론 조성 활동과 제도 개선 활동이 전개될 것이다. 사회적 경제 조직들의 활동과 관련된 제도를 어떻게 바꾸는가는 하나의 법률을 둘러싸고도 이런 복합성을 보여 준다.

7) 생태계적 이해의 활용

길게 협동조합 생태계 혹은 사회적 경제 생태계의 확장에 대한 기본적인 접근법을 정리한 이유는, 확장된 생태계적 관점으로 협동조합을 이해하면 개별 협동조합의 문제를 바라볼 때에도 단순한 구성원들 간의 문제로만 치환하지 않고 구성원들 행동의 동기를 더 깊게 이해할 수 있을 뿐만 아니라 협동조합의 사업 구조가 미치는 영향도 다각도로 파악할 수 있기 때문이다.

또한 협동조합의 정체성에 대한 이해도 회사와의 차이뿐만 아니라, 주어진 조건에서 이뤄지는 활동의 공통점을 이해하는 데 도움이 된다. 그러면 주어진 조건에서 우수한 성과를 내는 영리기업에서 어떤 부분을 직접적으로 벤치마킹하고, 어떤 부분을 수정하여 도입할 것인지에 대한 판단도 더 잘할 수 있다.

더 중요한 것은 국가와 지방정부가 담당하는 제도·정책 여건에 대해 더욱 종합적으로 판단할 수 있다는 점이다. 2008년 금융 위기와 2020년 코로나 19를 겪으면서 국가의 역할이 더 확대될 것으로 보이는데, 단순히 방역 체계만이 아니라 경제적 일상의 위기 관리 부분으로도 넓어져야 한다. 이런 확대를 할 때 가장 중요한 파트너가 협동조합-사회적 경제 조직이 될 수 있어야 한다. 이런 관점에서 정비해야 할 제도·정책의 발굴과 이에 대한 적극적인 대응이 협동조합 운동의 주요 과제여야 한다.

물론 국가마다, 지방정부마다 제도·정책을 정비하고 개선하는 데 관계되는 사회적, 경제적 여건이 다르기 때문에 일률적이고 구체적으로 무엇을 해야 한다고 할 수는 없다. 특히 주체 영역의 역량, 내부적 방향 합의, 제도·정책 여건의 정비를 요구하는 데 동원할 수 있는 자원의 양은 다를 수밖에 없다. 하지만 이런 다양한 여건을 함께 고려하면서 협동조합 운동의 방향과 자원 투입의 우선순위를 정하고, 지속적으로 평가하고 조정해야 한다. 그러지 못할 경우 우리가 거둘 수 있는 성과는 우리가 가진 잠재력에 비해 낮거나 잘못된 방향으로 갈 것이라는 점을 명확히 하자.

주체 영역의 확대라는 전략만으로 3가지 여건이 저절로 변화되는 것이 아니다. 오히려 3가지 여건이 주체 영역에 영향을 주기 때문에 이들에 대한 종합적인 이해와 적절한 대응 전략이 필요하다는 것이 확장된 생태계 논의가 주는 함의이다.

이렇게 확장된 생태계의 관점에서 협동조합의 정체성 논의의 발전 방향을 바라봐야 한다. 그렇다면 단순히 협동조합과 협동조합이 아닌 것을 구분하는 방어적 정체성 논의에서 벗어나 사회-시장-국가의 변화 흐름 속에서 협동조합의 영향력을 극대화할 수 있는 적극적인 정체성을 탐구하는 논의로 나아가야 한다는 것을 명확하게 이해할 수 있을 것이다.

제3장

국가, 어떻게 대할까

이제 확장된 생태계적 관점으로 협동조합을 이해할 때 협동조합 운동이 고려해야 할 제도 및 정책적 요인에 대해 살펴보자. 장기적으로는 '협동조합 정책론'으로 발전시켜 나가야 할 내용이지만 여기서는 협동조합 정체성 논의를 심화시키는 데 관련된 이슈들을 정리하는 수준에서 멈추었다. 여기서 제시하는 주장의 논리적 정합성을 높이는 것과 실증 및 풍부한 사례를 통한 설명은 앞으로의 과제이다.

우선 협동조합과 관련해서 무비판적으로 받아들인 핵심 개념들을 재검토하고 그들의 상관관계를 살펴보도록 하자. 그리고 국가와 협동조합의 바람직한 관계를 지속적인 혁신 운동의 관점에서 바라보자.

1

여러 가지 공동체

1) 이론은 분류를, 운동은 통합을 지향한다

근대적 사고 속에서 특정한 이론을 정립하기 위해서는 먼저 설명하려는 현상에 가장 적합한 개념들을 만들고, 그 개념들 간의 관계를 설명해 나가면서 구체화한다. 잘 설명된 이론은 일반성을 획득한 것처럼 여겨지고 다른 현상에도 잘 적용될 것이라는 착각을 일으킨다.

주류 경제학은 18세기 영국의 사회경제적 상황과 제조업이 주를 이루던 현상을 설명하기 위해 시작했지만, 마치 모든 경제 현상을 설명할 수 있는 것처럼 이데올로기화되어 초국적기업이 세계 경제를 주름잡는 현실에서는 절대 관찰될 수 없는 '완전 경쟁 시장'을 '이상적인 시장'으로 우상화하고 있다.

사회, 공동체, 국가 등의 개념들을 다루는 다른 이론들도 서유럽을 중심으로 자본주의 발전 과정에서 확대된 도시와 중세 제국에서 벗어나 자리를 잡아 가는 민족국가를 설명하기 위해 만들어졌다. 그러나 다른 패러다임이 잘 구성되지 않는 상황에서 과도하게 보편적인 개념으로 받아들여지는 경향이 있다. 특히 식민지를 경험한 후후발(後後發) 자본주의 국가, 유럽의 역사적 경험과 상당한 차이를 보이는 동아시아에서 이런 개념들을 받아들이고 이해하는 데에는 어려움이 있다.

오리엔탈리즘도 문제이지만 역오리엔탈리즘, 이론적 사대주의도 경계해야 한다.

이론은 현실을 분석하기 위해 현실의 여러 요소를 강제적으로 분리한다. 그것은 그동안 해석되지 못한 현상을 설명하는 데 도움을 줄 수 있다. 하지만 그렇다고 이론이 생태계적으로 통합되어 있는 다양한 현실을 모두 설명해 주지는 못한다.

현실을 기반으로 한 운동은 이런 다양한 이론들을 참고하되, 현실 자체의 변화에 집중하면서 통합적으로 전략을 수립하고, 현실의 변화에서 피드백을 찾아내야 한다.

2) 공동체와 사회, 인적 조직

우선 협동조합의 정의에도 나오는 어소시에이션(association)과 사회적 경제에서 논의되는 소사이어티(society), 국가 등에 대한 개념들이 어떻게 평가되고 받아들여지고 있는지부터 정리해 보자.

■ 어소시에이션과 결사체

일반적으로 결사체로 번역되고 있는 어소시에이션은 실제 한국에서는 더 광범위한 의미와 형태로 사용되고 있다. '결사체(結社體)라는 번역어가 정확한 번역인가? 오히려 오해를 생산하는 용어는 아닌가?'에 대해서 생각해 보아야 한다.

어소시에이션은 유럽의 자본주의가 발전되는 과정에서 도시화가 일어나고 농촌의 작은 범위의 지역을 기반으로 한 공동체(커뮤니티,

community)에서 이탈하여 도시로 이전된 개인들이 초기 자본주의가 강요하는 삶의 불확실성에 대응하여 자발적으로 만들어 낸 다양한 모임을 통칭하는 말로 발전했다. 마찬가지로 영국, 프랑스, 독일, 이탈리아 등은 각 나라의 상황을 반영하여 자신의 나라에 적합한 용어를 만들어 낸다. 예를 들어 프랑스에서는 아소시아시옹(association)이라는 용어를 주로 사용하고 그에 따라 제도가 발전해 온 반면, 영국에서는 소사이어티(society)가 더 익숙하다. 독일에서는 협동조합을 설명할 때 가장 먼저 '게노센샤프트(Genossenschaft)'라는 용어부터 끄집어낸다.

독일의 사회학자 페르디난트 퇴니에스(Ferdinand Tönnies)가 사회를 공동사회(게마인샤프트, Gemeinschaft)와 이익사회(게젤샤프트, Gesellschaft)로 나누어 설명했다는 것은 우리에게 익숙하다. 하지만 이때 소개되는 '사회'는 사회 일반이 아니라 소규모 집단(그룹, 모임) 등의 성격과 목적을 설명하는 것이며, 그와는 별도로 게노센샤프트가 존재한다.

퇴니에스의 분류법에 따르면 문명이 발전하기 전에는 가족이나 친족, 마을공동체처럼 지연이나 혈연 등 구성원이 스스로 선택할 수 없는 모임인 게마인샤프트가 대부분이다. 그러나 문명이 발전하고 고도

독일이 받아들이는 사회 분류

| 게마인샤프트 | 게노센샤프트 | 게젤샤프트 |

화되면 회사 등과 같은 계약이나 협정에 의해 스스로 이해관계에 따라 참여하는 게젤샤프트가 주도적으로 된다. 여기서 퇴니에스는 이탈리아에서 시작하여 발전한 소규모 도시들 ─ 우리가 생각하는 시민이 주도하는 가장 큰 공동체 ─ 까지는 공동사회라고 설명하고, 자본주의의 발전으로 나타난 대도시와 국가 등의 대규모 정치 공동체 내부에서 맺어지는 인간관계들은 이익사회라고 구분한다.

하지만 도시지역에서 자발적으로 참여하지만 참여자들의 사적 이익 추구가 아니라 게마인샤프트가 가지는 애정과 수평적 연대 등을 목적으로 하는 조직도 있다. 이를 별도로 게노센샤프트라고 정의했다.[1] 게노센샤프트는 게마인샤프트와 게젤샤프트의 특성을 융합하여 가지게 되는데, 현재 한국에서 받아들이고 있는 어소시에이션 개념과 흡사하다.

어소시에이션은 흔히 결사체로 번역되지만 실제 한국에서는 더 폭넓게 사용되고 있다.

예를 들어 한국해운조합은 영어로 'Korea Shipping Association'이라고 표기하고, 한국선박관리산업협회는 영어로 'Korea Ship Managers' Association'으로 표기한다. 이때 association은 '조합'이나 '협회'로 번역되는데, 민법상 사단법인이나 개별법상 특수법인을 일컫고 있다.

───

1 게노센샤프트는 퇴니에스가 공식적으로 이론에 포함한 것은 아니고, 다른 사람의 설명을 2판에서 비판없이 언급했다. 퇴니에스는 발전되어 가는 자본주의는 대도시화로 이어지고, 이를 설명하기 위해서는 기존의 농촌 사회를 설명하는 것과 질적으로 다른 프레임이 필요하다는 점을 명확히 하고 싶었을 것이다.

협회의 영어 표현으로 소사이어티를 쓰는 곳도 있다. 흔히 소사이어티라는 영어를 번역했다고 알고 있는 이 단어도 역시 국가와 대비되는 사회 일반의 의미에서부터 협회, 조합이라는 의미까지 다양하게 사용된다. 예를 들어 음모론에서 자주 등장하는 '페이비언 협회'의 영어 표현은 Fabian Society이고, 영국 협동조합사에서 자주 보게 되는 '우애조합'은 friendly society로 표기된다.

아소시아시옹(association)이라는 용어는 프랑스에서 자주 사용되었다. 생 시몽, 뷔셰(Philippe Joseph Benjamin Buchez) 등 유토피안 사회주의자들은 직인(職人) 계층이 중심이 되어 자본주의의 발전에 따른 사회적 불안에 대응하기 위해 수평적이고 자발적인 협력관계를 형성했다. 이런 협동조합의 전단계로서 노동조합과 저항 조직의 성격이 혼용되어 있는 조직을 만들고 활성화시키는 운동을 아소시아시옹 운동이라고 했다. 이때 아소시아시옹은 개인들의 자유로운 결집을 통해 만든 조직이며, 이런 아소시아시옹을 통해 사회 시스템은 조화, 질서, 우애 등을 실현할 수 있다고 기대했다.[2]

이런 용법들을 보면 어소시에이션의 가장 넓은 정의는 법인격을 가지건 그렇지 않건 커뮤니티와 달리 귀속에 따라 강제적으로 가입되는 모임이라기보다는 특정한 목적을 달성하기 위해 자발적으로 가입하는 조직을 모두 일컫는 개념으로 해석할 수 있다. 좀 더 좁게 해석하면 '개인이 영리 이외의 목적에 동의하여 자유의지에 의해 가입하는 모임'쯤으로 정리할 수 있다.

---

2   권영근, 《협동조합의 정의, 가치와 7대 원칙》, 흙내, 2007, p. 66.

아소시아시옹이라는 용어를 둘러싸고 프랑스에서 사회운동적 기대가 가장 높게 나타났다. 그 이유는 프랑스 혁명 후 만들어진 르 샤플리에(Le Chapelier) 법에서 "전체의 이익을 체현하는 국가와 개별적 이익을 체현하는 개인 사이에서 중간적인 이익을 체현하는 중간 단체의 존재를 부정했"기[3] 때문이다. 따라서 당시 프랑스에서 다양하게 만들어졌던 어소시에이션적 성격의 조직을 탄압했기 때문에 그에 대한 반발이 운동적 의미를 더 많이 부여한 것으로 보인다.

반대로 근대화가 이식된 한국에서는 이런 역사적 맥락 없이 용어만 차용하여 사용했다. 그러다 보니 초기에는 제도적으로는 어소시에이션을 협회의 영어식 표현 정도로 받아들였고, '국가에 협력하는 민간의 하위 파트너로서의 조직'이라는 성격이 강하게 나타났다.

이후 시민사회 운동이 성장하고 협동조합 운동을 재발견하면서, 또한 2000년대 들어 비영리민간단체 지원에 대한 법률이 제정되면서 어소시에이션을 민간 운동의 관점에서 재해석하는 흐름이 나타났고 운동적 성격을 강조하기 위해 '결사체'로 번역하기 시작했다. 누가 언제부터 결사체로 번역했는지 모호하지만 1970~80년대 사회 운동의 지향이 이 단어에 녹아 있다.

▪ 결사체의 한국적 수용

우리나라에서는 어소시에이션을 주로 '결사체(結社體)'로 번역하는데 이것은 가장 광의의 개념이다. 결사체는 사전적으로만 해석하면

---

3   권영근, 위의 글, p. 65.

'사람들이 모여 만든 지속적인 조직'이다. 헌법에 나오는 결사의 자유에서 결사란 '국민들이 원하는 바대로 자유롭게 모임을 만들 수 있음'만을 의미하는데, 이에 따르면 결사체는 민법상 사단법인이나 재단법인 등 법인과 함께 비법인인 민법상의 계약이나 조합 등도 모두 포함된다.

한국의 법체계에 따르면 민법상의 사단법인(社團法人)은 다시 비영리를 목적으로 하는 (비영리) 사단법인과 영리를 목적으로 하는 상사회사(商事會社)로 나누어진다. 상사회사는 민법의 하위법으로서 상사회사만을 규율하는 상법(商法)에서 더 구체적으로 규정하고 있다. 이런 법체계에 따르면 회사도 사단으로서 결사체에 속하는 것으로 볼 수 있다. 법적인 구조로만 본다면 결사체라는 용어만으로는 프랑스의 역사적 경험 속에서 길어 올려진 어소시에이션의 개념이 가지는 운동성이 드러나기 어렵다.

하지만 여전히 결사체란 용어를 사용할 때 나름의 운동성을 강조하는 듯이 느껴지는데 이는 크게 3가지 이유인 것으로 보인다.

첫째, 근현대 불교 운동의 전통에서 새로운 불교 운동을 일으키기 위한 모임에 결사라는 명칭을 사용했기 때문이다. 결사는 불교의 전통으로 이미 4세기경 중국의 백련결사나 12세기경 보조국사 지눌이 주도한 정혜결사가 있었다. 그리고 이를 이어받아 19세기 중후반 경허 스님의 정혜결사나 20세기 한국에서 조계종의 부흥과 정풍을 주도한 성철 스님의 봉암사결사와 같이 자체적인 혁신 활동을 주도하는 다양한 결사가 있었다.

김호성(2007)에 따르면 결사란 "이념을 같이하는 사람들이 먼저 스스로 수행을 하면서 불교 교단을 새롭게 개척하고자 실천한 공동체 운동"이며, ① 수행 운동, ② 개혁 운동, ③ 이념 운동, ④ 공동체 운동의 성격을 가지는 것으로 통용된다. 이런 불교의 결사 운동의 전통이 '결사체'라는 단어에 운동적 이미지를 부여하고 있는 것으로 보인다.[4]

둘째, 사회학에서 사회 조직을 분류할 때 다수의 교과서가 ① 공식 조직, ② 비공식 조직, ③ 자발적 결사체로 분류하고 그 특성을 정리하고 있다. 이때 공식 조직의 대표적 사례가 '회사'이며, 비공식 조직의 대표적 사례로 공식 조직에 속해 있는 동호회 등이라 설명하고, 마지막으로 자발적 결사체는 시민사회단체 등을 소개한다. 즉 결사체는 곧 자발적 결사체이며 시민의 (준)공공적 활동을 위한 조직으로 이해하는 측면이 있다. 즉 결사체만이 운동성과 자발성을 가지고 있다고 설명한다.

이는 법적 용어인 회사의 사원(社員)을 주주로 이해하기보다는 직원(職員)으로 착각하는 것과 비슷하다. 법적 용어로 회사의 사원은 회사의 주주, 출자자를 의미하지만, 일상적으로 회사가 돌아가게 운영하는 사람들은 회사의 직원-피고용인이기 때문에 사원이라 하면 그들을 일컫는 것으로 받아들이는 것과 비슷하다.

셋째, 비장한 감정을 불러내는 결사(決死)라는 말이 결사(結社)와 동음이의어라는 점에서, 무의식적으로 결사체를 운동의 이미지로 연상하는 경향이 있다. 조직이나 모임, 혹은 조금 길지만 가장 잘 번역한 '사람 중심의 조직'이란 용어를 사용하지 않고 굳이 결사체라는 용어

---

4   김호성, 〈結社 개념의 재검토와 근·현대의 結社들〉, 봉암사결사 60주년 학술세미나, 2007.

를 선호하는 이유는 어소시에이션의 운동적 성격을 강조하기 위함으로 보인다.

3) 어소시에이션과 커뮤니티

중요한 개념어는 그 개념어가 사회 전체적으로 받아들여지고, 많이 사용될수록 의미의 확장이 이루어진다. 이 과정에서 초기에 구별을 위해 사용된 개념어들이 서로의 특성을 공유하게 되는 경우가 있는데, 특히 공동체로 번역되는 커뮤니티가 대표적이다.

커뮤니티(community)의 어원이 되는 프랑스어 코뮌(commune)이나 이탈리아어 코무네(comune)는 지역성에 기초한 공동체로 이해되며, 주로 가족으로 환원할 수 없는 농촌공동체를 의미하고, 도시국가나 자치도시로 의미가 확장되었다. 이때까지는 여전히 지역성과 함께 구성원들의 평등, 참여, 구성원 상호간의 면식이 있을 것, 경제와 사회, 정치 등이 미분화된 채 상호성이 가장 중요한 운영 원리로 작동하고 있었다.

하지만 자본주의의 발전과 도시화, 이에 따른 농촌공동체의 쇠락과 붕괴에 의해 공동체 논의는 초기에는 방어적인 방식으로 나타났고, 그다음에는 도시지역 사람들의 모임에서 공동체의 유익한 점을 계승 발전시켜 근대화가 가져온 문제점들을 완화하거나 극복하기 위한 운동으로 승화시키자는 관점에서 적극적으로 수용되었다. 20세기 후반 공동체 운동은 대부분 이런 맥락에서 새롭게 논의되었다.

공동체라는 개념을 활용한 운동적 접근은 도시에서도 다양한 공동체가 발견되고 의식적인 활동을 통해 활성화될 수 있다는 관념으로 발전하게 되고, 따라서 커뮤니티의 개념도 크게 두 가지로 나뉘었다.

첫째, 지역, 즉 지형과 토지가 연속성을 지니며 사람이 정주하고 있는 지역과 거기에 포함되는 집단을 지칭하는 개념으로 흔히 지역사회라고 불린다. 이런 지역성이 포함된 개념은 생산력의 발전에 따라 시장이나 거주하는 개인에게 영향을 미치는 범위가 확장되면서 지역의 범위가 계속 넓어져 민족공동체, 유럽 공동체 등으로 확대되었다.

둘째, 특정한 관심사나 관계를 만들어 내는 인간의 관계성에 기초한 집단을 의미하는 개념으로 사용되었다. 사회운동 단체, 문화 단체 등을 포함하며, 협동조합도 이에 속하고, 나아가 가상공동체, 온라인 커뮤니티라는 용어에서도 사용되었다.[5] 이렇게 공동체를 설명하면 게노센샤프트와 성격이 동일해지고 자발적 결사체, 운동적 성격을 강조하는 어소시에이션과도 구별하기 어렵게 된다.

현재 민간 협동조합의 지역사회에 대한 기여, 사회적 경제의 의의 등을 다루는 논의에서 공동체와 결사체는 확장된 의미로 사용되며, 논자에 따라 취향에 따라 다양한 의미로 쓰이고 있다. 그러다 보니 상호 간의 소통과 엄밀한 계획 수립, 더 나은 사회에 대한 이미지의 구체화 등에서 비용이 많이 발생한다.

농촌 사회가 자본주의의 영향에 따라 공동체성이 쇠락한 상황에서 지역의 자원을 결합하여 체계적으로 운용하고, 이런 활동을 통해 지역 주민의 긍정적 정체성이 형성된다는 제한적인 의미로 커뮤니티를

---

5   김기태 외, 《협동조합 키워드 작은 사전》, 알마, 2014.

사용하기 위해 '지역사회 공동체'로 번역하는 용례도 있다.[6] 우리는 이에 동의하는 입장인데, 도시적 어소시에이션의 공동체적 성격을 강화하고, 농어촌 지역의 경우 공간적으로 긴박되어 혹시라도 폐쇄적이고 비합리적인 의사결정을 강요함으로써 근대성의 성과인 '주체로서의 개인'을 억압하지 않도록 어소시에이션의 기본 원리인 민주성, 합리성 등이 강조될 필요가 있다.

소사이어티와 어소시에이션, 커뮤니티의 개념은 사람이 만나 모임을 만들고 운영하는 상황과, 그 모임을 둘러싼 환경에 의해 적정한 수준에서 융합되어 있다. 무엇은 공동체이고, 무엇은 사회라는 식으로 구분될 수는 없는 것이다.

4) 시장과 회사를 사회로 이해하기

자본주의적 근대가 현재 우리가 직면한 핵심적인 환경이라는 점을 감안한다면, 그럼 시장과 회사는 어떻게 해석해야 할 것인가? 합리적 설명 구조 속에서 시장과 회사의 변화와 발전을 기대할 수 있을까? 만약 시장과 회사가 어소시에이션이나 커뮤니티 운동이(이 둘을 동시에 추구하는 것이 협동조합 운동이라고 할 수 있다) 지향하는 방식으로 전혀 변화할 수 없다면, 이 둘은 협동조합 운동에 적대적일 수밖에 없다.

그렇다면 협동조합 운동의 이론을 심화할수록 한 측면으로는 더 나은 사회를 만들기 위해 협동조합 운동이 정치적 변혁을 추구해야 한

---

6   맥레오드, 이인우 역, 《협동조합으로 지역개발하라》, 한국협동조합연구소, 2012.

다는 결론에 이르게 된다. 또는 시장과 회사의 주도성을 완전히 인정한 가운데 협동조합 운동은 그들이 만드는 문제의 찌꺼기를 청소하면서 사회의 갈등을 완화시키는 기능주의적 잔여 활동으로만 이해될 수 있다. 앞의 극단은 200여 년 역사의 협동조합 운동이 지향하는 바가 아니며 민주주의 정치가 작동되는 국가에서는 가능하지 않다. 뒤의 극단은 슬픈 일이며, 협동조합 운동의 의의를 파괴하는 것이다.

협동조합이 사업적 방식을 통해 다수의 시민이 가진 문제를 해결하고 더 나은 사회를 만들려면 시장과 회사에 대해 더 깊이 이해하고 복잡한 상호관계와 과정을 통해 그들을 변화시킬 수 있어야 한다. 여기에는 국가, 정치도 포함된다.

이렇게 문제를 설정하면 협동조합의 정체성 논의를 '협동조합이란 무엇이고, 협동조합이 아닌 것과 무엇이 다른가?'라는 방어적인 데에서 벗어나, '협동조합은 무엇이고, 우리는 무엇을 어디까지 할 수 있는가?'라는 연대와 협력을 위한 확장적인 방향으로 발전시킬 수 있을 것이다.

우리는 실제 우리가 접할 수 있는 '현상으로서의 시장들'과, 주류 경제학이 개념적으로 구성하고 유일한 자율기관으로 이념형적으로 설정한 '추상적 완전 경쟁 시장'을 분리해서 생각해야 한다. 추상적 완전 경쟁 시장은 10가지가 넘는 가정 속에서 단지 '가격'만을 신호로 작동하는 비현실적인 공간이다. 반면 '현상으로서의 시장들'은 다양한 사회적 관계가 얽혀 있는 현실에 실재하는 공간이다. 루이지노 브루니(Luigino Bruni)는 현상으로서의 시장을 다양한 상호성(reciprocity)[7] 가운데 '계약적 상호성'이 두드러지게 작동되는 사회적 공간으로 보았다. 즉 현상으로서의 시장은 사회의 한 형태인데, 자본주의의 발전과 함께 이런 시장에서 가장 큰 비중을 차지하는 경제 주체가 '계약적 상호성'을 기반으로 한 '영리기업=회사'라고 보아야 한다. 이렇게 시장을 설명할 때 폴라니의 '복합사회' 개념을 이해하기 쉬워진다. 회사는 전체 사회의 한 부분이면서, 그 자체가 하나의 사회이다. 하지만 이 특수한 회사라는 사회는 그들의 이익을 최대한 추구하기 위해 '자율기관인 시장' 논리를 전면에 내세워 사회의 다른 상호성을 억압함으로써 다른 사회들을 파괴할 수 있는 잠재력을 가졌다. 이는 유기체 내에서 발생한 암(癌)이 유기체의 일부인 변형된 세포이면서도, 폭주하면 유기체를 파괴할 수 있다는 비유로 설명할 수 있다.

생산성의 발달로 인해 사회가 확장되고 단일 시장의 공간적 범위가 확대되어 면식(面識) 범위를 벗어나게 되면서 이탈리아에서 전승되어 온 도시국가 시장의 이미지에서 배태된 '시민경제'만으로 시장을 설명하기는 쉽지 않다. '계약적 상호성'을 통해 움직이는 것은 어떤 측면에서는 국가를 넘어서는 시장이 다양하게 형성되어 있는 현 상황에서 불가피하다.

특히 한국과 같이 근대화가 이식된 국가의 경우 불균등 발전을 위해

---

7   reciprocity는 상호성, 호혜성 등으로 번역된다. 어떤 하나의 용어만으로 설명하기 어려운 이유는 서구의 역사적 맥락에서 이 단어가 다양한 뜻을 가지고 있다는 것이며, 동아시아적 맥락에서 동일한 이미지를 갖는 용어를 발견하기 어렵기 때문이다. 따라서 여러 연구에서 상호성이 가지는 다양한 강도(强度)에 따라 하위 개념으로 분류하는 작업을 하고 있다. 브루니는 사랑의 여러 유형인 에로스, 필로스, 아가페의 단계에 따라 에로스적 상호성은 시장에서 작동되는 '계약적 상호성'으로 필로스는 주로 전통적인 어소시에이션, 협동조합의 상호성으로, 아가페에 해당하는 것은 비영리조직, 국가의 복지, 사회적협동조합의 운영 원리에 연동하는 것으로 설명하고 있다. 다른 연구자들의 분류도 사용하는 용어의 차이가 있지만 대동소이하다.

대기업과 재벌의 빠른 성장을 국가가 조장하여 현재의 시장경제-시민 관계가 구성되어 있다. 이런 나라에서는 시민경제를 구성해 왔던 시민들의 협동적 활동만으로 시장의 파괴력을 제어하기가 어렵다. 하지만 여전히 시장들이 사회의 다양한 관계 속에 자리 잡고 있다는 점에서 볼 때 자율 기관으로서의 시장에 대한 잘못된 이미지를 완화시키는 다양한 활동은 지역을 기반으로 한 시장은 다시 사회의 품으로 묻고, 초광역 공간을 범위로 하는 시장은 적절한 제도와 정책을 통해 파괴력을 제어하는 방안을 찾아내어 사회적 합의를 만드는 것이 필요하다.

그렇다면 대규모 기업은 오직 계약적 상호성만으로 작동하는 것일까? 회사의 형식적 소유자인 주주들 간에는 주식시장의 데이 트레이딩에서 나타나듯이 계약적 상호성만이 작동할 수 있다. 하지만 실제 회사의 몸체를 이루고 있는 직원들의 관계, 회사의 일상적 운영은 주체들 간의 계약적 상호성만으로 작동되지 않는다.

예전에 조직 운영 컨설팅 관련해서 유행했고 현재 여전히 중요한 과제라고 할 수 있는 '지식경영(knowledge management)'은 회사-조직 내의 암묵지를 어떻게 명시지로 전환시켜 생산성을 높일 수 있을까를 고민하는 흔적이다. 동시에 멘토-멘티, 코칭 등이 회사 경영에서 꾸준히 높은 관심을 받는 이유도 계약만으로 해결할 수 없는 '사람들 간의 온정적인 상호성,' 계약적 상호성이 아닌 다른 종류의 상호성이 회사의 내부에 여전히 자리 잡고 있기 때문이다.

사원(社員)-주주들이 돈을 모아 만든 회사가 일상적으로 작동하기 위해서는 회사 운영을 책임진 직원(職員)을 위계적으로 관리하지 않을 수 없다. 일상적인 운영은 위계적으로 하되, 그 결과는 평등하고 자

율적 주체인 사원들이 나눠 가진다는 이 구도는 자본주의적 근대화의
약속이 얼마나 허망한가를 보여 주는 핵심적인 알레고리이다. 하지만
회사가 제대로 운영되기 위해서는 직원들 내부에서 여러 가지 상호성
을 작동시켜야 한다.

    루이지노 브루니는 자유주의적 자본주의 전통에서 기업은 하나의
작은 (이익)사회(societas)로 간주되는 반면, 이탈리아 전통인 시민경
제에서는 경제 관계에서 시민의 덕목과 상호주의를 기본 원칙으로 간
주하기 때문에 시장과 사회의 분리를 인정하지 않는다. 그리고 기업
은(실제 운영되고 있는 기업의 구성원들의 관계는–인용자 주) 하나의 콤무
니타스로 간주된다는 입장을 제시한다.[8]

> 모든 협동조합 운동과 결사체 운동은 상호부조와 우정이라는 기본
> 원칙에 따라 그 의미와 범위가 정해졌다. 그러나 업무팀, 사무실의
> 구성원들, 또는 대학교 학과의 교직원들이 조직 역학의 특정 맥락
> 안에서, 어느 시기에 계약 규정 이상으로, 용서와 감사와 같이 그들
> 을 이끄는 우정을 경험하지 못한다면 가장 정상적인 자본주의 기업
> 들도 성장하지 못하고 지속될 수도 없을 것이다. (브루니, p. 144)

    자본주의적인 기업도 그 속에 다양한 상호성이 혼합되어 있으며,
이런 점을 감안하면 기업의 변화 발전의 가능성도 존재한다. 사회적
시장이라는 관점에서 제도화를 선도해 온 독일은 이사회에 노동자 대

---

8   루이지노 브루니, 강영선 외 역, 《콤무니타스 이코노미》, 북돋움coop, 2020.

표가 반드시 참여하도록 제도화하고 있으며, 한국도 현재 공기업에 한해 노동이사제 도입을 추진하고 있다. 기업 중에서 특히 국가가 소유하고 있는 공기업부터 사회적 가치를 구현하도록 요구받고 있다는 점도 이런 변화의 출발점이다.

협동조합은 이용자가 공동의 소유-통제자가 된다는 점에서 이런 실질적 평등과 형식적 평등을 일상 속에서 실행해 나가려는 사람 중심의 조직이다. 이런 점에서 다양한 상호성을 지향하고 있으며, 어소시에이션의 지향과 커뮤니티의 지향을 결합하고 있다.

▪ 어소시에이션 등의 국가별 제도적 반영의 차이

민간의 자발적 활동과 운동적 성격을 강조하며 어소시에이션을 사용하는 경우에 논의의 추상성으로 인해 그 지향이 명확하게 나타나지 않는 점이 있다. 특히 협동조합의 본질로서 어소시에이션을 논의하는 경우에 추상적으로 이해하면 협동조합의 발전 전략을 수립하는 데 운동 지향성이라는 편향에 빠지기 쉽다. 이는 "협동조합은 공동체이다."라는 말과 비슷한 효과를 가진다. 굳이 말하면 틀린 말은 아니지만, 그에 동의할 경우 실천적 함의가 무엇인가에 대해서 논의할 때 다시 각자의 의견이 달라지는 것과 같다.

민간이 자발적으로 어소시에이션을 구성하더라도 민족국가 체계하에서는 국가가 부여하는 공식적인 지위가 필요하다. 그렇지 않을 경우 민간의 다양한 자발적 조직의 범위가 너무 확대되어 실질적 의의를 도출하기 어려울 것이다. 이런 점에서 아소시아시옹 운동이 활발했던 프랑스에서는 1851년 나폴레옹 3세의 쿠데타로 인해 해체되어 버리는 어려움 속에서도 지속적인 활동을 전개하여 각각의 법적 기반을 부여 받으며 분화해 나간다. 협동조합 등이 그런 움직임 중의 하나이다.

이후 1901년 아소시아시옹 법이 제정되면서 프랑스의 비영리조직 대부분은 이 법의 적용을 받으며 제도화된다. 이 법의 제1조는 아소시아시옹은 "2인 혹은 그 이상의 사람이 이익을 분배하는 것 이외의 목적을 위해, 자신들의 식견 내지 노력을 계속적으로 결합시키는 것을 약속하는 계약이다."라고 명시하고 있다.

한국은 민법 제3편 채권의 제2장 계약에서 조합(제13절)을 다루고 있는데, 이에 따르면 조합은 장기적인 계약을 의미하여 이때 초기 계약에 의해 형성된 재산은 조합원의 합유(合有)로 하고 있다. 이는 프랑스의 개념과 비슷한 구조인데, 문제는 조합이 법인이 아닌 관계로 실제 국가 혹은 지자체 등의 지원을 받기 어렵고, 공신력 상의 문제가 있다는 점이다. 1987년까지 대부분의 조합은 지역주택조합 등과 같이 특정 목적의 정책을 위한 민간의 결합으로 나타났다. 조합이라는 명칭을 사용하는 경우에도 그 조직이 발전할 경우 비영리 사단법인의 법인격을 갖는 경우가 많았다.

1987년 이후 민주화에 따라 시민사회단체의 설립이 확대되면서 법인격을 갖지 않는 조직에 대한 제도화의 필요성이 높아졌다. 이에 따라 2000년 '비영리민간단체 지원법'이 제정되었다. 이 법 제2조에서 "이 법에 있어서 비영리민간단체라 함은 영리가 아닌 공익 활동을 수행하는 것을 주된 목적으로 하는 민간단체로서 다음 각 호의 요건(정당 및 종교 목적의 제외 등 - 인용자 주)을 갖춘 단체를 말함 …… 6. 법인이 아닌 단체일 경우에는 대표자 또는 관리인이 있을 것"으로 정의함으로써 프랑스의 아소시아시옹 법에서 정한 범위와 유사한 시민사회 단체를 포함하게 되었다. 이들 비영리민간단체는 주로 민법상의 조합보다 더 발전한 형태로 비법인 사단의 성격을 띤다. 이런 관점에서 보면 우리나라는 이미 어소시에이션의 제도화가 협동조합기본법의 제정과 함께 거의 유럽 국가 수준으로 정비된 것이다.(물론 그것이 사회 전반적으로 받아들여져서 다른 제도·정책에 실질적으로 수용되었는가라는 질문에는 아직 갈 길이 멀다고 답할 수밖에 없다.)

협동조합협의회나 협동조합연합회의 법인격도 국가라는 외부의 공신력을 빌릴 필요가 없을 경우 비영리민간단체, 사단법인, 조합 등의 기존 제도를 활용할 수 있다. 1990년대 소비자생활협동조합의 중앙회를 만들 때 이를 사단법인으로 한 경험에서도 보이듯이 추가적인 지원이나 법에 정한 수준의 배타적인 대표성, 세제 혜택, 강제적인 가입혹은 감사 기능의 부여 등이 필요하지 않은 한 굳이 협동조합 관련법 내부의 연합회 규정을 둘 필요는 없다. 하지만 우리나라의 특성상 제도 정비가 촉진하는 민간 활동의 실질적 효과가 높기 때문에 일부의 정부 감독 기능을 인정하면서 법 내의 연합회 법인격 등을 요구하는 것이 현실적이다. 이런 점은 2000년대 생협법 등의 개정 운동에서 나타났다.

민간의 운동적 지향으로서의 공동체를 제도화하는 것도 마찬가지 관점으로 볼 수 있다. 지향의 방향으로서 공동체를 하나의 독립적인 제도적 실체로 지정하기 위해서는 적절한 가지치기가 필요하다. 현재 한국에서는 '지역공동체'라는 개념으로 정책적 지원 대상을 설정하고 있는데, 이와 비슷한 정책은 농촌의 마을 만들기, 도시 재생, 생활

SOC(Social Overhead Capital, 국민 생활 편익 증진 시설 및 안전 시설) 등이 있다. 특정한 공동체 지향의 운동이 정책으로 전환한 것은 작은도서관, 햇빛에너지발전협동조합 지원 등이 있다. 주민자치를 위한 주민자치회 사업도 이런 지원의 일부이다. 하지만 민간 공동체 운동의 정체성 정리가 아직 부족한 상태여서 부분 영역의 제도화를 극복하고 포괄적인 비전을 제시하는 데까지는 가지 못했다.

2

국가란 무엇인가

1) 국가에 대해 말하기 전에

■ 왜 국가에 대한 논의가 발전되지 않았을까?

그동안 자본주의 체계하에서 근대 국가를 이해하려는 노력은 협동조합 운동 차원에서는 그렇게 많이 진행되지 않았다. 특히 한국의 협동조합 관련 논의에서 국가의 문제를 깊게 고민한 경우는 더욱 없다. 대부분 '보충성의 원리' 논의 속에서 '지원은 하되 간섭은 말아야 할 존재' 정도로만 언급되었다.

국가에 대한 이론적 정리의 회피 혹은 불충분한 이해는 ① 국가(혹은 지방정부)라는 존재가 가지는 의사결정의 방식에 대한 이해와 개선 방안, ② 지원과 간섭의 구체적인 의미와 경계, ③ 지원의 대상이 되는 협동조합 운동과 그렇지 않은 운동의 구분 방법, ④ 국가 정책의 관리 방식에 대한 이해와 변화의 방향에 대한 입장 등, 막상 현장에서 협동조합을 운영하다 보면 마주하게 되는 이슈들에 대한 더 깊은 고민을 방해하는 경향이 있다.

협동조합 운동의 관점에서 국가론 혹은 행정에 대한 고민이 깊어지지 않은 이유는 두 가지이다. 첫째는 협동조합 운동이 협동조합 공화국론을 제창하기는 했지만 실상은 국가의 권력을 잡을 정도로 실질적인 프로그램을 고민해 보지 않았다거나 그럴 영향력을 갖추지 못했기 때문이다. 둘째는 특히 한국의 특수성에 기인하는데 유럽의 경험을 바탕으로 한 국가와 관련된 이론을 충분히 성숙시켜 받아들이지 못했기 때문이다.

유럽의 경험 속에서 17~19세기 중엽까지 근대 국가는 귀족과 자본가들에게만 대의제 정치 체제의 가장 핵심인 선거 참여를 허용하는 폐쇄적인 공간이었다. 로치데일 공정선구자조합이 성공적인 출발을 한 지 얼마 되지 않은 1848년 발표된 《공산당 선언》에서 마르크스 (Karl Marx)는 "현대의 국가 권력은 부르주아 계급 전체의 공동 업무를 관장하는 위원회에 지나지 않는다."라고 주장했다.

당시는 자본가가 아닌 일반 국민들이 선거에 참여할 수 없었기 때문에 이 말이 어느 정도 현실을 반영한 것일 수 있다. 하지만 이후 지속적인 차티스트운동을 통해 일정 연령 이상의 전 국민이 선거에 참여하게 되면서 이런 마르크스의 주장은 조정되어야 하지만, 여전히 그 표현의 선명함 때문에 영향을 미치고 있다.

아나키스트 운동도 마찬가지로 국가가 그 영토와 주권에 놓인 다양한 개인과 집단에게 어떤 영향력을 발휘하는가, 그리고 다양한 사회 운동, 공동체 운동이 어떻게 국가(정치-행정-사법)에 영향을 미치는가, 그 상호관계에 대해 구체적으로 연구하기보다 후자에 대한 강조 속에서 국가의 문제점을 지적하는 데 머무르는 경향이 컸다. 결국 국가에 대한 명확한 입장이 없으면 '우리가 잘하자'는 일원적인 자강론에서 벗어나기 힘들게 된다.

신자유주의가 2008년 글로벌 금융 위기, 2020년 코로나 19로 인해 영향력이 쇠퇴하고, 국가의 역할이 더 강조되는 시점에서 국가에 대한 구체적인 이해는 협동조합 운동의 방향을 설정하는 데 매우 중요한 요소로 떠오르게 되었다.

■ 전체 사회이자 특수한 공동체

사회학에서는 사회를 전체 사회와 부분 사회로 나눈다. 전체 사회는 근대 체계 속에서 주로 국가로 나타나며, 부분 사회는 이 국가에 속한 구성원들이 필요에 의해 모인 조직을 의미한다. 물론 세계화 이후 초국적기업이나 둘 이상의 국가에서 회원 조직을 갖춘 비영리조직 등 국가를 초월하는 사회가 만들어지고 있으나 대부분의 생활인에게 아직은 국가가 가장 큰 규정력을 가지고 있는 전체 사회로 받아들여진다.

하지만 국가는 퇴니에스가 분류한, 개인이 자신의 필요에 따라 참여하는 이익사회라고 할 수 없다. 국가는 태어남에 따라 강제적으로 귀속되거나, 다른 나라의 사람을 국민으로 받아들일 때 상당한 제약 조건을 강제하고 있다. 또한 군대와 경찰이라는 특수한 기구를 통해 전체 사회의 안보와 질서 유지를 위해 행사할 수밖에 없는 폭력을 독점하고 있으며, 입법과 사법 권한을 가지고 다수의 결정에 따라 개인의 의사결정을 강제할 수 있는 권한도 가지고 있다. 이런 점을 볼 때 국가는 '공동체'의 성격도 강하게 가지고 있다. 이런 공동체적 성격에 따라 국가의 구성원들이 국가 권력을 장악한 집단에게 과도하게 권력을 집중시켜 주면 다른 세력의 견제가 불가능해진다. 이렇게 되면 원래 근대 국가가 지향하는 민주성과 공화성이 약화되고, 포퓰리즘적 독재로 전환되고, 국민들을 편향적인 사고로 이끌어 간다. 이런 우려를 가장 극단적으로 드러낸 것이 나치를 비롯한 파시즘이며, 여러 나라의 독재정권도 이런 점에서 공동체로서의 국가를 강조하고 있다. 파시즘 혹은 독재 국가의 최고권력자는 모든 국민의 아버지로 여겨지기를 바랐다.

앞에서 이념형으로서의 (이익)사회와 이념형으로서의 공동체는 실제 현실에서는 서로 융합되어 적절한 비율로 섞여 존재한다고 했다. 예를 들어 회사는 이익사회의 성격이 강하면서 공동체의 성격은 공식적으로는 크게 강조되지 않는다. 협동조합은 구성원들의 상호성을 강조하며 조합원이 가진 암묵적 지식이나 인간관계를 협동조합 사업과 결합하는 수준의 공동체적 활동을 장려한다. 비영리법인, 특히 주창형 시민운동은 공공적 목표에 따라 구성원들이 자신들의 이익을 억제하되 공적인 성과를 잘 홍보하면서 그 성과를 함께 만들었다는 만족감을 일종의 유사 이익으로 제공한다. 그 반대급부로 공적인 목표를 위해 구성원들의 시간과 관심, 역량을 헌신적으로 기여할 것을 요구하며, 이런 구성원들의 관계를 형성하고 유지하기 위해 공동체적 성격을 최대한 높이려 한다.

만약 영리회사가 직원에게는 급여를 낮게 주고 투자자에게 배당을 주지 않으면서 공동체성만 강조한다거나, 비영리법인의 임직원들이 공공성에 대한 성과를 만들지 못하면서 급여를 높게 받아 가는 데에만 몰두한다면 조직의 목적에 따른 이익사회-공동체의 혼합 비율이 서로 일치하지 않게 된다. 이런 경우에는 구성원들의 이탈이 발생하면서 조직이 축소되다가 망하게 된다.

하지만 국가라는 사회·공동체는 전체 사회이면서 물리력을 갖추고 있기 때문에 파시즘적 권력자에 대한 정치적 견제가 약하거나 그들의 물리력에 따라 견제 세력이 사라질 경우 기득권층이 국가의 구심력을 파괴하고 구성원인 국민들을 탄압하고 착취하더라도 국민이 국가에서 이탈하기 어렵다. 따라서 파시즘적 국가의 기득권층은 상당히 오랫동안 국가 내외부적으로 부정적인 영향력을 발휘할 수 있다.

따라서 협동조합 운동은 사업을 통해 사회경제 문제를 해결한다는 본래 활동을 충실히 수행하면서도 국가의 민주적, 공화적 운영이 부분 사회의 활동을 방해하지 않을 뿐만 아니라, 부분 사회가 활성화되도록 작동되고 있는지 공론을 조성하는 데 협동조합 구성원들이 관심을 가지도록 환기시켜야 한다. 협동조합의 5원칙 '교육, 훈련, 홍보 제공'은 민주공화국의 건전한 시민으로서의 태도와 자세, 역량을 조합원들만이 아니라 협동조합에 관심을 갖는 국민들과 유력자들이 갖추고 있어야 한다는 것을 목표로 확장되어야 한다.

■ 국가는 단일한 조직인가?

국가에 대한 구체적인 인식을 협동조합 운동의 구체적인 활동 방향과 연결시키려는 인식적, 실천적 노력이 필요하다. 국가를 구체적으로 인식하면 국가는 하나의 커다란 바위처럼 단일한 집단이 아니라 다양하게 나눠진 의견 집단의 연합체이며, 구성원들의 복잡한 이해관계가 얽혀 있는 조직이라는 것을 알 수 있다.

물론 한국은 천 년 이상의 중앙집권국가, 일본의 식민총독부, 군사독재 정부를 겪은 역사적 경험으로 인해 '제왕적 대통령'이라는 표현에서처럼 국가를 복잡계가 아닌 일사분란한 조직으로 이해하려는 경향이 강하다. 하지만 우여곡절 속에 정치적 민주화가 진행되면서 복잡계로서의 국가라는 본질이 현상적으로도 갈수록 잘 드러나고 있다.

국가는 크게 중앙정부와 지방정부로 나뉜다. 중앙정부는 다시 입법부와 사법부, 행정부로 나누어져 있고, 행정부도 일반적인 정책을 집행하는 정부 부처와 물리적 위력을 발휘하는 군사, 경찰행정 및 사법적 행정을 맡고 있는 검찰과 감사원으로 크게 나눌 수 있다. 이들은 서로 헌법과 각종 법률이 정한 권한을 분점하면서 상호 견제하고 협력하고 갈등하고 있다.

근대화의 발전에 따라 행정의 복잡성도 높아져 전문 관료 집단의 의사결정을 국민들이 선거를 통해 뽑은 정치인-입법부가 견제하지 못할 경우, 혹은 정치 집단의 일부가 이들과 결탁하여 지속적으로 권력을 장악하는 경우에는 관료 주도의 과점적 지배 체계가 나타날 수 있다. 이를 '테크노크라트(technocrat)'라고 해 왔다. 테크노크라트 환경에서 전문 관료는 전문성과 함께 언론의 노출을 통해 인지도를 높여 선거에 출마하여 선출직이 됨으로써 정치-입법부에 진입하고 이런 흐름이 계속되면서 테크노크라트의 지배력은 더 높아지기도 한다.[9]

이렇게 되면 전문 관료는 각자의 승진과 영향력 확대를 위해 서로 내부에서 경쟁한다. 또한 정부 부처가 가지고 있는 미션은 사회의 변화에 따라 지속적으로 가중치가 바뀌지만, 관료제 체계에서는 조직 구조가 경직되므로 사업과 이에 수반된 예산을 둘러싸고 제로섬 게임이 벌어진다. 멀리서 보면 하나의 큰 바위 같은 국가라는 단위는 가까이에서 바라보면 다양한 네트워크가 작동하는 역동적인 공간이다.

물론 사적 이익을 추구하는 공무원만 있는 것은 아니다. 공적인 관점에서 일하는 공무원들도 많다. 하지만 그럴수록 규정이 정한 한계를 벗어나는 것이 쉽지 않다. 정치인도 마찬가지로 공적 의식을 가지고 있는 경우도 많지만 임기와 선거의 압박 속에서 단기적인 성과를 추구할 수밖에 없다. 구조적인 이해를 바탕으로 하되, 구체적으로 들어가서 좋은 파트너를 찾아내고 민간의 장점인 장기적이고 끈질긴 변화를 함께 모색해야 하는 이유이다.

또한 국가는 공무원만이 아니라 공공기관을 하위 혹은 실행 조직으로 가지고 있으며, 필요한 경우에는 민간에게 중앙정부나 지방정부가 해야 할 일을 위탁하기도 한다. 행정부의 정책은 이런 공공기관이

---

9   이런 흐름은 대규모화된 협동조합에서도 나타날 수 있다. 흔히 말하는 '직원의 협동조합 지배'는 상호성을 저하시키고 어소시에이션으로서의 협동조합 정체성을 약화시키는 경향을 우려하면서 만든 용어이다. 협동조합의 발전 과정에서 반드시 나타날 수밖에 없는 규모화된 협동조합이 개방성을 유지하기 위해서는 국가-관료제에 대한 깊은 이해가 더욱 필요하다.

핵심 예산 흐름을 통해 본 농정 거버넌스

나 공적 위탁 조직을 통해 작동된다. 한 부처의 정책 전달 체계를 나타
내면 위와 같다. 국가의 복잡성을 이해하는 데 도움이 될 것이다. 실제
이런 표를 보면 국가-민간 사회의 경계를 설정하는 것도 쉽지 않다는
것을 알게 된다.

▪ 국가들의 경로의존성

아프가니스탄에서 20년간 1조 달러 이상을 투입했던 미국이 2021
년 철수하자 탈레반이 빠르게 정권을 장악했다. 미국의 후견 아래 만
들어진 국가 권력의 취약성이 드러난 것이다. 가니 정부의 구성원들
은 위아래를 막론하고 공화와 민주주의를 기반으로 하는 합리적 행정
을 통한 국가 발전이라는 근대 국가의 기본을 제대로 인식하지도, 실
행하지도 못했다. 부정과 부패는 당연한 것이었다. 따라서 아프가니
스탄 국민은 형식적인 정부인 가니 정부에 대해 크게 귀속감을 느끼

지 못했다. 이런 경우 외부에서 아무리 지원을 한다고 해도 '근대 국가'는 껍데기만 유지될 뿐 실질화되지 못한다. 그렇다고 탈레반이 장악한 국가는 근대 국가로 발전할 수 있을지 의문이다. 이렇게 두 가지 선택지 모두가 근대 국가 발전의 가능성이 없는 경우 아프가니스탄 생활인들의 고통은 더욱 커질 것이다. 특히 극단적인 정권의 교체가 계속될수록 제도의 불안정성은 더 커지게 된다. 이렇게 되어 버린 이유는 무엇일까? 기업이나 사회 집단과 마찬가지로 국가도 그 설립과 발전의 과정에서 경로의존성에 규정받게 된다. 아프가니스탄의 경로는 안정적인 근대 국가를 만들어 나가는 데 가혹한 조건이었다.

반면 한국은 일본 식민지를 경험하고, 6.25 전쟁을 겪고, 군사 독재 정권이 집권하는 등 상당히 악재가 겹친 경로를 밟았음에도 불구하고 선진국의 반열에 들어온 이유는 무엇일까? 그것은 통일신라 시대 이후 1,400년 이상 계속된 중앙집권국가의 경로가 많은 작용을 했을 것으로 본다. 그렇다면 왜 중국과 한국 등의 동아시아는 유럽과 다르게 중앙집권국가가 지속적으로 집권할 수 있었을까? 그것이 사회와 협동조합 운동을 고민하는 우리에게 던져 주는 함의는 무엇일까?

유럽에서 국가의 영향력은 우리의 일반적인 생각과 다르게 계속 강화되어 왔다. 피케티가 정리한 GDP 대비 세금의 비율은 계속 증가했다. 오히려 중앙집권국가였던 근대화 이전의 중국의 이 비율은 상당히 낮은 수준이었다. 또한 동아시아 국가들이 종교를 후견으로 하는 세속적 정권을 계속 유지한 반면에 유럽은 고대 제국에서 종교 위주의 제국으로 진행되어 봉건제를 거치고, 이후 (상상적) 민족을 기반으로 한 근대 국가로 발전했다. 이 과정에서 봉건제후로부터 자유도시를 확보한 시민들의 역사적 경험이 코뮌, 사회, 시민정신 등 근대 국가의 중요한 자원으로 계승된 데 반해, 동아시아에서는 전제 군주와 지식인으로 구성된 관료와의 견제와 균형을 통해 입헌왕정을 바탕으로, 왕정에 대한 충성을 전제로 한 안정적인 지역 단위의 제한적 공동체를 확산하게 된다.

동아시아 국가의 특성을 강요한 것은 아시아 몬순 기후라는 거대 기후 체계에 맞춰 사회가 역사적으로 발전해 왔기 때문이다. 논농사, 장마와 태풍에 의한 홍수, 여름과 겨울의 강수량 차이에 따라 다음 해 가뭄이 오면 이를 대응하기 위해 저수지를 축조해야 했다. 흉년이 들면 구호 작업이 필요했다. 이렇게 형성된 생산 구조에서 자연재해에 대응하기 위해서는 작은 봉건제후보다는 국가적인 자원을 동원하는 중앙집권국가 체계가 유리했다.[10]

이런 점에서 동아시아에서는 집권 세력이 국민의 삶에 대해 더 많은 책임을 지겠다는 담론을 자주 사용하며, 국민들도 국가에 더 많은 공공적 책임을 요구한다. 즉 국가와 국민의 심리적·의식적, 실제 경제-사회적 사업 실행의 거리가 유럽에 비해 짧은 편이다.

마르크스 경제학에서 제시한 아시아적 전제군주제는 고대의 전 단계로 보며 역사적으로 지체된 사회구성체라는 비판을 받았다. 이런 관점은 일단 19세기 당시의 연구 수준이 현재에 비해 매우 미흡한 데

---

10   아시아 국가들이 왜 유럽과 다른 방식으로 발전하고, 그에 따라 국가의 책임에 대한 국민의 기대 수준과 국가의 역할에 대한 담론들이 다르게 나타나게 되었는지, 이에 따라 국가 구성원들의 의식, 조직, 문화가 또 어떻게 특수성을 띠게 되는지를 잘 설명한 책이 이철승의 《쌀, 재난, 국가》(문학과지성사, 2021)이다. 이 글에서 축약하거나 생략한 내용을 이해하는 데 도움이 될 것이다.

서 나온 오해이면서 동시에 서구 우월주의의 시각으로 비서구권을 이해하는 오리엔탈리즘의 혐의가 강하다. 이를 걷어 내고 보면 동아시아의 국가가 가지는 경험은 재해석될 수 있다.

유럽의 국가와 시민사회의 역사적 과정에서 축적되고 제도화된 관계가 현 단계에서 주는 긍정적 함의가 있고, 우리는 그것을 취할 필요가 있다. 인류의 보편적 성과는 취해야 한다. 하지만 국가들은 각자의 경로의존성이 있으며, 그런 경로의존성에 의해 나타나는 특수성을 '보편을 취하지 못한 절대적인 지체'로 평가절하하는 것은 구체적인 현실의 대안을 만드는 데 도움이 되지 못할 뿐만 아니라 오히려 방해 요소가 될 수도 있다.

동아시아 국가가 가지는 국민에 대한 무한 책임이라는 지향을 현대 사회의 보편적인 합의인, 개인이 헌법적으로 보장받아야 하는 인권과 합리적 국가 운영이라는 지향에 녹여 낼 필요가 있다. 또한 이론의 분리와 달리 현실의 개별 조직에서 사회와 공동체가 각각의 수준에서 융합되어 있으므로 다층적이고 다면적인 상황에서 이들을 어떻게 조화시킬지 지속적인 공론의 장에서 합의해 나가는 것이 국가 운영의 기본이 되어야 할 것이다. 이런 결합이 성공적으로 진행된다면 오히려 코로나 19 이후 국가의 영향력 확대가 예상되는 상황에서 한국의 상황을 특수성으로 제한하지 않고 전 세계를 향해 더 좋은 수준의 균형을 제시하는 모티프로 삼을 수 있을 것이다.

2) 경제와 국가

■ 경제 활동의 다양한 형태

페르낭 브로델(Fernand Braudel) 등 아날 학파는 시장과 자본주의를 하나의 층위로 설명하지 않고 3단계의 층위로 설명한다. 그 논의에 따르면 경제 활동은 '물질문명' 층위의 모든 것을 포괄한다. 이런 아날 학파의 관점을 빅터 페스토프(Victor Pestoff)는 하나의 삼각형에 범위를 구분하여 펼쳐 두었다.

페스토프는 경제 영역을 크게 시장경제(영리기업), 국가경제(정부), 사회적 경제(비영리법인 및 사회적 경제 조직), 근린경제(가계 및 비공식적 조직)의 4가지로 나누고 각각의 핵심 주체가 주도적인 역할을 하는 것으로 설명하고 있다. 예를 들어 시장은 기업이, 근린은 가계가, 국가 영역은 국가가 주도한다. 이 모델은 상당히 설득력 있지만 각 부문 간의 연관 관계와 경제적 구조 변화의 의사결정에 영향을 미치는 다른 요인들을 설명하는 데는 한계가 있다.

일반적으로 협동조합을 포함한 사회적 경제를 논할 때 ① 사회적 경제 조직의 유형별 현황과 조직들의 사회경제적 성과의 합(관련 기업의 결합), ② 시장경제, 공공경제, 근린경제와 구별되는 새로운 경제 영역(잔여 영역으로서의 설명)이라는 두 가지 관점이 주를 이루었다.[11]

---

11 1980년대 사회운동의 영향으로 협동조합 운동과 사회적 경제가 자본주의의 폐해를 구조적으로 막을 수 있는 사회경제 체계를 만드는 데 기여해야 한다는 지향을 가지고 있는 경우가 있다. 이 점이 1980년대 이후 한국의 협동조합 운동과 사회적 경제 담론의 특수성이다. 하지만 그런 담론의 구체적인 실행 방침이 정립되지 못하고 있으며, 현실에서 영향력을 발휘하지는 못하고 있다.

하지만 사회적 경제를 단순히 '개별 사회적 경제 조직들의 합'이나 '잔여 경제 영역'으로만 받아들이면 사회적 경제와 관련된 다양한 요인들의 역동적 성격이나 복합적 위상, 새로운 사회경제 체계로의 이행을 주도하는 거시적 혁신자로서의 미션을 이해하는 데 저해 요인이 될 수 있다.

시장의 실패(시장 외적 효과의 제어 불가능)와 국가의 실패(경제에 대한 직접 개입의 실패, 비효과성)라는 양자의 실패를 사회적 경제를 통해 보완하거나, 문제 설정 구도 자체를 다르게 하기 위해서는 기업과 국가의 역량과는 다른 '민간의 사회적 역량이 충분히 구축'되어 있어야 하며, 그 바탕 위에서 사회적 경제가 다양하게 성장할 수 있다. 또한 기업과 국가도 큰 틀에서 사회적 영역에 포함되고, 그 구성원들도 사회적 장(field)에 소속되어 있기 때문에 사회적 경제에는 기업과 국가의 자원들도 동원할 수 있는 구심력이 있으며, 이를 잘 활용해야 한다.

페스토프의 삼각형 경제 모델을 단순히 4개 영역의 구분으로만 이해하는 것이 아니라, 이렇게 4가지 영역이 지속적으로 관계를 맺고 있으며, 더 나은 사회를 위해 이 관계를 어떻게 재구성해야 하는지 고민하는 방식으로 받아들이면 더 풍부하게 이해할 수 있을 것이다.

■ **국가와 경제 정책 패러다임의 변화**

유럽 국가에서 국가와 경제 정책의 패러다임이 어떻게 변했는가를 간단히 살펴보고, 이 세 가지 모델이 모두 작동되지 않는 현재의 상황에서 협동조합 운동이 어떻게 대응해야 하는지 생각해 보자.

① 19세기적 패러다임: 야경국가

18세기 자본주의가 본격화된 이후 자유주의는 경제에 관한 한 기본적인 최소한의 기능을 국가에 요구했다. 즉 화폐 가치의 안정적 유지(금태환), 시장 질서의 유지(경찰력), 사적 소유의 인정(각종 소유 제도) 등이 그것이다. 따라서 이 당시의 국가는 작은 국가이며 야경국가를 지향했다.

하지만 이런 접근은 경제적 강자, 즉 자본가들만을 위한 경제 제도라며 급진적 사회사상의 공격을 받았다. 경제적 약자를 보호해야 하며, 원래 근대화가 약속한 시민의 평등이 경제 영역에서도 실행되어야 한다는 것이다. 또한 폴라니의《거대한 전환》에서 상세하게 정리한 것처럼 경제 중심의 사회 재편에 반발하는 다양한 사회 세력이 선거권의 확대 속에 점차 정치 세력으로 참여하면서 자유주의의 원리만으로는 국가를 구성할 수 없다는 문제 인식이 생겼다.

특히 1차 대전 전후 금태환 제도를 유지하기 위한 무리한 긴축 재정 등으로 인해 야경국가의 취약성은 심각하게 드러났다.

② 국가의 시장 실패 제어: 복지국가

독일 등 후발 자본주의 국가의 열정적인 관료들이 주도한 조합주의적 국가 발전 전략에서 국가의 역할을 강화하여 선진 자본주의 국가를 추격하는 움직임이 있었다. 또한 노동운동에 영향을 받은 농민운동 등 다양한 사회적 조직들의 활동으로 국가가 경제에 대한 조합적 활동을 보장함으로써 국가 제도와 경제의 연계성을 높이는 것이 국가 전체에 바람직하다는 관점에서 사회 제도가 만들어지기 시작했다.[12]

후발 자본주의 국가들은 더 이상 작은 정부에 머무르지 않았으며, 이는 독일의 예에서 보듯이 좋은 성과를 만들게 되어, 다시 영국과 프랑스 등에 영향을 미쳤다.

또 다른 요인은 1917년 러시아 혁명에 따른 현실 사회주의 국가의 성립이었다. 국가가 시장의 실패를 해소하겠다는 주장이 단순한 주장에서 그치지 않고, 국가적 단위의 실험으로 현실화되었기 때문이다. 이런 상황에 더 불을 지핀 것은 1920년대 말의 대공황이었다. 시장 실패가 대규모로 나타나고, 이에 따라 시장 실패를 방치하는 국가의 정당성에 대한 의문이 제기되었다. 실제 1920년대에는 노동자와 사용자, 정부가 협의체를 이뤄 경제 제도에 적극 개입하여 자본주의의 갈등을 완화시켜야 한다는 일종의 사회 대협약을 실현하는 사회민주주의 정부가 유럽에 나타나기 시작했다.

이런 충격에 대응하기 위해 서유럽 국가 및 미국에서는 좌파의 사회민주주의적 접근과 우파의 케인스(Keynes) 경제학과 뉴딜 정책을 중심으로 하는, 자본주의 국가가 유효 수요를 창출하는 경제 정책의 수정적 접근이 적정한 타협점을 찾게 되는데 이것이 '복지국가' 모델이다. 시장 실패를 보완하기 위한 공공적 국가 기능의 역할 확대라는 정당화 기제 속에서 점차 국가의 기구와 기능이 확대되어 왔다.

---

12 이런 타협책은 프랑스와 독일 등에서 농업회의소의 출범으로 귀결되었다. 농업회의소는 단순한 행정적 효율성분만 아니라 행정기구(중앙 및 지방)와 농민운동 세력의 경쟁에 대한 타협책의 일환이라는 측면도 있었다. 이미 프랑스는 자본가들의 의견을 수렴하는 거버넌스 기구로 상공회의소를 제도화했고, 노동자 계층과는 노사정위원회, 농민계층과는 농업회의소를 만들어 소위 제4계급의 의견을 공식적으로 국가의 정책에 반영하도록 제도화했다.

복지국가 모델은 단순히 복지 정책과 예산을 늘리는 것만을 말하는 것이 아니다. ① 복지 및 공공정책의 확대를 통한 국민생활의 불안정성의 완화, ② 영리기업에 맡기기 어렵거나 폐해가 많은 업종에 대한 국영기업의 확대, ③ 사회적 대타협 시스템의 실질적 작동, ④ 여기에 필요한 자원을 확보하기 위해 누진세 제도의 강화 등을 함께 아우르는 것이 복지국가 모델이다.

세 번째 사회적 대타협은 산별노조의 일반화와 노동자들의 지역사회 공동체 참여를 촉진했다. 개별 피고용자와 사용자 간의 협상에서는 사용자가 절대적으로 유리하며, 이는 기업별 노조와 사용자와의 협상에서도 마찬가지이다. 공정한 중재자인 국가를 매개로 동일노동 동일임금을 지향하며 산업별로 협상을 진행함으로써 불필요한 사업체 내부의 갈등이 약화되면, 노동자들은 삶의 다른 영역에 관심을 가지고 지역사회의 다양한 모임에 참여하며 시민사회 조직과 공동체 활동에 참여했다.

이 시기에는 영국의 국가의료제도(National Health System, NHS)에서 볼 수 있듯이, 야경국가 시대에 시민들의 연대로 이뤄낸 의료협동조합 등이 국가 서비스 체계로 편입되고, 세계적 금융 체계 속에서 소매산업에 대기업이 들어와 지역 점포 중심의 소규모 소비자협동조합의 상대적 경쟁력을 약화시켰다. 따라서 협동조합과 사회적 경제의 활동은 위축되었고, 전체 사회에서의 역할에 대한 기대 수준도 낮아졌다.

③ 국가의 민영화 추구: 신자유주의 모델

복지국가 모델의 경제적 기반을 제공했던 전후 경제적 호황(1945년 체제)은 1960년대 말부터 점차 퇴조했는데, 이는 크게 ① 일본을 필두로 한 동아시아 국가들의 경제 발전과 경쟁력 강화, ② 이를 가능하게 한 세계무역의 개방화와 다국적 생산의 확대, ③ OPEC의 자원 무기화에 따라 발생한 석유 위기로 대표되는 원자재 가격의 상승 등으로 구미 선진국에 흘러 들어온 부가가치가 유출되기 시작한 데서 원인을 찾을 수 있다.

이에 따라 선진국은 불황이면서도 물가는 상승하는 스태그플레이션에 직면했다. 실업이 증가하자 복지정책의 일환인 실업정책으로 실업수당이 더 많이 지출되어 불황에도 오히려 공공 지출이 늘어나는 상황을 맞게 되었다.

따라서 '복지국가' 모델은 문제 해결을 못 하는 비대한 관료적 국가 기구로 취급되면서 신자유주의의 공격을 받게 되었고, 1970년대의 기존 보수와 진보 진영 모두에서 적정한 해법을 찾아내지 못하게 되자 새로운 접근이 대두되었다.

1976년 영국의 대처(Margaret Thatcher) 수상과 1980년 미국 레이건(Ronald Reagan) 대통령의 집권은 신자유주의적 이론이 국가 정책의 기본원리로 받아들여진 상징적 사건이었다. 특히 당시의 슈퍼 파워이자 글로벌 금융자본의 본거지인 미국이 신자유주의 정책으로 전환하자 이후 전 세계가 신자유주의 정책으로 돌아섰다. 신자유주의적 정책은 '복지국가의 축소와 시장원리의 귀환'이라는 접근을 선택했으며, 그동안 국가가 독점해 왔던 경제적 행위나 복지 집행 등의 민영화를 당연시했다.

대처 수상의 신자유주의 국가 운영을 뒷받침하는 논리 중의 하나가 신공공관리론이었으며, 이때부터 거버넌스(governance)라는 용어가 나타났다. 당시의 거버넌스는 협의의 거버넌스[13] 개념이 주를 이루었는데, 국가 능력의 제고를 지향하며 합리적인 국정 운영 체제로의 개혁을 개념화하는 의미로 사용되었다.

국가 업무 및 복지의 민영화, 비용 축소의 이념 속에서 영국의 우체국과 전력회사 등이 민영화되었고 국가는 복지 정책의 주체를 국가에서 민간 위탁으로 전환했다. 반면 어려운 여건에서 지역 주민에게 적정 수준의 일자리를 제공하면서 동시에 가장 질 높은 복지를 제공하고 주민의 참여를 활성화시키는 협동조합적 접근은 많은 우수 사례를 만들어 냈다. 그러자 복지국가 모델 이후 다시금 협동조합과 사회적 경제의 필요성을 느끼는 사람이 많아졌다.

유럽에서 정권을 잡은 정당은 보수와 진보를 막론하고 사회적 경제를 호명했다. 특히 민영화에 따른 폐해를 가장 크게 실감한 영국 정부는 빅소사이어티, 사회적 기업, 공동체 이익회사 등의 다양한 정책을 통해 사회적 경제에 가장 적극적이었다. 오히려 기업 전체의 사회적 책임을 강조하며 체계적으로 제도화한 독일은 민간의 새로운 발전이 크게 두드러지지 못했다.

하지만 앞에서 정리한 현재의 세계 상황을 보면 신자유주의의 핵심

---

13 거버넌스의 협의·광의 분류는 학자에 따라, 혹은 거버넌스로 설명하려는 대상에 따라 다양한 형태로 사용되고 있어 임의적인 개념이라고 할 수 있다. 여기서는 거버넌스로 설명하려는 범위라는 측면에서 사용했다. 이 당시의 거버넌스는 이후의 뉴거버넌스와 구분되기도 한다.

정책들은 제대로 실행되지 못했다. 민주주의 국가 체계에서 신자유주의가 작동하기에는 사회의 압력과 정치적 견제 세력의 존재가 너무 강했기 때문이다.

다양한 사회적 갈등을 야기한 신자유주의는 2008년 글로벌 금융 위기와 2020년 코로나 19의 사태에 무기력하게 대응하면서 점차 사라지고 있다. 하지만 안토니오 그람시(Antonio Gramsci)의 말처럼 옛것이 스러지고 있는데 새로운 것이 나타나지 않을 때 위기가 찾아온다. 2008년 금융 위기 이후 유럽, 특히 남부 유럽과 영국에서는 백인 하층 노동자들의 삶이 어려워졌고 동시에 아프리카 난민을 수용하라는 국제적 압력이 높아지고 있다. 이런 상황에서 이들의 위기의식을 자극하며 타자에 대한 증오를 정치적 동력으로 삼는 극우 민족주의 정치 세력들의 영향력이 높아지고 있다. 미국에서 트럼프(Donald Trump)가 집권하게 된 것도 비슷한 맥락에서 이해할 수 있다. 마치 자유주의 야경국가 체계가 위기에 빠졌을 때 독일과 이탈리아 등 후발 자본주의 국가에서 더 나은 사회를 만들 수 있는 대안이 힘을 얻지 못하고 파시즘이 권력을 잡았던 것과 비슷한 상황이 연출되고 있다. 이런 정치 세력이 힘을 얻을수록 국가 내부는 물론이고 국가 간의 갈등이 강화되어 평화와 연대가 위협받게 된다.

긍정적인 국가 내 및 국가 간 평화를 강화할 수 있는 새로운 국가 운영 패러다임이 필요한 이유이다.

④ 동아시아 국가 모델의 변용: 산업투자국가

제2차 세계대전 후 식민지를 없애자는 세계적 압력에 따라 점차 기존의 식민지가 독립되었는데, 근대적 정치 체계 구조의 압력 속에서 국가를 건설했다. 하지만 기존에 부족 체계에서 식민지화되었던 곳은 국가를 구성할 수 있는 지도력도 영토에 속한 주민들의 국민적 정체성을 확립하는 것도 쉽지 않았다. 반면 일본, 한국, 대만 등의 후후발 자본주의 국가들은 빠르게 국가 체계를 정비할 수 있었다.[14]

하지만 이미 복지국가 모델이 일반화된 상황에서 충분한 사회적·정치적·경제적 인프라를 구축할 수 없었던 이들 나라는 국가가 경제 정책을 주도하면서 저소득 상황에서 우선 경제를 양적으로 성장시킨 후 복지는 향후에 향상시킨다는 발전 전략을 주로 채택하게 된다. 이 과정에서 부족한 재원을 최대한 효율적으로 운용한다는 명분으로 불균등 발전 이론을 받아들인다. 그리고 이것은 자유주의 국가 모델과 소련의 사회주의 추격 모델에서 권위적 국가 권력이 필요한 요소만 뽑아서 버무린 일종의 '산업투자국가' 모델로 자리를 잡는다. 이런 권위주의적 국가 모델은 시민운동의 전통과 견제가 부족한 상황에서 국민들에게 강요되었다.

심지어 이런 국가 모델은 시민의 조직마저 국가의 하위 조직으로 만들고 육성하는 시도를 한다. 새마을운동, 각종 협회의 설립과 여론 조성 등이 그것이며, 기존의 향약과 같은 전통적인 지역사회의 협약 체계를 모방한 '반(班)' 체계를 국가 행정 체계의 말단으로 포섭하려 했다. 일본의 이런 시도는 한국 등에 확산되었다.

---

14 일본은 약간 다른 성격이기는 하지만 2차 대전의 패배 및 미군정의 경험과 이후의 경제 정책을 볼 때 동아시아 국가의 특징을 많이 공유하고 있다.

하지만 국가의 역할에 대한 기대 수준이 높은 상황에서 권위적 국가에 대한 국민의 저항이 다양하게 나타났고, 이에 대해 국가는 여러 제도들을 혼합해 왔으며, 특히 여러 선진국의 정책과 제도를 각각의 맥락에서 수입했다. 따라서 동아시아 국가의 정책과 제도를 하나의 체계적인 이론 구조로 설명하기 어렵다. 따라서 수입된 정책과 제도가 서로 충돌하기도 하고, 그 국가가 가지고 있는 유기체적인 구조에 잘못 적응하여 원래의 취지가 왜곡되거나 반대의 효과가 나타나기도 했다.

이런 식으로 만들어진 정책은 여러 시체들에서 각각의 부분을 모아 얼기설기 붙여 억지로 만든 괴물과 같다. 즉 '프랑켄슈타인 정책'에 불과하다.

하지만 산업투자국가의 방식은 중진국 수준까지는 잘 작동하기도 한다. 어떤 정책은 운 좋게도 글로벌한 상황에 잘 적응하기도 한다. 하지만 선진국으로 진입하는 상황에서 멈추는 경우도 많다. 국가 주도적 발전을 넘어서기 위해서는 민간 역량의 성장과 주도성을 높여야 한다. 어느 정도의 상황에 도달하면 실질적 민주화가 필수조건이 되어야 다음 단계로 성장할 수 있을 것이다.

⑤ 소결

앞에서 제시한 국가 운영 모델의 변화를 페스토프의 삼각형 모델을 기반으로 도식화하면 다음 그림과 같다.

실증 연구를 통해 페스토프의 모델을 분석한 자료가 있는지는 확인되지 않는다. 앞으로 협동조합·사회적 경제의 범위, 영향력 등의 정립과, 여성의 경제적 기여, 지역사회 내 통합 돌봄의 경제적 효과, 국가

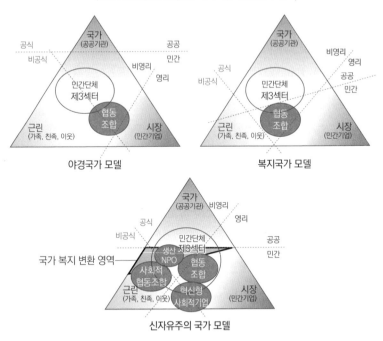

페스토프 모델을 활용한 국가-경제 모델의 변화

야경국가 모델

복지국가 모델

신자유주의 국가 모델

경제 목표로 GDP가 아닌 행복지수를 활용하자는 논의 등이 거시 경제 정책 차원에서 이루어져야 한다. 그러기 위해 근린 부문의 경제적 규모 추정, 협동조합·사회적 경제의 범위 측정(재단의 포함 등), 국가 영역이 민간에 위탁하는 경우 등에서 발생하는 중복 문제 처리 등을 통한 분석이 필요하다.

서구 선진국의 복지 변환 영역으로 표현된 부분도 실증이 필요하다. 후후발 국가의 경우 이런 세 가지 모델이 한꺼번에 수입되었는데, 경제 성장에 따라 어떻게 변했는지를 체계적으로 정리하면 선진국뿐만 아니라 세계적 차원에서 더 일반적인 국가-경제-사회 발전 모델을 제시할 수 있을 것으로 보인다.

▪ 국가, 시민사회, 공동체 등의 관계

페스토프의 경제 삼각형은 경제의 다양한 영역을 한눈에 보여 주고, 폴라니가 이야기한 재분배, 상호성, 거래라는 세 가지 경제 통합의 원리가 각 영역에서 나타나고 있음을 직관적으로 이해하게 해 준다. 하지만 경제가 사회에 묻어 들어 있어야 한다는 관점에서 볼 때 경제의 영역들이 변화하는 동력은 무엇인가에 대해서는 모델 내부에서 나타나지 않는다.

협동조합은 구성원 간의 관계 맺음, 즉 어소시에이션을 본질로 하고 있으며, 이는 협동조합이 속한 사회적 경제도 마찬가지이다. 따라서 사회적 경제가 활성화되기 위해서는 구성원들의 관계 맺음이 활발해질 수 있는 조건이 만들어져야 하며, 그 관계 맺음을 통해 사회-정치적 영향력[15]이 확대되어야 한다.

협동조합이나 사회적 경제 조직이 국가의 제도·정책을 우호적으로 개선하기 위해서는 마찬가지로 그런 제도·정책의 개선이 국가가 당면한 문제 해결에 어떤 도움이 되는지 설명해 주어야 한다. 그리고 이런 문제 해결의 가능성을 국가, 특히 정치인 및 공무원이 동의할 수 있도록 사회적으로 풍부한 관계를 중심으로 한 민간의 사회적 역량에 대한 신뢰를 주어야 한다. 그렇지 않을 경우 사회적 경제가 주장하는 제

---

15   오해할 사람이 있을까 싶어 말을 덧붙이자면 여기서 정치는 넓은 의미의 정치이다. 권력을 차지하려는 행위인 전통적이고 좁은 의미의 정치가 아니라, 푸코(Michel Foucault)가 미시정치, 삶-정치에서 말하는 것과 같은 의미의 정치이다.

도·정책의 개선 요구는 '어려우니까 도와 달라'는 직능조직의 민원성 주장과 질적으로 구분할 수 없어진다. 그러면 실제 개선의 성과도 낮을 수밖에 없다.

이런 관점에서 설명력을 강화할 수 있는 모델로 그람시의 시민사회론을 가져올 수 있다. 이탈리아의 전통에서 그람시는 사회를 설명하는 데 토대-상부 구조의 2원론을 재해석하여 근대적 국가 체제하에서 더 넓은 의미의 사회 구성이라는 경제적 영역(토대)과 정치적 영역(국가) 가운데에 경제도 아니고 정치도 아닌 다양한 사회적 목적을 위해 구성된 시민사회라는 영역이 있다고 설정했다.

시민사회는 다양한 가치를 추구하며 합리적 토론을 통해 담론을 형성한다. 시민사회의 구성원들은 각자의 그룹이 자신의 입장이 관철되도록 담론끼리 경쟁하고 이런 담론들이 경쟁한 결과가 다시 국가(정치)와 경제의 구성에 영향을 미친다.

현실에서는 담론만이 아니라 그 담론이 실제 현실에서 어떻게 실행되는지를 둘러싸고 대중의 동의의 질과 양이 변함에 따라 영향력이 달라진다. 대중의 실생활에 영향을 주는 가장 큰 영역이 경제라고 본다면 경제 영역에서 실행 역량이 담론을 상당 부분 뒷받침한다. 따라서 협동조합·사회적 경제는 시민사회의 영역과 밀접한 관련성이 있으며, 동시에 시민사회의 역량에 크게 영향 받는다.

사회적 경제 조직은 공식적인 경제 영역에 속하기 때문에, 가계 문제를 포함해서 아직 비공식의 영역에 있는 다양한 활동과 공동체 활동이 성장해서 소속되는 곳이기도 하다. 또 다양한 공동체 활동에 참여하는 구성원들이 이미 체계화되어 공식화된 사회적 경제 조직에 참여하는 가능성이 아예 공동체 활동을 하지 않는 구성원에 비해 높다. 따라서 공동체 활동은 개별 시민이 사회적 경제와 관계 맺는 좋은 통로라고 할 수 있다.[16]

또한 사회적 경제 조직도 구성원들의 관계 맺음을 장려하면서 구성원들의 모임을 다양하게 만들고 운영하도록 노력한다. 구성원들의 공동체는 사회적 경제 조직의 의사결정 비용을 줄여 주고, 다음 세대의 지도자를 양성하는 데 도움이 되며, 구성원들의 자발적인 참여를 통해 공식적 비용을 줄이면서 바람직하다고 합의된 조직 문화를 전파하는 통로가 되기도 한다.[17]

공동체 활동이나 사회적 경제 조직에 참여하면서 수평적인 인간관계, 의사결정의 참여를 통해 단련되는 토론 역량, 작은 단위의 성공적 사업 수행을 통해 형성된 높은 자긍심 및 자존감 등은 참여하는 시민의 역량을 높여 주고, 이들이 더 큰 사회나 지역사회, 지방정부, 국가에 대해 더 폭넓고 균형 잡힌 판단을 하며 발언하는 데 도움을 줄 것이다. 사회적 경제의 활성화는 이런 피드백을 통해 건전한 시민사회가

---

16 어떤 공동체 활동은 양적 성장만 일어날 뿐 굳이 사회적 경제로 발전하지 않는 경우도 많다. 예를 들어 부모와 함께하는 주말 가족 체육 모임의 경우 굳이 법인화하여 사회적 경제 조직으로 발전할 필요성이 높지 않다. 하지만 이들 부모의 어린이들에 대한 높은 관심은 소비자생활협동조합이나 공동육아협동조합에 참여하는 밑거름이 될 것이다.

17 현재 한국의 사회적 경제 조직 중 구성원들의 공동체 활동의 중요성을 가장 강조하는 것은 생협이지만, 실제로 내부의 공동체 활동이 가장 잘 작동하는 것은 농협이다. 농협이 농촌에서 작목반, 부인회, 청년회, 각종 문화 모임 등 다양한 공동체 활동을 내부 조직으로 발전시키고 있는 사례와 생협의 활동가 모임, 공부 모임 등을 잘 관찰해야 한다. 이들 활동은 단순히 경제 활동의 변형으로 치환할 수 없는 독자적인 사회적 활동으로 보아야 하며, 농협과 생협이 안정적으로 운영되는 요인이 된다.

발전하는 데 기여한다.

물론 시장과 국가와 관계 맺는 과정에서 실패를 거듭하기도 하고, 구성원들 간의 갈등이 나타나서 서로 상처를 입기도 할 것이다. 하지만 이런 과정을 통해 긍정적 학습을 하는 구성원들이 늘어나면 더 단단한 시민사회, 공동체, 사회적 경제의 토대가 된다.

원래 공동체는 이익사회의 관계와 달리 높은 수준의 상호성을 지향하는 것이며, 높은 수준의 상호성은 '사람 마음이란 알 수 없다'는 불확실성을 전제로 하여 내가 먼저 베푸는 것이다. 이 과정에서 기대하는 바와 돌아오는 것이 다른 데서 상처를 받더라도 그것을 받아들이고 다시 베푸는 결단을 통해 인간성이 고양된다는 것을 믿는 것이 공동체, 사회적 경제 구성원들의 미덕이다.

이는 협동조합과 사회적 경제 조직이 국가나 영리기업을 대하는 태도와 같다. 협동조합과 사회적 경제는 사업을 통한 사회경제적 문제를 해결하는 과정에서 이론적 시장에서 행해지는 건조한 계약관계를 넘어서는 인간관계의 미덕을 경제 외적 효과로 드러낼 수 있고, 그렇게 되도록 노력해야 한다.

국가도 마찬가지로 전체 사회, 혹은 가장 큰 공동체로서 자신의 미션을 제대로 달성하기 위해서는 재분배할 자원을 구성원의 참여와 시민사회, 공동체를 최대한 활성화하는 데 활용해야 한다. 시장 실패를 보완하기 위해 마련된 복지국가 모델의 다양한 사업을 다시 '가격'과 '그 시점의 순간적 사업 역량'만을 가지고 영리를 추구하는 기업에 위탁하는 것은 국가가 가진 재분배 기능을 가장 저급하게 사용하는 것에 불과하다.

하지만 후후발 국가의 행정 제도가 복지국가 모델과 신자유주의 모델이 혼합되어 있는 상황에서 이를 개선하기 위해서는 공공적 영역의 위탁을 주요 사업으로 하는 협동조합 및 사회적 경제 조직의 성과가 필요하다. 동시에 시민사회단체와 협력하여 더 설득력 있는 담론을 제시하고 국민의 합의 수준을 높여 나가야 한다.

■ 종합: 삼각뿔 모형

앞의 논의를 요약하면 사회적 경제의 기본적인 토대는 '주민, 혹은 능동적 주체로서의 시민'과 이들이 구성하고 있는 지역의 '지역사회 공동체'들이고, 이들의 삶 속에서 형성된 사회적 자본이 사회적 경제의 가장 기초적인 토양이다.

또한 민주주의를 지표로 하는 근대적 국민국가가 일반화된 상황에서, 또 이미 복지국가 체계를 경과하면서 경제적 영역에 대한 국가의 개입이 국민적 합의를 얻은 상황에서, 국가가 만든 다양한 사회적, 경제적 제도도 그 나라의 구체적인 사회적 경제에 영향을 끼치고 그 역도 작동된다고 할 수 있다.

국가와 시민사회, 경제를 하나의 개념 틀로 정리하기 위해 페스토프의 경제 모델과 그람시의 3단계 사회구성체 모델을 하나로 결합하여 입체적으로 구성한 도식은 다음 그림과 같다.

페스토프와 그람시의 두 모델을 수직적으로 결합하여 이해하면 사회적 경제의 포지션과 역할을 더 잘 이해할 수 있다. 특히 영향력의 중복이라고 표현한 데서 보듯 국가도 경제와 시민사회에 영향을 미치고, 반대로 협동조합과 사회적 경제도 시민사회와 경제, 그리고 국가

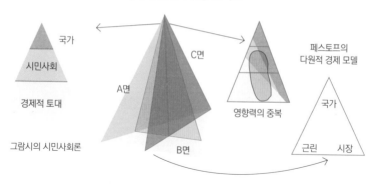

사회적 경제의 위상 모식도

국가
시민사회
경제적 토대
그람시의 시민사회론

C면
A면
B면

페스토프의
다원적 경제 모델
영향력의 중복

국가
근린   시장

모두에 영향을 미칠 수 있다. 마찬가지로 시장의 영리기업도 시민사회와 국가에 영향을 미친다. 특히 한국은 대기업 집단, 재벌의 언론을 통한 영향력이 매우 높다.

이런 모든 측면을 고려하면서 협동조합과 사회적 경제의 발전 방향과 전략을 수립해야 한다.

3

거버넌스에 대하여[18]

1) 왜 거버넌스를 말하는가

한국에서는 거버넌스 논의가 주로 대의제 민주주의를 보완할 수 있는 참여민주주의의 통로라는 방식으로 받아들여졌다. 거버넌스 논의가 도입될 때 주로 주창형 시민단체가 이에 참여할 수 있는 민간의 대표적인 조직체였기 때문이다. 하지만 거버넌스라는 용어는 처음에 복지국가 모델에서 신자유주의 모델로 이행하는 과정에서 국가의 제도와 정책을 수립하고 집행할 때 국가가 자신의 권한을 시장의 대기업에 분산하거나 국가의 역할을 줄이려는 목표에서 만들어진 것이다. 이후 거버넌스라는 개념어는 다양한 주체들의 참여 속에서 의미를 확장하게 되었다.

현재 변화되는 상황에서 협동조합의 정체성을 논의하기 위해서는 거버넌스의 개념을 더 깊게 해석할 필요가 있다. 특히 국가의 제도 정비와 정책 수행에서 영리기업에 못지않은 협동조합, 사회적 경제 조직이 있을 때 거버넌스 논의가 더 올바르고 풍부하게 진행될 수 있다.

2) 논의의 배경

거버넌스(governance)는 기존의 국가와 그 외 주체를 수직적으로 이해하는 '거번먼트(government, 통치)'의 개념으로만 설명하기 어려운 정부의 역할을 재정립하기 위해 거번먼트를 포괄하면서 확장시킨 개념이다. 거버넌스가 실질적인 개념으로 도입된 것은 서유럽 행정국가(사회민주주의의 이념에 충실한 관료제적 복지국가)가 1970년대 이후

---

18   이 부분은 농업농촌특별위원회, 〈농정거버넌스의 구체화 방안〉(2006)에서 김기태가 작성한 관련 부분을 협동조합 정체성 논의에 도움이 되도록 요약, 수정, 보완한 내용이다.

새로운 환경에 제대로 적응하지 못하면서 새로운 정부의 모습을 모색하는 과정과 밀접히 연관되어 있다.[19]

1970년대의 변화란 ① 복지국가에 의한 국가의 비대화와 이에 따른 국가 재정 위기의 심화, ② 시장에 대한 이념적 수렴, ③ 세계화와 지방화 및 정보화 추세의 심화와 이에 따른 국민국가(nation)의 권력 독점에 대한 신뢰의 약화, ④ 정책 결정의 부분화와 전문화, ⑤ 사회적인 변화와 복잡성의 증가 및 이에 따른 관료제의 효율성에 대한 신뢰도의 약화, ⑥ 전통적인 책임성의 변질, 즉 부패의 발생과 국민들의 관료제적 부패에 대한 인식 등을 말한다.[20]

새로운 모색은 시장주의자와 시민사회 진영 모두에서 제기되었는데, 제기자의 이념에 따라 거버넌스 논의를 도입하는 궁극적 의도가 다르게 나타났다. 시장주의의 관점에서는 행정국가의 실패를 시장원리를 통해 해결하자는 입장에서 관료정부의 축소를 주장했다. 반면 시민사회를 중시하는 관점에서는 참여와 자기경영, 즉 공동체주의라는 관점에서 사회적 역량을 강화하여 시장의 실패와 국가의 실패를 보완하자는 근본적인 원리에 입각하여 관료적 중앙정부의 권한을 분산시켜 다중 주체를 형성하자고 주장했다.

---

19 거버넌스 논의는 좀 더 엄밀히 말하면 서유럽의 행정국가뿐 아니라 한국과 일본 등 동아시아의 발전국가 전체를 포괄하는 관료제적 국가 전체를 비판의 대상으로 하고 있다. 하지만 이는 서구 학자들의 시각이다. 절차상 민주적인 정당성과 합리적 목표를 지향하는 유럽의 국가(혹은 최소한 동아시아 국가 중 일본)들과, 절차상의 정당성과 합리적 목표가 결여된 한국의 1987년 체제 이전의 정부는 다른 방식으로 해석해야 한다. 시장의 원리를 도입해야 한다는 측면에서는 양자의 차별성이 없는 반면에, 보다 확대된 거버넌스 논의의 한 축인 시민사회의 참여라는 측면에서는 비민주적이었던 국가와 서유럽 국가 간의 차이가 매우 크다.

20 김석준 외, 《거버넌스의 이해》, 대영문화사, 2002.

3) 전개 과정

신자유주의의 발전은 기존 복지국가의 문제점을 완화하고 새로운 경제 성장을 유도하는 성과는 가져왔지만, 양극화의 심화 및 국민 내부의 갈등이라는 새로운 문제를 야기했다.

따라서 초기 신공공관리론으로 대표되는 시장 중심적 거버넌스 논의는 개별 국가의 관료조직만큼 집행 역량을 가지고 있는 초국적 자본 혹은 대기업의 민간에게 국가의 역할을 분산할 것을 요구했고, 이는 민영화나 사업 위탁의 요구로 제시되었다. 이런 요구는 상당 부분 신자유주의 정책 패러다임에서 받아들여졌다.

반면 이런 민영화의 폐해가 발생하자 시민사회 진영에서는 기존의 복지국가 모델로 돌아가지 않으면서, 동시에 시장주의적 거버넌스 논의의 이니셔티브에 시민사회가 참여하는 새로운 정책 이념을 만들 필요를 느꼈다.

이 시기에 시민사회가 채택한 거버넌스의 개념은 시장주의가 제시한 거버넌스 개념을 아우르면서 더 확장했다. 광의의 거버넌스, 즉 이전의 거버넌스 개념에 비해 좀 더 참여적이며 시민사회 지향적인 개념을 제안한 것이다. 그 결과 '가치'가 포함된 새로운 거버넌스 개념, 즉 좋은 거버넌스, 뉴거버넌스 등의 개념이 제안되었다.[21]

확장된 거버넌스는 크게 '시민사회 중심 거버넌스'로 포괄될 수 있

---

21 위의 책, p. 137. 현재 대부분의 거버넌스 논의는 뉴거버넌스 중심으로 설명하고 있는 형태이다. 다만 여전히 실제적인 분석이나 정책적 합의점을 도출하려는 경우에는 국정 효율성의 측면에서 혼용되는 경우가 있다.

	복지 관료제	신공공관리	정책 네트워크
시기	1930~1970년대	1980~1990년대	1990년 이후
초점	평등(중도파 지향적)	경쟁(우파 지향적)	협력(중도파 지향적)
목표	공정한 정부	작고 효율적인 정부	깨끗하고 효과적인 정부
적용 대상	관리(평등 행정)	관리(행정 발전)	정책(발전 행정)
방법론		개체주의, 합리제도주의	총체주의, 역사제도주의
기반 이론	혼합경제, 사회민주주의	다원주의, 자유시장 이론	국가주의, 조합주의 이론
핵심 쟁점	정부 기능 강화, 시장 실패의 보완, 정부-기업 관계(규제) 등	정부 감축(개선), 민영화(사유화), 탈규제 등	정부관 관계(자치권 이양), 정부-기업 관계(재규제), 정부-시민사회 관계(파트너십) 등

는데, 영국 노동당의 이념인 '제3의 길'은 공동체주의와 사회정의를 기존 정책의 대안으로 제시했으며,[22] 이는 거버넌스의 이념이라는 측면에서 볼 때 정책 네트워크로 설명할 수 있다. 이상의 논의를 간략하게 정리하면 위의 표와 같다.

22　김석준 외, p. 88. "제3의 길로 통칭되는 신노동당 이념에서 공동체와 사회 정의의 결합은 대처리즘을 초월하는 새로운 정치적 기초를 제공해 준다. 여기에는 도덕, 경제적 효율, 사회 통합이라는 세 가지 테마가 어우러져 있다. 경제적 성공은 사회 정의와 사회 통합을 가져오고, 책임과 의무를 다하는 시민들로 인해 더욱 강화되며, 결국 이러한 사회 통합은 시장경제를 더욱 활성화시키게 된다는 것이다. 이 점에서 '이해관계화'로 집약되는 새로운 정책 경향은 공동체 구성원으로서의 소속감, 권리와 의무를 다하는 사회, 더 많은 기회와 공평성 그리고 사회 정의, 정부와 정치의 민주화와 책임감의 확대 등에 기여한 것으로 평가된다."

4) 다양한 의미

거버넌스의 정의를 사전적인 차원에서 살펴보자.《아메리칸 헤리티지 사전(American Heritage Dictionary)》에서는 "통치(governing)의 행위, 과정 및 권력 또는 정부"로,《옥스퍼드 영어 사전(Oxford English Dictionary)》은 "통제나 권위를 적용 대상에 행사하기 위해 필요한 통치의 행위나 방식 또는 규제 체제"로 정의하고 있다.

좋은 거버넌스의 개념을 확산시킨 세계은행은 '국정 운영을 위한 정치적 권력 행사' 또는 '발전을 위해 한 국가의 경제·사회적 자원들을 관리하는 권력 행사의 방식'으로 정의하고 있다.

가장 포괄적인 정의는 "기존의 행정(government) 이외에 통치를 위한 제도·방법·도구는 물론 시민과 정부의 관계 및 국가의 역할까지를 포함하는 개념"으로서 종래의 집권적 관료 구조에 바탕을 둔 전통적 행정을 대체하는 개념으로 사용된다.(김석준 외, p. 167)

거버넌스는 그 개념의 발전이나 거버넌스라는 용어를 통한 연구 목적의 상이함(관료제에 대한 정치적 입장에 따른 상이한 비판 방식의 채용) 등으로 인해 문맥과 맥락에 따라 다양한 의미로 사용되고 있다.[23]

로즈(R. A. W. Rhodes)는 이런 다양한 활용에 따라 거버넌스를 6가

---

23 최성욱, 〈한국의 거버넌스 연구 경향에 대한 분석〉,《한국거버넌스학회보》 10권, 2003. 최성욱은 기존 한국의 거버넌스 연구 경향을 분석하면서 개념 적용의 혼란과 남용 경향을 지적하고 있다. 이를 크게 ① 접근법이나 관점의 가정과 실제 분석 단위 및 내용과의 불일치, ② 실제 거버넌스 연구라고 보기 어려운데도 용어만 거버넌스를 차용하는 경우로 나누고 있으며, 뉴거버넌스의 경우 관계를 강조하면서도 실제로는 개별 주체의 역할만 분석하는 경우 등도 지적하고 있다.

거버넌스의 다양한 의미

강조점	의미	의미 부여의 목적
행정의 범위	최소국가	공공 개입의 범위와 형태를 재정의하고 공공 서비스 공급에서 시장과 준시장을 활용하려는 목적
행정의 목표	기업 거버넌스	국가의 목표는 기업의 운영 목표와 같은 사업 집행이 아니라 이해관계자를 만족시키는 책임성, 감독, 평가, 통제에 있다는 측면을 강조
관리의 방식	신공공관리	국가는 방향 잡기를 중심으로 하며, 시장경제와 같은 유인 체계를 공공 서비스에 도입하여 작은 정부로 더 많은 효과를 올려야 한다는 점을 강조
행정의 목적과 전제	좋은 거버넌스	나라 일을 관리하기 위해 정치권력을 행사하는 것인데, 좋은 거버넌스가 되기 위해서는 ① 효율적인 공무원단, ② 독립적인 사법 체계, ③ 책임성 있는 공공기금 관리, ④ 독립적 공공 감사 기구, ⑤ 법과 인권의 존중, ⑥ 다원주의적인 제도적 구조와 출판의 자유 등이 전제되어야 한다는 점을 강조(세계은행의 개념 정의)
국가의 특권성 상대화	사회적 사이버네틱 체제	중앙정부의 특권적 지위가 약화되고 정치권력이 점차 분산되어 모든 행위자는 서로를 필요로 하고 서로 공헌하기 때문에, 사회 전체의 역량에 의해 공공정책의 성과가 좌우된다는 점을 강조
사회적 조직 간의 네트워크 강화	자기 조직화 네트워크	사회적 사이버네틱 체제에서 한 걸음 더 나아가 관계(네트워크)가 각종 사회적 조직의 존재보다 더 중요하다는 입장으로, 네트워크의 연결망이 기존의 제도적 거버넌스를 보완한다고 보며, 이를 활성화하기 위해 ① 신뢰와 상호 조정, ② 경쟁에 뿌리를 둔 관리의 강조, ③ 자율성의 강조, ④ 중앙 지도에 대한 거부 등을 제시

지 의미로 분류한다. 이런 다양한 거버넌스에 대한 개념 정의 및 활용 방법은 결국 거버넌스가 아직 명확히 합의된 이론적 체계가 아닌 발전하는 개념임을 보여준다.

동시에 갈수록 거버넌스 개념이 포괄하는 범위가 확대되고, 비정부 영역의 확대를 통한 중앙정부의 상대화에 무게를 싣고 있는 것을 알 수 있다.

5) 협동조합은 어떻게 해야 할까

유럽의 거버넌스는 논의 초기에 초국적기업들이 개별 국가에 비해 정책 결정과 집행에서 상대적 우위에 있는 영역이 있다는 자신감에서 국가 운영의 일부를 나눠 받아 자신의 이윤을 추구하기 위한 논리를 만들어 나가는 과정이었다. 그다음 단계에는 유럽의 시민단체·협동조합·사회적 경제 조직이 사회 서비스나 농어촌 지역의 개발과 같은 특정한 영역은 정부나 영리기업보다 정책을 더 잘 설계하고 집행할 수 있다는 자신감에서 거버넌스의 주체에 참여했다.

거버넌스는 결국 국가의 제도와 정책에 대해 기존에는 정부 관료만의 권한이었던 부분에 영리기업과 시민사회가 개입하여 기획과 집행의 역량에 따라 권한을 분점하는 과정이며, 잠정적 결과이다.

각 국가가 가지는 거버넌스 유형의 특징을 정리한 다른 문헌에서도 거버넌스 형태는 국가-기업-시민사회의 역관계와 그 이전에 밟아온 역사적 경험을 토대로 나눠진다. 물론 최근 온라인 커뮤니케이션이 발전하면서 '자기조직화 네트워크'로 여러 국가의 거버넌스 형태가 수렴되어 발전된다는 논의가 있지만, 실제 시민사회의 제도·정책 집행력이 이를 받쳐 주지 못할 경우 시민 참여는 형식화될 수 있다. 협동조합과 사회적 경제가 사업 집행력을 확보하기 위해 양적, 질적으로 발전해야 하는 필요가 여기에서도 드러난다.

반면 협동조합과 사회적 경제의 개별 조직들이 조직과 사업 운영의 안전성을 확보한다고 하더라도 국가 단위, 혹은 지방정부 단위의 거버넌스 논의에 주체가 되는 필요충분조건을 달성하는 것은 아니다. 국가 거버넌스 논의의 본래 목적은 국가의 사회경제 문제를 해결하려는 의지를 가진 주체들이 모여 자신의 해결책을 제시하고, 이에 대한 합의 속에서 각자 실행의 역할을 나누는 것이다. 그렇다면 협동조합과 사회적 경제가 실효적인 거버넌스의 상수로서 주체가 되려면 협동조합계가 항상 국가·지방 정부가 해결해야 할 사회경제 문제를 해결하려는 의지와 열망을 가지고 있어야 하고, 새로운 혁신적 사업 방법을 강구하여 성과를 만드는 집행 역량을 갖추고 있어야 한다.

코로나 19 이후 국가의 역할은 더 강조될 것이며, 최근 바이든(Joe Biden) 정부의 소득세율 인상 논의, 초국적기업에 대한 최저 소득세율 부과 논의 등을 보면 국가가 경제에서 차지하는 비중은 높아질 것으로 보인다. 또한 시장을 둘러싼 제도도 신자유주의의 자유방임에서 좀 더 규정을 강화하는 방향으로 변화해 갈 것이다. 이런 변화에 대해 협동조합과 사회적 경제는 더 적극적인 의견을 개진하고, 문제 해결의 의지와 역량을 드러낼 필요가 있다.

방어적 정체성의 경향에서 작성된 협동조합 제4원칙 '자율과 독립'에서 정리된 내용보다 더 적극적인 입장을 가져야 한다. 하지만 그 속에서 조합원의 민주적 통제가 보장되고 협동조합의 자율성을 유지할 수 있으려면 그만큼 협동조합의 집행력이 높아져야 하고, 다른 다양한 민간 주체들과의 연대를 통해 국가와 시장의 흡인력을 견뎌내야 한다. 자율과 독립을 낮은 균형으로 이해하고 거기에 만족하거나 안주해서는 안 된다. 더 많은 영향력과 긴장을 스스로 선택하는 '높은 균형'을 지향하는 방식으로 적극적으로 해석해야 하는 이유이다.

또한 이런 지향이 잘 이뤄지려면 협동조합계가 개별 협동조합이 아니라 협동조합 전체의 입장을 대변하는 비사업적 연합회의 기능을 강화해야 하고, 성숙기에 도달한 협동조합들이 다시 새로운 협동조합, 사회적 경제 조직의 창업을 지원하고, 주체 영역 내부의 네트워크를 강화해서 신규 창업기 혹은 안정기에 도달하는 협동조합과 사회적 경제 조직을 지원하는 체계를 구축해야 한다. 이런 역동적 과정을 통해서만이 성숙기 협동조합들의 보수화도 줄어들 것이다. 이탈리아의 협동조합 운동은 협동조합계의 주체 영역 자체를 업종별, 지역별 네트워크·연합회로 묶으면서 거버넌스가 추구하는 '자기조직화 네트워크'의 모범 사례를 선도적으로 구현했다. 또한 이런 구조적 체계를 통해 협동조합이 새롭게 제기되는 사회경제 문제를 해결하는 데 앞장섬으로써 이탈리아 내에서 협동조합이 아닌 다른 사회적 경제 조직을 굳이 만들지 않아도 되는 상황을 만들었다. 농협을 비롯한 개별법 협동조합들이 깊게 연구할 부분이다.

4

제도와 정책의 도움

1) 여건의 중요성

협동조합은 민간의 활동이며, 따라서 정부의 개입이 없어야 한다는 원론적 언급만으로 현재 협동조합이 직면한 제도·정책 여건에 대한 현장의 구체적인 어려움을 해결하려는 노력을 회피해서는 안 된다. 19세기 중엽까지 초기 협동조합이 자유롭게 운영된 이유는 그만큼 당시의 국가가 경제 활동에 대해 구체적인 규율을 정하지 않았기 때문이기도 하다. 자유주의적 야경국가를 지향한 당시의 패러다임과 함께, 국가가 세부적인 규율을 정해도 이를 감독하고 집행할 역량이 부족했다.

하지만 복지국가 모델과 신자유주의 모델을 경험하면서 국가의 경제 활동에 대한 규정은 더욱 세밀해졌다. 동시에 개별 국가의 주권을 넘어서는 글로벌한 경제의 규율이 만들어져 전 세계의 경제 조직에 적용되기도 한다.

이런 상황에서 제도·정책 여건, 특히 경제와 관련된 제도·정책 여건은 협동조합 생태계에서 중요한 환경적 여건이다. 느티나무를 북극에 심으면 아무리 노력해도 잘 자라게 만들 수 없다. 느티나무가 자라기 위해서는 온대 기후 조건이라는 환경적 여건이 필요하다. 마찬가지로 개별 협동조합들의 발전을 위해서는 제도·정책 여건의 평균온도를 높여 적정하게 만드는 것이 중요하다. 아시아 몬순 기후에는 쌀농사가 알맞고, 지중해성 기후에는 밀농사가 알맞다. 제도·정책 여건을 협동조합에 우호적으로 만드는 것은 협동조합의 생태계적 발전에 필수적인 과제이다.

이런 제도·정책 여건을 정비하는 것의 중요성에 대해서는 이미 ICA에서 발표한 다양한 문헌에서 충분히 설명하고 있다.

초기 협동조합 운동가들의 성공은 정부로부터 어떠한 법적·재정적 도움 없이 이루어졌다. 그러나 초창기 선구자들과 마찬가지로 세계 각 지역의 협동조합은 여전히 정부와의 관계에서 매우 큰 영향을 받고 있다. 정부는 협동조합이 운영되는 법률 체계를 결정한다. 정부의 세제와 경제·사회 정책이 협동조합에 도움이 될 수도 있고 해가 될 수도 있다.……

아무리 협동조합이 대안적이고 보다 지속 가능한 경제 모델을 제시하고 있다 하더라도, 투자자 소유 기업 모델을 주류 보편적 경제 체제로 인정하고 보호·지원하도록 설계된 법·회계·세무·규제 체계 속에서 생존해야만 한다.……

유엔과 국제 노동기구는 …… 협동조합의 특성이 인정되고 존중되어야 한다고 강조한다. 또한 공정하고 평등한 경쟁 구도를 만들기 위해서 협동조합에 대한 국내, 국제적인 법·회계·세무·규제 체제 등이 만들어져야 한다고 강조한다. …… 협동조합은 경제적·사회적·환경적 측면에서 지속 가능한 방식으로 국가 경제를 발전시키고자 하는 정부에게 유용한 조직이다. (《ICA 협동조합 원칙 안내서》, pp. 116~118)

국가는 운영 원리와 역량에 따라 경제와 관계 맺는 방식이 달라진다. 경제와 관계 맺는 방식에 따라 경제 관련 제도·정책의 틀이 달라진다. 마찬가지로 복지와 사회 관련 정책과 제도도 국가가 그것을 수행하는 데 경제 조직들과 관계 맺는 방식에 따라 달라진다. 이런 각국의 기본적인 사회, 경제, 복지 제도·정책의 프레임에 대해 각국 협동조합 운동은 민간들이 조성한 시장에서 사업 역량을 갖추어야 하고, 정부 정책과 밀접한 업종에 종사하는 협동조합은 국가의 사업을 위탁하는 데 적합한 역할을 찾고 그것을 다른 조직 형태보다 수월하게 운영할 수 있다는 것을 드러내야 한다. 이 과정에서 만약 영리기업이나 다른 형태의 사업조직에 비해 협동조합의 참여를 저해하는 요인이 있다거나 불이익을 당할 소지가 있다면 개선할 수 있도록 제도·정책 결정 과정에 관여해야 한다.

2) 여건 조성의 원칙

물론 국가의 직접적 경제 행위와 무관한 업종과 영역은 국가가 제시한 간접적 제도에 따라 독자적으로 사업을 수행해야 한다. 여기서도 각 업종의 특성에 따라 직접 지원하는 정책이 있다면 협동조합이 그 정책의 혜택을 받는 데 불이익이 없도록 조치해야 한다.

예를 들어 한국은 중앙정부와 지방정부가 다양한 정책으로 경제 조직을 지원한다. 영리기업에도 제공되는 지원 정책은 관련 규정에 협동조합이 명시되어 있지 않아 협동조합이 지원 대상이 되지 못하는 경우가 많았다. 이런 규정을 개선하고, 특정한 사업에 대한 정부 지원을 받는 것은 협동조합이 마땅히 누려야 할 권리이기도 하다.

가장 어려운 일은 간접적인 기반 제도, 예를 들어 주식시장, 펀드 등과 같은 주류 경제 조직의 특징을 반영하여 만든 제도에 비해, 협동조합의 활성화에 필요한 간접적 기반 제도가 미흡한 경우를 해결하기 위해 운동을 조직하는 것이다. 이 어려운 과제를 달성하기 위해서는 세 가지 준비가 필요하다. 첫째, 영리기업의 특징과 다른 협동조합의 특징을 반영한 간접적 기반 제도의 미래상과 합리적 설득이 가능한 확실한 내용, 둘째, 협동조합계 전체가 여기에 동의하고 제도 개선 혹은 신설을 촉구할 수 있는 내부적 합의, 셋째, 간접적 기반 제도가 갖추어졌을 때 이를 활용하여 성과를 낼 수 있는 사업적 준비가 그것이다. 예를 들어 생협의 공제 사업 참여와 이를 간접적 기반 시스템으로 받쳐 줄 2차 공제 시스템을 만드는 것은 협동조합계 전체에 중요한 의미를 지니고 있으며, 그만큼 어려운 과제일 것이다.

눈에 보이지 않는 간접적 기반의 사례 중 중요하지만 아직 본격적인 개선 운동으로 연결되지 못하는 것으로 앞의 인용문에서 제시한 회계·세무의 체계를 들 수 있다. 협동조합, 특히 사업자협동조합의 영향력은 단순히 총매출액만이 아니라 수탁사업의 규모로 더 잘 설명할 수 있지만, 현재 국가가 요구하는 재무상태표에는 매출액만 기록하게 되어 있다. 매출액의 윗부분에 취급 금액을 표시하면 협동조합이 국가 경제에 미치는 영향력을 더 잘 이해할 수 있고, 이는 다른 제도·정책의 개선에 도움이 될 것이다. 조합원의 조합비나 안정적으로 납입되는 후원자조합원의 후원금을 사업 외 수익이 아니라 매출액으로 간주하는 것도 영업 이익을 중심으로 판단하는 기존의 관행에 위배되지 않으면서도 협동조합의 성과를 더 잘 보여 줄 방법이다. 협동조합 회계 규칙을 제정하고 나아가 전체 회계 규칙에도 반영되도록 노력하는 것이 중요한 이유이다.

협동조합이 제도·정책의 개선을 요구하는 데 중요하게 견지해야 할 원칙은 공정성이다. 협동조합은 다른 형태의 사업 조직에 비해 더 많은 혜택을 요구하지는 않는다. 협동조합 자체를 운영하는 데 어려움이 있으니 이를 도와달라는 방식으로 요구하는 것은 바람직하지도 않을뿐더러 실제 받아들여지기도 어렵다. 다른 사업 조직에 부여하는 것과 같은 정도의 여건을 조성해 달라고 하는 것이 협동조합의 공정가치에 부합한다.

하지만 국가가 해야만 하는 업무를 위탁하거나, 국가가 해결해야 하는 사회경제 문제를 협동조합을 통해 해결함으로써 사회적 가치를 만들어 냈다면 이에 대해 국가가 보상하도록 보편적인 제도를 정비하는 것도 필요하다. 전자는 국가와 협동조합의 계약 관계로 인한 것이므로 당연하며, 후자는 필수적이라고 하기는 어렵지만 국가가 공동체로서 구성원들이 공공적 활동에 이바지하도록 촉진하는 것에 동의한다면 그 동의 수준에 적합한 제도·정책 설계가 가능하다.

3) 지속적인 변화

10여 년 전 한국에 온 일본협동조합 학회장의 강연을 듣고 한 청중이 이렇게 질문을 했다. "생협이 그동안 힘들게 만들어 놓은 친환경농산물 유통에 대기업이 뛰어들고 있습니다. 이런 무임승차 행위를 어떻게 봐야 할까요?" 여기에 대해 일본협동조합 학회장은 "대기업이 우리가 만든 활동의 구조에 들어오는 것은 그동안 우리가 한 활동이 성공적이었다는 것을 증명하는 것 아닙니까? 선도적인 사회운동의 성과를 증명받았다고 생각하고, 다른 더 나은 활동을 또 찾으면 됩니다. 그것이 협동조합 운동의 운명입니다."

협동조합 운동이 운동인 것은 새로운 혁신을 다수의 시민들과 함께 설계하고, 그것을 실행함으로써 더 나은 사회를 만들어 나가는 과정을 계속 반복하는 데 있다. 새로운 혁신이 없으면 어느 순간 운동으로서의 기능을 멈추고 고정화되어, 그때까지 변화된 사회의 한 구성 요소로 단순하게 작동한다. 성공한 협동조합의 보수화는 이런 상황에서 발생하는 것이다.

마찬가지로 제도·정책의 개선 활동을 통해 국가의 자원을 활용할 수 있는 정책의 지원 대상이 되면, 그 상황을 유지하려고 하는 경향이 나타난다. 기존의 혁신에 기대어 안정적으로 주어진 자원을 활용하려 한다면 혁신이 다른 곳으로 전파되면서 일종의 혁신의 감가상각이 일어나는 것이다. 이미 기존 혁신의 상대적인 사회적 가치는 사라졌는데 정부의 지원이 계속되는 상황이 되면 지원의 정당성과 국가적 공정성은 사라지게 된다. 이런 상황이 생길 경우 협동조합에 우호적이지 않은 측에서는 지속적으로 이에 대한 문제 제기를 하게 되고, 협동조합 전체의 제도·정책 개선 활동에도 부담을 줄 수 있다.

따라서 이런 문제가 발생하지 않으려면 지속적인 혁신을 해 나가야 한다. 이때 협동조합 사업체 혹은 사회적 경제 조직이 각각 개별적으로 혁신을 이루기는 쉽지 않다. 협동조합연합회가 필요한 또 다른 중요한 이유이기도 하다. 제도적 지원을 받는 동일 업종의 협동조합들은 연합회를 구성해서 새로운 혁신을 통해 사회적 가치를 지속적으로 추구해야 한다. 혹은 다른 사회적 가치를 추구하는 새로운 협동조합 운동에 기존의 자원을 지원할 필요가 있다.

예를 들어 대기업에 상당한 연구개발 정책 예산이 지원되지만 이에 대해 큰 문제의식이 없는 이유는 대기업에서 계속 새로운 카테고리의 상품을 만들어 내기 때문이다. 시장에서 일어나는 혁신도 시간이 지나면 그 독점적 효과를 상실하게 된다. 일정 시간이 지나면 특허 기간이 만료되거나 의약품의 경우에는 복제약을 타 회사에서 제조·판매하는 것을 허용하는 등이 그것이다.

협동조합 운동은 제도와 정책의 지원을 받을 때, 그 개별적인 지원에 함몰되지 않아야 한다. 또한 이런 함몰을 우려하여 처음부터 제도·정책적 지원을 포기하는 것도 현명하지 못한 일이다. 우리가 만든 사회적 가치를 국가로부터 인증받는 것은 우리가 이룬 혁신을 빠르게 사회화하기에 좋은 채널이기도 하다. 그렇다면 신경 써야 할 핵심 과제는 협동조합 운동이 시간의 흐름, 사회의 평균적인 흐름보다 더 빠르게 사회 혁신, 기술 혁신, 조직 운영 혁신을 계속하여 협동조합계 전체의 역량을 높여 나가는 것이다. 지속적이고 발전적인 변화는 모든 운동의 본질이다.

4) 상황에 따른 과제

협동조합 운동은 나라별로 다른 제도·정책 여건에서 진행된다. 따라서 각 국가가 놓인 상황에 따라 요구해야 할 내용이 다르다. 그동안 협동조합이 발달한 국가에서 다른 나라의 협동조합 운동을 지원하는 노력을 계속했지만 그렇게 큰 성과를 이루지 못했다. 그 이유 중의 하나로 각 국가의 제도·정책의 개선과 함께하지 못했다는 점을 들 수 있다.

매슬로(Abraham Maslow)의 욕구의 사다리 이론처럼 국가도 협동조합 제도·정책 개발의 사다리가 존재한다고 생각하고 각각의 단계에 적합한 대응이 필요하다.

① 제도적 안정성이 미흡한 국가

근대 국가 체계가 안정화되지 않은 국가의 경우에는 사적 소유권이든 집단적 소유권이든 소유권의 안정성, 계약 관계에 대한 국가적 권위에 의한 보호가 취약하다. 전반적인 생활과 지속적인 경제적 활동의 기반이 취약하고 불안정한 상황에서는 소규모 공동체의 자급자족 수준의 경제 활동이나 국가 혹은 지역사회의 권력과 결합된 상인 활동을 제외하고는 다른 경제활동이 발전하기 어렵다.

하물며 협동조합의 설립과 운영은 아무리 외부에서 지원하더라도 성공하기 어렵다. 이런 나라들은 선진국이 수행하는 ODA(Official Development Assistance, 공적 개발 원조)와 연계하여 민간 협동조합 운동은 초기의 지역공동체를 지원하며, 국가가 기본적인 제도적 안정성을 확보하는 것이 모두에게 유리하다는 점을 지속적으로 강조해야 한다. 이때 전통적인 공동체가 국가 제도 정비 과정에서 개인에게 약탈당하지 않고, 근대적 의미의 공동 사업 조직으로 전환할 수 있도록 공유 자산의 등기가 가능하도록 노력해야 한다. 한국의 경우 일제의 토지조사사업은 물론 1960~70년대를 거치면서 마을 공동 소유 농지 및 산림 등이 개인에게 귀속된 사례가 많았다. 러시아와 동유럽도 체제 변환기에 이런 공동 소유가 훼손된 사례가 나타났다.

② 공업의 비중이 낮은 국가

제도적 안정성이 확보되어 있지만 아직 체계적인 국가 발전이 이뤄지지 않는 나라는 대부분 농림어업이 핵심 산업이 될 수밖에 없다. 동시에 국가 내부적인 인프라 구축이 미흡하고, 비농림어업의 민간 수입이 낮아 본격적인 내수 시장이 형성되기 어려운 상황이 대부분이다. 이 경우 농어촌 지역의 마을에 협동조합을 만들더라도 사업을 해야 하는 협동조합의 거래가 일어나기 어렵다. 한국의 1920~1950년대 농촌의 협동조합은 소비조합이거나 마을 방앗간을 함께 설치하여 이용하는 공동 이용 사업을 주로 했다. 판매협동조합이 되지 못했던 것이다.

이런 상황에서 농어촌 협동조합은 소비-생산-공동 이용을 함께 수행하는 복합사업을 추진할 필요가 있다. 또한 독일의 라이파이젠이나 일본과 한국의 농협처럼 농림어업의 특성상 생산 비용을 수개월 투입한 후 수확하면 한꺼번에 수입이 들어오는 상황에서 신용협동조합이 필요하다.

따라서 국가의 제도·정책 개선의 방향으로 소비-생산-공동 이용-신용 사업을 동시에 수행하는 농촌종합협동조합을 설치하고, 이에 대한 지원을 해야 한다. 한국과 일본은 내수 시장이 형성되어 있지 않은 상황에서 정부가 대규모로 쌀과 보리를 수매함으로써 시장을 형성시켰고 이를 통해 점차 판매 사업과 도시 내 시장을 형성해 갔다. 하지만 현재 WTO 체제에서 이중곡가제를 통한 정부 수매가 금지되어 있기 때문에 다른 방식을 찾아야 한다. 어쨌든 해당 국가가 이런 제도를 빨리 도입하도록 선진국은 차관 지원 등을 함께 해야 한다.

마찬가지로 선진국의 협동조합은 선진국 ODA, 해당 정부 ODA 기관 모두와 협력하여 해당 국가의 거시적 경제 제도를 이렇게 설계하도록 도와야 한다. 해당 정부의 ODA가 농어촌 지역사회의 협동조합 설립을 지원하면 성공률을 높일 수 있다. 농촌협동조합에 대한 특별법을 제정하도록 하고, 전국 단위 연합회의 설립과 이에 대한 지원을 하는 것도 중요하다. 또한 농촌협동조합의 우수 사례를 만들기 위해서라도 선진국 협동조합들의 공정무역을 이런 협동조합 지원 활동과 연결해야 한다.

③ 경제 성장 중인 국가

한국의 경제 제도·정책 수립 과정에서 가장 아쉬운 것은 1961년 중소기업협동조합법을 만들 때 협동조합기본법을 함께 만들지 못했다는 것이다. 경제 성장 중인 국가들은 점차 공업의 비중이 높아지면서 종사자 수도 늘어나고, 국가의 부를 생산하는 데서 차지하는 비중도 높아지게 된다.

이때 협동조합이 불이익을 당하지 않는 가장 좋은 방법은 경제 성장 초기에 모든 유형, 모든 업종의 협동조합을 자유롭게 설립할 수 있도록 제도적으로 정비하는 것이다.

특히 사업자협동조합과 관련한 관심이 필요하다. 제조업의 비중이 높아질수록 이를 유통하기 위한 도소매업도 늘어나고, 대면 서비스업도 늘어나게 된다. 소매업과 대면 서비스업은 업종의 특징상 기술 및 자본 규모의 장벽이 상대적으로 낮다. 소규모 사업자들의 과당 경쟁을 막고, 대규모 자본이 진입하는 것에 대항하기 위해 사업자협동조합이 필요하게 된다.

사업자협동조합을 초기부터 잘 만들어 나간 것은 프랑스이다. 프랑스 상업협동조합의 다양한 모범 사례들이 경제 성장 국가에서도 만들어질 수 있도록 국가가 협동조합 설립을 허용하고, 건강하게 성장할 수 있도록 지원하는 제도를 정비하는 것이 필요하다.

④ 후기산업사회 국가

후기산업사회 국가는 저성장 구조와 로봇화에 따른 일자리 문제, 높은 에너지 소비, 과도한 도시화 등의 일반적인 문제를 가지고 있다. 마찬가지로 이들 구조적 문제에서 발생하는 다양한 문제가 복합적으로 나타나고 있으며 국가마다의 특징이 매우 다양하고, 해법을 아직 찾아가는 단계이므로 명확한 방향을 제시하기가 쉽지 않다.

5) 보충성의 원리

국가, 더 구체적으로 행정부는 제도를 개정하거나 직간접적 지원을 위한 정책을 결정할 때 어떤 의사결정의 원리를 가지고 있을까? 우리에게 친숙한 보충성의 원리를 설명하면서 정리해 보자.

한국 협동조합 논의 혹은 사회적 경제의 논의 틀에서 일반적으로 보충성의 원리를 끄집어 낼 때 '지원은 하되 간섭은 하지 말라'는 방식으로 이해하는 경우가 많다. 앞에서 이렇게 설명하는 것은 국가의 전략적 선택을 무시하는 것이라고 설명했는데, 좀 더 자세히 살펴보자.

원래 보충성의 원리는 가톨릭의 사회교리에서 나온 이야기이다. 교황-추기경-주교-신부로 이어지는 체계 속에서 "하위의 조직이 상위의 조직에 단지 종속되는 것이 아니라, 자발적으로 제 기능을 발휘할 수 있도록 상위의 조직이 협조해야 한다."는 말이다.(브루니 p. 160) 국가 체계 속에서 해석하면 중앙정부는 지방정부의 구체적인 여건을 염두에 두면서 정책을 수립하고 실행해야 하며, 정책 수립 과정에서 지방정부와 현장 이해관계자들의 의견을 반영해야 한다는 것이다.

즉 보충성의 원리는 수직적 관계에 있는 '공동체' 속에서 각각의 주체가 최선을 다하고 있다는 전제 아래 서로의 역할을 가장 잘하는 방법론으로 이해해야 한다. 그렇다면 근대 국가와 민간의 관계에 대해 이런 의문이 생긴다. ① 이 둘은 상호 간에 최선을 다하고 있다는 신뢰가 있는가? ② 이들은 공동체 내의 부분 조직으로 이해되고 있는가? 이렇게 이해하는 경우에는 보충성의 원리를 요구할 수 있다. 반면 그렇지 않을 경우 자원을 제공하는 조직은 자신이 집행하는 자원이 만들어 낼 수 있는 성과를 높이기 위해 '감사와 평가'를 요구할 수밖에 없다.

민간의 입장에서 중앙정부의 예산은 공무원의 자산이 아니라 국민의 자산이라고 할 수 있겠지만, 공무원의 입장에서는 '국가의 전체적인 제도 속에서 국민이 자산의 운용을 위탁한 것이므로 신의성실의 원칙에 따라 이를 집행하는 것'이라고 주장할 수 있다. 그리고 후자의 설명이 근대 국가의 운영 원리에서 볼 때 더 합리적이다.

앞에서 거버넌스의 논의가 수직적 국가 업무의 행사를 점차 국가-기업-시민사회의 수평적 의사결정과 분산된 집행 방식으로 전환해 나갔다고 설명했다. 그렇다면 보충성의 원리가 가지는 궁극적인 지향은 결국 거버넌스 논의의 지향과 같다고 할 수 있다.

브루니는 이에 대해 다음과 같이 보충성의 원리를 정리하고 있다.

최근에는 보조성의 원칙(보충성의 원리- 인용자 주, 앞으로는 이 용어로
인용한다)과 관련해 시민사회와 시장, 그리고 공공 행정 간의 관계
에서 '수평적' 측면도 강조된 바 있다. ……
데니스 로버트슨(Dennis Robertson)이 제시했던 명제, 곧 "경제학이
아껴두는 것은 바로 사랑이다. 사랑이야말로 현대 사회의 진정한 희
소 자원이다."라는 논지는 잘 알려져 있다. 대신 보충성의 원리는 이
와는 다른 인류학적 관점에 기반한다. 즉 아가페는 쓰면 쓸수록 품
질이 저하되는 경제재가 아니라 반대로 쓸수록 가치가 커지는 덕목
이라는 것이다. …… 필리아가 가능한데도 계약에만 의지하고, 아가
페가 있을 때도 아가페 대신 필리아에만 의지할 때마다 우리는 사람
의 가치, 관계의 가치, 그리고 사회의 가치를 떨어뜨리는 것이다. 그
리고 일종의 관계적 덤핑으로 함께 살아가는 삶의 가치를 헐값에 투
매하는 셈이다.
그러므로 우리 공동의 삶이 황폐해지지 않게 하기 위해 아가페의
시민권을 회복시켜준다는 것은 시민공동체로서 아가페의 진정한
가치를 인정하고 아가페에 상을 주어 칭찬할 줄 안다는 것을 의미
한다.

즉 보충성의 원리는 단순히 국가기관이 지원은 하되, 간섭은 하지
말라는 단순한 수준의 논의가 아니다. 그것은 근대 국가의 정책을 수
립할 때 국가가 단순한 시장계약을 수행하는 한 담당자가 아니라, 공

공의 입장에서 헌신적인 사랑을 제공하는 아가페적 사랑을 제공하는 진정한 의미의 따뜻한 공동체가 되어야 하며, 이런 전제 속에서 시장과 시민사회와 바람직한 관계를 맺어야 한다는 원칙을 구체적인 규정 속에서 확립해야 한다는 것이다.

실제 공무원들은 스스로를 공동체의 공익(선거를 통해 일반 의지를 결합시킨 대통령의 국정 과제를 수행하는)을 추구하는 담지자로 설정하면서도, 제도의 경로의존성에 따라 자신들에게 법적 제도를 고칠 권한이 없다는 한계를 방패로 삼기도 한다. 동시에 정해진 법의 유권해석과 시행령, 시행규칙의 제정에 대해서는 자율성을 가지고 공무원 개인·공공기관의 입장을 적극 반영하기도 한다. 직접 경험해 본 공무원들 중에는 이런 복합성 속에서 공익을 추구하기 위해 현재의 제도가 허용하는 최대 수준까지 노력하는 사람들도 있고, 반대로 관성적으로 편하게 일하거나 혹은 자신의 욕망을 위해 자신에게 위임된 공적 권한을 악용하는 사람들도 있다.

민간도 마찬가지이다. 공무원들은 민간인에 대해 '개인 혹은 집단, 기업의 이익을 위해 움직이는 존재이지 전체 사회의 공동선을 위해 움직이지는 않는다.'라고 의심하는 경우가 많다. 실제 상당수 민간의 이해관계자들은 이런 혐의에서 자유롭지 않을 것이다. 하지만 반대로 스스로 공동선을 추구하기 위해 규정보다 더 많은 자신의 자원을 투입하기도 하고, 공동선의 추구를 저해하는 제도를 개선하기 위해 자신의 사익에 전혀 도움이 되지 않거나 오히려 손해를 보면서도 노력하는 민간인이 있기도 하다.

이런 다양한 주체의 움직임이 만들어 내는 일종의 평균 속에서 제도와 정책은 수립되고 집행된다. 국가는 스스로를 공익의 담지자라 믿고(혹은 체계적으로 오인하고) 있으며, 국가의 제도는 이런 관점에서 정립된다. 또한 복지 정책이 아닌 경제 정책의 경우 제공되는 자원에 비해 성과(outcome: 단기적 + 장기적)가 더 많을 것을 기대한다. 그리고 지원 정책은 투입 자원 대비 높은 성과를 약속하는 민간에게 우선 제공하게 되어 있다.

이런 상황의 본질적 구조는 같겠지만, 그 구체적인 상황은 역시 각 국가마다 그동안 쌓아 온 사회적 자본에 따라, 국가-민간의 제도적 학습에 따라, 집행하는 자원의 규모와 방식(보조금 지원 혹은 이차 보전 지원, 금융의 제공 기회 확대)에 따라 공동선을 추구하는 최저 수준의 높이에 따라 달라진다.

한국의 경우 그동안 대부분의 민간 위탁이나 지원 사업의 수행자가 그렇게 믿을 만한 경제 주체가 아니었으며, 정부의 투명성과 거버넌스 수준도 나아지고는 있지만 민간이 믿음을 가지기에는 아직 시간이 필요하다. 또한 직접적 재정 보조 사업은 지원 기준 정립, 선정 과정, 집행의 점검, 성과 평가 등에서 간접적 보조(금융 지원)에 비해 더 엄격하기 마련이다. 필리아나 아가페 같은 수준 높은 상호성의 원리에 바탕한 보충성의 원리를 서로에게 요구하기 쉽지 않다는 것이 우리가 직면하는 현실이다.

이런 상황에서 더 높은 수준의 보충성의 원리를 구현하도록 하려면 어떤 노력이 필요할까?

첫째, 협동조합과 사회적 경제에 제공되는 각종 보조금에 대해 높은 수준의 성과를 제공해 주어야 한다. 아시아의 저개발국에 많은 지원을 해 온 유럽의 가톨릭 재단 관계자와 자주 만난 한국의 사회운동가는 2000년 초반에 가톨릭 재단 관계자가 한 이야기를 듣고 자부심을 느꼈다고 한다. "어떤 아시아의 나라에는 수십 년간 지원을 해 줬지만 상황이 더 좋게 바뀌거나 발전했다는 이야기를 들은 적이 없다. 하지만 한국은 한번 지원을 하면 꼭 그 지원을 통해 이룩한 성과를 보고해 주었고, 갈수록 발전해 가는 모습을 그다음에 지원을 요청하는 계획서를 보면 알 수 있었다." 이런 과정이 다양하게 쌓여서 이제 한국은 선진국의 반열에 올라섰다.

이탈리아의 경우 지원을 하고 간섭을 하지 않는다고 한다. 역시 마찬가지로 이탈리아 협동조합 운동이 그동안 지속적으로 다른 곳에 지원하는 것보다 더 높은 성과를 보여 주었고, 그런 신뢰를 쌓아 왔기 때문이다. 취약한 사회적 자본을 늘리기 위해서는 협동조합 운동을 하는 우리가 먼저 손을 내밀어야 한다.

둘째, 확보된 신뢰를 바탕으로 제도를 개선해야 한다. 예를 들어 농협중앙회에 제공되는 노지 채소 계약 사업의 규모는 정부가 운영하는 총 사업 예산 1조 원 중 8,000억 원 정도이다. 이 자금은 농협중앙회에서 15년 이상 지속적으로 운영하고 있다. 사업의 성과에 대한 평가들을 보면 비판적인 것도 긍정적인 것도 있지만, 농협중앙회가 아닌 다른 곳에서 이 계약 사업을 더 잘 운영할 수 있겠다고 나서는 곳은 없다. 이런 상황에서 농협중앙회는 필요한 경우 자금 운영의 세부적인 규칙들을 농식품부와 협의하여 조정하고 있다.

공무원이란 존재는 규정에 살고 규정에 죽는다고 한다. 필요하다면 현실에 맞게 규정을 고쳐야 한다. 공무원이 직접 법을 개정하기 어려운 경우가 있다면 민간이 현장의 성과를 바탕으로 충분한 설득력을 가지고 법을 개정하는 활동을 하면 된다.

구체적인 규정을 파악하고, 단기적으로는 규정을 지키는 데 필요한 추가 비용보다 지원을 받는 것이 협동조합 운영에 혜택이 더 많다면 지원을 받는 대신 규정을 준수하기 위해 노력해야 한다. 그리고 그 지원을 통해 높은 성과를 내고, 그것을 정확하게 측정하여(추가적인 사회적 가치까지 포함하여) 제시하면서, 불필요한 규정을 개선해야 할 필요성을 충분히 이해되도록 설명하고, 상위 규정이 문제가 된다면 그것을 고치기 위해 연대 활동을 하여 개선해야 한다. 이런 과정을 계속 반복하는 것이 보충성의 원리의 높은 균형을 만들어 나가는 것이며, 민과 관이 함께 발전하는 길이다.

6) 대응 전략

앞에서 각각의 이슈마다 단편적으로 정리한 제도·정책 여건에 대한 민간의 대응 전략을 요약하면 다음과 같다.

첫째, 민간의 전체 역량을 키워 나가야 한다.

협동조합 혹은 사회적 경제의 사회적 역량은 다음과 같이 분류, 정리할 수 있다. 첫째, 신뢰나 공동 활동으로 구축되고, 상호 협력 활동을 통해 축적되고 안정적인 문화로 자리 잡은 '사회적 자본,' 둘째, 민간 역량을 바탕으로 한 지역사회의 작고 다양한 공동 활동, 셋째, 첫째와 둘째를 기반으로 하여 일상적 사업을 통해 지원하는 체계화되고 안정적인 사회적 경제 조직, 넷째, 앞의 세 가지 요건을 결합한 다양한 연대 조직의 구성과 연대 활동, 다섯째, 연대 활동을 기반으로 하는 민간의 제도적 영향력.

이들 민간의 역량을 계속 높이는 방법을 찾는 것이 가장 주요한 대응 전략이다. 거버넌스는 역량이 없는 주체의 의견을 반영하는 패러다임이 아니라, 역량에 맞는 의사결정을 함께 하며 국가만으로 하지 못하는 상황에 대응하는 수평적 관계 맺음이다.

둘째, 국가에 대한 풍부한 이해 속에서 우리가 할 일의 중장기 로드맵을 만드는 것이다. 이를 위해서는 협동조합 운동과 사회적 경제 운동 지도자들의 높은 수준의 학습과 합의가 필요하다. 우리가 합의할 수 없는 내용을 국가가 지혜롭게 스스로 알아서 결정하라고 요구하는 것은 무리한 기대이다. 중장기적으로 비전과 전략을 수립하고 구체적인 상황을 분석한 뒤, 우리가 가진 역량을 정확하게 판단하여 로드맵을 만들어야 한다.

연대, 특히 제도·정책 여건을 개선하기 위한 연대는 참여하는 구성원들의 의견을 단순 취합하는 것만으로는 충분하지 않다. 각 의견이 가지는 사회적 영향력, 구체적인 관련 공공기관의 그동안의 경로와 핵심 관련 공공기관 종사자의 협동조합에 대한 이해 수준, 국민적 관심사가 집중되는 이슈의 존재 유무 등을 종합적으로 고려해야 한다.

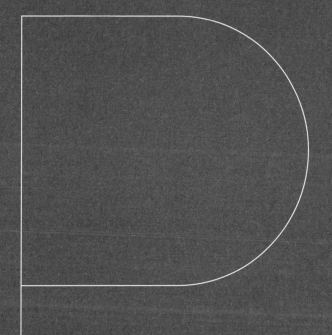

제2부

지금 협동조합이 서 있는 곳

제4장

우리의 현실

1

빠른 변화와 일상적 불안

1) 실패한 근대화의 약속

세계의 사회경제 체계가 뭔가 잘못 돌아간다는 인식은 이미 1970년대에 확산되기 시작했다.

16세기 이후 시작된 새로운 사회경제적 흐름은 애덤 스미스(Adam Smith)가 매뉴팩처의 분업론을 통해 찬송한 생산력의 증가를 바탕으로 장인과 지주로서의 귀족들이 주도하는 봉건적 생산 체계를 극복하고, 혈통이 아닌 개개인이 가진 역량을 바탕으로 하는 근대 사회로 바뀌었다. 근대는 개인의 역량을 기반으로 변화하는 사회에 잘 적응하는 승자가 부와 권력을 획득하는 능력주의 사회로 표상되었다. 시대의 변화를 잘 따라잡는 것을 슘페터(Joseph Schumpeter)는 '혁신'으로 칭송했고, 마르크스는 '자본의 인격화'로 무미건조하게 말했지만 모두 성공하는 개인의 필수적인 요인으로 바라보았다.

인류는 수백만 년의 진화 과정 속에서 언어를 획득함으로써 협동을 더 고차원적으로 할 수 있었다. 이후 고대문명을 거치면서 문자를 발명하여 사용함으로써 지식을 축적하고 그 결과 시간을 인식하게 되었다. 그리고 시간의 흐름에 주체적으로 대응하게 됨으로써 3차원적 존재인 동물로부터 질적으로 벗어나 시간이라는 벡터를 의식적으로는 획득한 일종의 '제한적으로 4차원적인 집단적 존재'가 되었다. 즉 사회적 존재인 한에서 반신(半神)으로서의 역량을 획득한 것이다. 실제 현재 인류 사회의 파괴력은 그리스·로마신화의 신들에 비해 봐도 높은 수준이다.

근대화 이전까지 이런 인류의 힘은 소수의 사람에게만 비의적으로 전승되었고, 대다수의 인간들은 지배받을 뿐이었다. 하지만 개인주의로 무장하여 부를 축적한 부르주아라는 신흥계급은 점차 사회경제 체계를 변화시켰고 급기야 민족국가에 기반한 자유주의 정치 체계를 만들어 내면서 형식적으로는 누구나 기회를 가질 수 있는 사회를 만들었다.

분업을 바탕으로 한 생산성의 증대와 경쟁에 의해 경기 변동이 발생하고, 이에 따라 자본의 집적과 집중이 일어나 필요한 생산 규모가 커질수록 시장이 확장되어야 했다. 시장의 확장과 자본의 확대는 꼬리에 꼬리를 물듯 반복되었다. 이런 경제적 변화를 보장해 줄 정치 체제가 요구되었고, 다양한 우여곡절 끝에 단일한 시장을 제도적으로 보장하는 적정 규모의 민족국가가 구성되었다. 과학으로 대표되는 근대적 사고 체계는 전근대 사회에 비해 더욱 빠르게 지식을 축적했으며, 자연과학의 성과는 다시 혁신적 사업에 응용되었다. 20세기 초반까지 근대화는 인류의 발전을 약속하는 주문(呪文)이었으며, 자본주의의 세계적인 확산 혹은 영토 약탈에 동원되는 수사였다.

하지만 1차 세계대전에서부터 발전된 과학과 기술의 파괴성이 적나라하게 드러나기 시작하더니 핵무기의 개발, 1945년 이후 과학기술과 산업의 보다 적극적인 결합에 의한 세계적인 규모의 급속한 생산성의 증가, 서구를 중심으로 하는 과도한 에너지의 남용, 이에 따른 자연의 파괴가 일상화되었다. 1960년대 이미 로마 보고서 등에서 인류의 지속 가능성에 대한 우려가 본격적으로 제기된다. 1970년대 구미 선진국의 복지국가 체계는 오일 쇼크에 따른 스태그플레이션으로 타격을 받게 되고, 자국의 국민들마저 모두 보호하지 못하고 가진 자의 나라와 못 가진 자의 나라가 공존하는 두 개의 나라(two nation)로 분할 통치되는 것을 정당화하는 신자유주의로 전환해 나가게 된다. 자본 주도의 근대화 프로젝트는 인류 공동 번영의 약속을 지키지 못하고 파산하게 된다.

2) 불안의 일반화

근대화 이후 생산력의 증가는 계속되었고, 시장의 규모는 초국적 수준으로 확대되었다. 새로운 산업이 속속 등장했다. 원자력 발전과 같이 사실상 개인 혹은 집합적 시민이 정확히 알 수도 없고 통제할 수도 없는 산업은 대규모 재앙을 발생시켜도 누구도 책임질 수 없는 상황을 연출했다. 1986년의 체르노빌 원전 사고와 2011년 후쿠시마 원전 사고가 대표적이다. 기후 변화도 마찬가지이다.

아무리 공동체적 삶을 살고 싶어 농촌에 공동체를 꾸린다고 해도, 유가(油價)가 급격히 올라가는 순간 내적인 노력과 상관없이 공동체의 지속 가능성은 급격히 떨어진다. 매스미디어를 넘어서 온라인 마케팅이 일반화된 상황에서 자본은 지속적으로 개인의 공포와 욕망을 자극하며 더 많은 소비를 부추기고 있다. 2000년 이후 선진국들은 불황이 닥칠 때마다 화폐의 유통량을 늘려 금리를 떨어뜨려 다른 나라에 불황을 떠넘기면서 동시에 개인들이 가지고 있는 현금자산의 가치를 하락시켜 소비를 강요한다.

다음 그림은 기축통화국인 미국의 금리 변동 추이이다. 기준금리는 2009년 글로벌 금융 위기 이후 거의 0%에 가깝게 운영하다 2016년 이후 상승하려다 최근 코로나 위기로 다시 0%로 수렴하고 있다. 1980년대와 비교하면 개인은 저축보다는 주식시장에 투자하거나 소비로 소진하도록 강요당하고 있다.

이런 상황에서는 선진국의 국민일지라도 언제나 삶은 불안하다. 자산을 충분히 확보하지 않은 사람일수록 경제적·사회적 변동이나 위기가 닥칠 때 가장 큰 피해를 받고 모든 생활이 붕괴되는 벼랑으로 몰린다. 코로나 이후 미국의 세입자 중 740만 명이 임대료를 체납했고 이중 360만 명이 두 달 내에 쫓겨날 가능성이 크다고 답했다.(미 인구조사국 2021년 6~7월 설문 조사 결과)

미국 기준금리와 장단기 금리 추이

(기획재정부 경제배움터)

　의료기술의 발달로 수명이 연장되는 동시에 최신 의료를 소비하는 비용이 증가하면서 안정적인 의료복지 체계가 없는 나라의 국민에게는 수명 연장이 비극의 방아쇠가 되었다. 퇴직 후 10억이 있어야 중산층의 삶을 유지할 수 있다는 2000년대 초기 금융회사의 부드러운 권고는 금리 하락으로 20억, 30억 계속 올라가고 있다. 이런 돈을 모으는 것은 저축으로는 불가능하니 투자만이 살길이라고 친절하고 부드럽게 강요하고 있다.

　자산을 확보하기 위해 주식에 투자하려 해도 대부분의 개인 투자자들의 수익률은 기관 투자가나 글로벌 투자가의 수익률을 따라갈 수 없다. 설령 투자를 통해 자산가치를 끌어올려도 수십억 대의 자산가가 아닌 한 또 다른 현물 자산들의 가격 상승으로 인해 상대적으로는 비슷한 상황에 처하게 된다. 식량 관련 회사의 주가가 높아지면 주식 평가액은 일부 상승할지 모르지만 그 수익은 높아진 곡물 관련 소비를 통해 추가적으로 소비된다. 소규모 자산을 가진 자에게는 주식 투자도 불안을 해소시킬 수 없다.

거대 하이테크 산업의 등장과 초국적인 자본의 유동성 강화는 그나마 시장의 폭주를 막아 줄 수 있는 국가의 자기결정권마저 약화시켰다. 한 국가의 신용도를 초국적 금융 전문회사가 평가하고, 그 결과에 따라 환율과 주가가 요동치게 되니 국가가 신용평가사의 눈치를 보게 되었다. 아무리 위기가 닥쳐도 정부는 재정 건전성을 우려하는 국제 금융자본의 요구 때문에 과감한 확장 재정 정책을 쓰는 데 브레이크가 걸린다. 위기 국면에서 개인들의 불안함은 더 커지게 된다.

울리히 벡(Ulrich Beck)은 시장의 거대화가 시민의 통제에서 벗어나고, 영리기업의 수익성을 보장하는 다양한 거대기술들의 위험성을 시민사회는 물론 기술을 활용하는 당사자들조차도 통제하기 어렵게 되어, 극단적으로 위험한 사회로 진입하게 되었다는 점을 강조하기 위해 '위험사회'라는 용어를 제시했다.

위험사회에서 제기된 위험은 기존의 위험과 질적으로 다르다. 일반적인 위험, 리스크나 위반 행위는 누가 왜 그런 결과를 초래했는지 파악해서 책임을 물을 수 있지만, 일본의 후쿠시마 원전 사태 같은 위험사회의 위험은 파국적 결과가 발생하면 특정한 개인 혹은 집단에게 원인을 묻기 어렵고, 따라서 그 결과에 상응하는 책임과 처벌을 할 수 없게 된다. 위험사회에서는 조직화된 무책임성이 일반화된다.

3) 대안을 찾아

자본주의적 발전이 진행되면서 생산성이 높아지고, 이런 높은 생산성은 거대한 자본을 기반으로 독점성을 확보한 대규모 초국적 기업에 귀속된 것이라는 관념이 일반화되었다.

따라서 규모의 경제, 효율성, 수익성이라는 측면에서 초국적 자본의 우월성은 극복하기 어렵다는 판단이 일반화되면서 경제적 영역을 기반으로 정치적, 사회적 영역에서도 신자유주의를 제외하고는 '대안이 없다'라는 관념이 전파되었다. 영국 대처 수상의 'TINA: There is no alternative'는 이런 편견을 최종적으로 선언하는 주문이었다. 근대로 전환될 때 약속했던 모든 약속은 공허하게 되었고, 형식적 자유만 갖춘 수많은 사람들의 불안은 높아졌지만, 대안이 없다는 저주의 절벽 앞에서 대다수의 개인들은 머뭇거리고 좌절하고 절망하게 되었다. 시장경제를 기반으로 한 근대화 프로젝트는 실패했다.

이런 상황은 1980년 레이들로가 전망한 미래에 비해 볼 때 훨씬 더 암울하다. 그렇다면 어떻게 할 것인가? 협동조합 운동만으로 이 상황을 해소할 수 있을 것인가? 이런 폭풍우가 몰아치는 바다 같은 현실에서 협동조합만이 '온전한 섬'으로 있는 것만으로 문제가 해결되는 것인가?

울리히 벡은 위험사회를 극복하기 위한 해법으로 '재귀적 근대화'를 제시했다. 재귀적 근대화란 낡아 버린 시장경제 중심의 산업적 근대화에서 벗어나 '근대화를 비판하는 성찰적인 자기 혁신 과정'을 밟아 나가는 것이다. 재귀적 근대화를 위해서는 거대 시장의 무책임성을 극복할 수 있는 대안적인 경제 체계를 만들어야 한다. 이를 위해서는 사회에서 벗어나 오히려 사회를 해체하려는 시도를 제어하고 사회에 뿌리 박고 사회를 강화하는 경제 기업들의 영향력이 확보된 경제 체제를 구현해야 한다. 그렇게 될 때에만 지구적이고 도시적인 삶 속에서도 개인의 불안은 완화될 수 있을 것이다.

이런 점에서 협동조합 운동은 단순히 협동조합 조직의 성장과 발전만이 아니라 국가 및 국가 간 경제의 제도와 정책의 변화에 대해서도 관심을 가지고, 협동조합만이 아닌 다양한 사회적 경제를 추구하는 주체들을 육성하고 연대해야 한다.

2

플랫폼 경제와 자연 독점

1) 선두기업 업종의 변천

근대적인 자본주의 농업을 도입하기 위해 엔클로저 운동이 진행된 결과 토지에서 쫓겨난 농민들은 공장이 있는 도시로 몰려들었고, 영국은 초기 면직물 등 섬유사업의 제조업을 바탕으로 산업자본주의의 효시가 되었다. 식민지를 전제로 한 플랜테이션 농업이라는 자본주의적 농산업과 경공업 중심의 제조업은 19세기 선두기업의 업종이었다.

20세기에 접어들어 제조업의 중심은 미국으로 넘어갔다. 석유화학, 자동차 산업 등에서 선두를 탈환한 미국의 제조업은 중후장대한 중공업을 운영하는 기업들을 전 세계적인 선두기업으로 만들었다. 대규모 제조업을 통한 부의 창출과 노사정 협의에 의한 복지국가 체계라는 1차 대전 이후 구미 선진국의 기본적 사회경제 체계는 모든 국민의 번영이라는 근대화의 약속을 실현하는 듯 보였다. 하지만 이런 과정에서 축적된 금융자본은 스스로의 이익을 위해 일본과 한국 등 개발도상국에 투자하게 되어 스스로 자국 제조업의 경쟁자를 양성했으며, 월마트로 상징되는 풍부한 자본 투자를 바탕으로 한 자본의 도소매업 진출은 기존의 소규모 상권을 파괴하며 소상공인에게 피해를 입혔다.(1950년대 이후 유럽 소비자협동조합의 쇠퇴는 이런 국제적 변화에 적극적으로 대응하지 못했기 때문이다.)

비구미권 국가의 제조업 성장과 함께 제조업의 이윤율은 더 하락했고, 선진국의 자본은 금융자본을 중심으로 움직이며, 제조업은 해외로 수출되었다. 영국의 제조업은 거의 몰락하는 지경에 이르렀고 미국도 1980년 일본 제품 불매 운동에서 알 수 있다시피 제조업의 쇠락이 일어났다. 여기에 1990년대 한국과 2000년대 중국의 제조업 강세가 계속되면서 자본주의의 선두기업은 금융 업종에서 나타났다.

금융자본이 전 세계적으로 과다하게 축적되자 금융 산업 자체의 이윤율도 하락하는 상황에서 과학 정보 기술의 발달로 1990년 등장한 닷컴 기업들이 선두기업으로 각광받는다. 이들 디지털 기술과 인터넷을 기반으로 한 ICT 기업들은 가치 창출의 핵심을 금융에서 기술로 바꿨고, 상품도 유형의 제품이 아니라 무형의 디지털 정보로 전환시켰다. 물론 정보통신에 가까운 제조업, 예를 들어 반도체, 스마트폰 등의 성장도 여전하지만 실질적인 이윤의 대부분은 제조업체인 중국과 대만의 업체가 아니라 스마트폰을 설계하고 앱스토어를 운영하는 애플과 검색 엔진을 석권한 구글이 차지했다. 이들 기업의 앱마켓 매출액은 2020년 3분기에만 293억 달러, 한화로는 43조 원에 이른다. 30% 수수료를 설정하고 별도의 제품 원가가 들어가지 않는다는 것을 감안하면 양 사의 앱마켓 매출 이익만 1분기에 13조 원 정도이다. 사람들 사이의 관계를 디지털 공간의 상품으로 만든 페이스북도 마찬가지이다.

2) 자연 독점

디지털 무형재가 세계 시장을 주도하게 되면서 제조업의 수요-공급에 따른 가격 결정, 한계생산 체감에 따른 적정 기업 규모의 설정 등 기존 경제학의 일반적인 접근법은 통용되지 않게 되었다. 오히려 초기 새로운 카테고리의 시장을 장악하면 이후에는 소비자의 쏠림 현상으로 인해 한계생산성 체증 효과가 나타난다. 결국 후발기업의 시장 진입은 더욱 어려워지고, 선두기업의 시장점유율은 독점적 수준으로 상승한다. 자연 독점이 나타나는 것이다.

ICT 기업이 초반에 대규모 자본을 투자하여 수년간의 적자를 감수하면서도 고객을 확보하는 경영 전략은 이제 일반화되었다. 또한 이 과정에서 수많은 개인들의 정보와 관계망이 기업의 마케팅 자원으로 전환되어 또 다른 사업으로 확장하는 불쏘시개가 된다. 한계생산성 체감이 사라진 상황에서 규모의 경제를 바탕으로 다른 영역으로 사업을 확대하는 범위의 경제도 자연스럽게 추구된다. 심지어 ICT 기업들은 P2P 금융기술을 활용하여 금융산업에까지 진출하여 금산분리라는 기존의 반독점 기본 구조도 흔들고 있다. 구글, 카카오, 쿠팡 등 대표적인 ICT 대표 기업들의 경영 전략은 대동소이하다.

또한 후발기업과의 경쟁에서 유리하기 위해 새로운 업종 카테고리나 신기술에 대한 특허를 통해 후발기업의 추격을 차단하려 한다. 애플과 삼성의 특허 전쟁이나, 특허를 사들여 이를 무기로 이윤을 추구하는 특허 괴물의 등장은 이런 상황을 잘 설명한다.

이용자들의 정보와 그들이 제공하는 콘텐츠는 공유하나, 실제 플랫폼 자체에 대한 소유권은 투자자에게 집중되어 있는 이중 구조의 플랫폼 경제는 반드시 사용해야 하는 통로를 만들어 놓고 이를 지나가려는 사람에게 요금을 징수하는 소위 '산적 경제'라고 할 수 있다.

전 세계적으로 특정 업종에서 선두기업의 자연 독점이 이뤄지면 이에 대한 각국의 통제도 쉽지 않게 된다. 조세 피난처에 법인을 설립한다든가, 핵심 사업을 국가 외부에서 수행할 때 반독점 판정을 하더라도 처벌하기가 쉽지 않다. 선두기업의 시장점유율을 50% 이하로 제한하려고 해도 아예 경쟁 기업이 없는 경우, 소비자들의 선호가 선두기업에 집중될 경우 현실적으로 제한이 불가능하기도 하다.

문제는 이런 자연 독점 상황에서 선두기업이 초과적인 독점 이윤을 추구하며 수수료 체계를 변경할 경우 개인이나 종속된 기업들은 손해를 감수할 수밖에 없으며 생활비는 계속 올라가게 된다는 점이다. 후발 경쟁 업체가 없을 경우 혁신은 줄어들게 되고, 추가적인 투자가 제한되어 일자리가 늘어나지도 않는다.

이 문제를 해결하기 위해서는 결국 국제적인 차원에서 규제 시스템이나 독점 이윤의 환수 시스템이 작동되어야 한다. 하지만 최근 코로나 19 백신의 특허 공개와 관련하여 EU 국가들이 반대하는 것에서 볼 수 있듯이 국가 간 이해가 충돌해서 쉽게 해결책을 모색할 수 없는 것이 사실이다. 미국과 중국의 경쟁이 격화되는 상황에서는 국제적 규제 표준을 확립하는 글로벌 회의 체계를 만들기도 어렵다.

3) 특수고용노동자

플랫폼 경제는 고용과 피고용의 경계도 희미하게 만들었다. 우버 택시의 노동자들은 엄밀하게 말하면 자영업자이다. 에어비앤비에 참여하여 공간을 빌려주는 사람들도 역시 투잡(two jobs)을 하는 사업자일 뿐이다. 그들의 삶에 대해 플랫폼 본사는 책임지지 않는다.

제조업의 쇠퇴와 함께 정규직 노동자가 줄어들고 고용 불안이 높아지면서 개인들의 삶은 더욱 불안정하게 된다. 불안정한 개인들은 단기적인 혜택을 추구하게 되고, 언제라도 부르면 달려갈 준비 상태에서 긴장하게 된다. 넘치는 노동의 공급으로 인해 임금 상승은 억제되고, 모자란 수익을 보충하기 위해 사람들은 플랫폼 본사의 비정규 공급자로 투잡을 뛰게 된다. 플랫폼 기업을 통해 불완전 고용에 의한 공급이 늘면 기존 지역사회의 서비스업을 제공하던 기업은 더 많은 경쟁에 노출되어 수익성이 하락함으로써 고용 능력이 떨어지고 다시 임금 상승은 억제된다. 플랫폼 기업을 제외한 이해관계자들의 악순환이 계속되는 것이다. 그 결과 자발적인 노동 투입이 늘어나면서 저녁이 있는 삶은 사라지고 과로가 일반화된다. 과로 사회로 진입하는 것이다.

과로 사회가 되면 지역사회 구성원들이 만남도, 사회적 관계도 줄어든다. 협동조합이 자랄 수 있는 토양은 척박해지는 것이다.

4) 적극적인 대응

초국적 금융과 ICT 기업은 막대한 자본 동원력, 하이테크놀로지 및 특허를 기반으로 자연 독점 상황을 추구하고 있다. 이들은 저렴한 비용으로 운영할 수 있는 디지털 기반의 유사 사회 관계 서비스를 제공하면서 협동조합의 강점인 개인들의 사회적 관계를 통한 경쟁력 기반을 약화시킨다. 이런 상황에서 기존의 유형별 협동조합 조직의 개별적 대응만으로는 부족하다.

또한 이들과 경쟁하기 위해서 초기에 필요한 자본금의 규모도 급격하게 상승하게 되어 협동조합 기업을 통해 이들을 견제하는 것도 쉽지 않다. 우버나 에어비앤비 등 관계형 상품을 판매하는 업체들은 글로벌한 플랫폼을 기반으로 커뮤니티 기반의 산업을 잠식하거나 중개 수수료라는 명목으로 수익성을 악화시키고 있다. 지역사회 기반의 협동조합에도 피해를 주게 된다는 것이다.

이런 대자본에 의한 거대한 변화를 우리는 이미 겪었다. 1945년 제2차 세계대전이 끝나고 GATT 체제 출범 후 금융자본의 세계적 이동이 자유로워지자, 풍부한 자금 동원력을 바탕으로 글로벌 기업들이 나타나기 시작했다. 대표적으로 월마트, 까르푸, 테스코와 같은 글로벌 대형 소매 유통 기업을 필두로 프랜차이즈 기업이 확장되었다. 이런 변화에 대해 영국 등 여러 나라의 소비자협동조합은 2차 대전까지의 지역사회 점포 성공 사례에서 빨리 벗어나지 못하고 경쟁력이 약화되면서 파산했다. 또 다른 나라의 소비자협동조합은 단순한 대응에만 몰두하여 규모화 드라이브를 걸다 회사로 전환하여 탈상호화했다.

1945년 이래 변화 상황에 가장 잘 적응한 협동조합 시스템은 스페인의 몬드라곤과 이탈리아 북부의 협동조합 연합 조직이었다. 신용협동조합을 중심으로 서로 다른 업종의 협동조합을 연계시켜 지역의 사회적 관계를 바탕으로 규모의 경제와 범위의 경제를 동시에 추구했기 때문이다.

이런 비교 사례들을 보면 거시적인 기술-경제적 변화에 대한 적극 대응을 협동조합의 중요한 전략으로 삼아야 하는 것을 알 수 있다. 협동조합은 거세게 밀려오는 물결을 피할 수 있는 안전한 섬이 아니라 그 큰 강물에 함께 떠 있는 크고 작은 배들이다. 개별 협동조합만으로 이 문제를 해결하기는 어렵다. 하지만 다양한 협동조합의 연대를 통해 빠르게 변화하는 세상을 읽고 그 대응을 찾아야 한다. 협동조합의 연대를 통해 거세게 흐르는 물결을 막고 더 나은 사회로 건너갈 수 있는 '배다리'를 만들어야 한다.

3

불평등의 심화

1) 강요된 세금 인하

초국적 자본의 입장을 정치적으로 대변한 1980년대 초 미국 레이건 대통령의 집권으로 본격화된 신자유주의 정책은 소비에트 연방의 몰락과 제3세계 동맹의 분열로 인해 견제할 세력이 없는 상황에서 전 세계로 확대되었다.

신자유주의 정책은 1970~80년대의 불황기는 복지국가 정책에 따른 정부 재정 적자의 누적과 국민들의 근로 의욕 하락으로 국가 경쟁력이 떨어진 것이 원인이라고 진단하고, '유일하게 자율적으로 균형을 맞추며 지속 가능한 기구인 시장'의 원리에 따라 경제가 돌아가야 하며, 불완전한 기구인 국가는 자신의 한계를 깨닫고 이런 시장이 활성화되도록 가급적 작은 정부로 운영되어야 한다고 주장했다.

시장을 활성화하기 위해 소득세와 법인세 등을 인하하고, 그에 맞춰 복지 정책이나 불필요한 산업 정책 등도 축소해야 한다는 것이 신자유주의의 흐름이다. 이에 따라 복지국가의 재정을 뒷받침했던 조세 제도는 가진 자에게 유리하게 바뀌었다.

1940년대 90%대까지 올라갔던 미국의 연방소득세 최고 세율은 1980년대 초 70%에서 10년 만인 1990년에는 28%까지 줄어들고 이

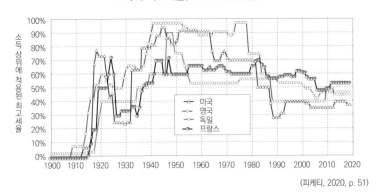

소득세 최고세율, 1900~2020년

(피케티, 2020, p. 51)

후 30~40% 수준의 박스권에서 움직이게 된다. 2차 세계대전 후 자본주의의 황금기에 비해 거의 3분의 1로 하락한 것이다.

초국적 자본, 특히 고정 투자가 없어 이동이 쉬운 초국적 금융자본이 주도하는 상황에서 한 국가가 소득세율을 낮추게 되면 다른 나라들도 따라갈 수밖에 없다. 복지국가 체제를 유지하려고 노력한 유럽 대륙의 프랑스나 독일도 진폭은 작지만 장기적인 하락 추세를 강요받았다.

제조업이 계속 임금이 싼 나라로 이동하고 임금 근로자의 소득은 제자리 걸음을 걷는 상황에서 부자들에게 매기는 세금이 줄어들면 그것만으로도 양극화가 발생한다. 대규모 제조업의 정규직 노동 일자리가 줄어들게 되자 비정규직 일자리가 늘어나고 생애 소득은 불안정해졌다.

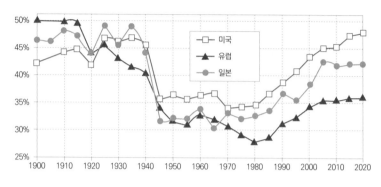

1900~2020년의 불평등 : 유럽, 미국, 일본

(피케티, 2020, p. 49)

하위 계층의 소득은 줄어드는 반면 상위층의 소득은 상승하고 세금마저 적게 내게 되자 소득 불평등은 늘어나게 된다. 각국에서 상위 10%의 소득이 전체 소득에서 차지하는 비중은 복지국가가 본격화된 1940년부터 극적으로 하락하다가 신자유주의 정책이 주도하게 된 1980년을 기점으로 다시 상승하게 된다. 미국은 1940년대 35%까지 떨어졌던 상위 10% 소득 점유율이 2020년에는 48%, 약 절반으로 높아진다. 유럽도 경제 불황에 시달렸던 1980년 28%까지 하락했다가 2020년에는 35%를 상회하게 된다.

2) 줄어들지 않는 재정

세금이 줄어드는 만큼 신자유주의 정부의 지출도 줄어들어야 하는데, 정기적인 선거를 치러야 하는 상황과 복지의 하방 경직성으로 인해 지출은 크게 줄어들지 않았다. 오히려 고령화에 따른 연금 지급 확

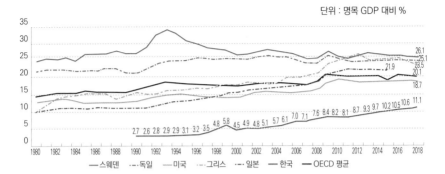

주요국 공공 사회 지출(1980~2018)

단위 : 명목 GDP 대비 %

스웨덴 · 독일 · 미국 · 그리스 · 일본 · 한국 · OECD 평균

OECD SOCX의 각국 자료는 1980~2018년 자료이며, 1980~2015년은 확정치이고 2016~2018년은 예측치임(단, 일본은 2015년까지, 한국은 1990년 이후 자료임).

〈통계로 보는 사회보장 2019〉, 보건복지부, 2020)

대, 실업자 구제 등으로 인해 절대적 규모는 늘어나고 있다. 또한 불황기가 닥칠 때마다 정부가 경기 진작을 명분으로 기업에 우호적인 인프라 투자, 창업 지원, R&D 지원 등의 정책을 펼쳐 국가 재정 여건은 어려워졌다. 대표적인 경우가 일본이다. 신자유주의의 주장과 달리 국가의 공공 사회 지출은 계속 늘어났지만 신자유주의 정부는 시장이 만들어 낸 불평등을 해소해 주기는커녕 오히려 불평등을 키워 나갔다.

국가, 정부는 사실 작아진 적이 없어요. 신자유주의 시대 '작은 정부'가 문제였다고 생각하는 사람들에게는 동의할 수 없는 이야기로 들리겠네요. 1980년대에 미국 레이건 정부와 영국 대처 정부가 공공 부문을 민영화하고 국가 예산을 줄이면서 복지 등 국가 역할을 줄였다가, 2008년 금융 위기 이후 케인스 지지자들이 국가가 돌아오고

있다는 식으로 논의를 했지만 사실이 아닙니다.(정혜승, 2020, p. 266, 이원재 인터뷰)

주요국의 공공 사회 지출 추이를 보면 스웨덴만 1990년대 초 최고 점을 찍고 점차 하락한 것으로 보이며, 그 외의 나라들은 완만하게 상승했다. 하지만 미국의 경우 가장 낮은 수치를 보이고 있으며, 일본도 마찬가지이다. 한국은 지속적으로 상승하고 있지만 여전히 OECD 평균의 절반을 약간 넘어서는 수준이다.

3) 자산 양극화

소득의 양극화는 전초전에 불과했다. 2008년 금융 위기에서 탈출하기 위해 미국은 "돈을 헬리콥터로 뿌리겠다."며 달러 통화량을 늘렸고, 수년간의 양적 완화 후 잠시 조이는가 싶었더니 코로나 19를 맞아 다시 대규모 양적 완화를 이어 나갔다. 돈이 많이 풀리면 그렇지 않아도 소득 양극화로 풍부한 여유 자금으로 인해 하락한 금리는 더 떨어지게 된다. 은행 금리가 계속 낮아지면 돈들은 주식시장이나 부동산 시장과 같은 투자 시장으로 몰려든다. 자산의 가격은 기대수익을 금리로 나눈 값이다. 금리가 낮아질수록 자산 가격은 상승하게 되고, 자산에 투자할 수 없는 하위 계층은 여기서 소외된다.

주식 가격이 높아지면 높아진 주가를 유지하기 위해서는 배당을 많이 하거나 회사 내 자산 축적이 이뤄져야 한다. 이를 위해서는 당기순이익을 높여야 하기 때문에 투자자가 아닌 이해관계자에게 손해를 강요하게 된다. 첫째, 매출액을 높이려면 소비자가 더 높은 가격으로 물건을 사야 해서 생활비가 증가하게 된다. 둘째, 매출 원가를 낮춰 매출 총이익을 높이려면 하청업체, 부품 공급 업체에 계약 단가를 낮추도록 요구해야 한다. 애플이 중국에서 스마트폰을 생산한 이유이다. 중소기업의 수익성은 줄어들게 된다. 셋째, 영업 이익을 높게 만들려면 판매 관리비는 더 억제되어야 하기 때문에, 노동자들에게 지불되는 비용을 줄여야 한다. 임금 상승의 억제와 비정규직 혹은 파견 노동자의 증가, 아웃소싱의 증가가 따라오게 된다. 현실에서는 이 세 가지 모두가 작동되기 때문에 하위 계층이 상위 계층으로 진입하기는 더 어려워지고, 자산을 형성하는 것도 어려워진다. 특히 부동산 가격이 상승하게 되면 임금 소득만으로 집을 구매하는 것은 더 어려워지고, 설령 구매하더라도 자산가인 매도자의 양도소득을 보장해 주어야 하므로 이전에 비해 더 많은 부담을 지게 된다.

이런 다양한 이유로 자산 소유의 불평등은 소득 불평등보다 더 크게 된다. 복지국가 체계 속에서 점차 줄어들던 상위 10% 자산 소유자들의 자산 점유율은 1980~1990년 기간에 반전하여 상승했다. 신자유주의가 가장 맹위를 떨쳤던 미국은 1980년대 중반 62% 수준에서 2015년 74%로 12%p 늘어나게 되었다. 다른 자료에 따르면 상위 1%의 점유율도 1980년 24%에서 2015년 39%로 증가한다. 전체 자산 중 40% 정도를 상위 1%가 차지하게 된 것이다. 반면 그래도 복지국가 체제를 유지하려고 노력한 스웨덴, 프랑스 등의 국가는 상승 폭이 제한되고 있다.

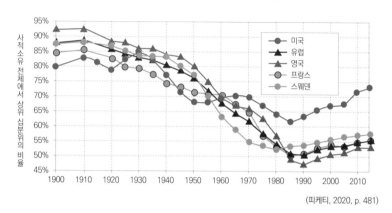

1900~2015년 미국과 유럽의 소유 불평등

(피케티, 2020, p. 481)

4) 흐름에 반대하기 위해

앞에서 정리한 세계 경제의 변화는 레이들로가 1980년대 전망한 것 (레이들로, 2000, p. 27)과 다르게 움직였다. 금리는 떨어졌으며, 인플레이션은 장기간 억제되었고, 보호관세보다는 WTO 및 FTA라는 세계화가 제도화되었다. 또한 레이들로는 "우리는 보다 광범위한 인류의 문제와 협동조합에 관계된 특수한 문제를 구별해야 한다. 이를테면 대개의 경우 협동조합은 국가와 달리 부(富)를 이전할 수 있는 힘을 가지고 있지 않다. 그러므로 협동조합 스스로 통제할 수 없는 빈곤의 조건과 같은 문제는 책임질 수 없다."(같은 책, p. 14)고 하면서 거시적인 영역에 대한 의견을 제시하지 않겠다는 입장을 밝혔다.

하지만 협동조합의 구성원들이 만들어 내는 부가가치 혹은 부가가치를 결정하는 환경적 요인이 금융자본 및 기술자본의 전략에 의해 체계적으로 규정되므로, 수동적인 위치에서 협동조합을 운영하는 것은 갈수록 어려워질 수밖에 없다. 특히 수십 년 이상 전통적인 운영을 통해 이미 자산을 축적해 둔 협동조합이 아니라면 협동조합을 시작하고, 영리기업과 경쟁하는 것 자체가 매우 어려운 상황에 내몰리고 있다.

시장의 광포한 흐름에 대해 아무런 관점을 표명하지 않고 수동적으로 반응하는 협동조합 운동은 폭풍우 치는 바다에 표류하는 작은 배 위에서 도자기를 빚는 것과 다르지 않을 것이다. 협동조합 운동이 제대로 된 성과를 내기 위해서는 불평등을 심화하는 흐름에 반대하는 다양한 주체들과 연대할 필요가 있다.

또한 공유자산을 어떻게 해석할지, 원가계산에서 당기순이익에 어떤 항목들이 들어가야 하는지도 재검토해야 한다. 자산 가격이 상승하는 상황에서 협동조합이 지속적으로 투자하려면 적정 수준의 추가 투자 재원을 가격 구조에 포함시켜야 한다.

4

기후 위기와 새로운 모색

1) 신자유주의의 연명(延命)

원래의 이론적 주장도 실현되지 못하고, 세계적 차원에서 불평등을 야기한 신자유주의가 여전히 맹위를 떨치는 이유는 무엇일까? 현실 사회주의가 붕괴된 뒤 중도 정치 세력은 세계 경제 차원에서 개별 국가의 정책 결정을 압박하는 환경 속에서 다른 대안을 찾지 못해 신자유주의를 비판하면서도 경향적으로 끌려 갔다. 진보 정치 세력은 노동자들의 계급의식이 약화되고 새로운 국가 운영의 비전을 제시하지 못하면서 영향력이 줄어들어 브라질과 베네수엘라 등의 집권에도 불구하고 유의미한 성과를 보여 주지 못했다. 오히려 아프리카 난민 문제에 기대어 하층 노동자들의 불만을 정치적으로 조직해 낸 신극우 정치 세력이 영향력을 확대하기 시작했다.

2008년 글로벌 금융 위기가 발생했을 때 초기에 자본주의에 대한 반성이 있었고, 자본주의 4.0 등 새로운 움직임이 있을 것으로 예상되었으나 오히려 양적 완화로 인한 남유럽 국가들의 혼란, 영국의 EU 탈퇴 등으로 세계 각국의 정세는 더 분열되었다. 그 대표적인 결과가 미국에서 트럼프가 당선된 것이었다. 신자유주의를 대체할 새로운 세계의 정치 경제 체계가 만들어지기는커녕 오히려 국가 단위에서 보수화, 하위 계층의 보수화가 본격화되기 시작한 것이다.

피케티는 이에 대해 '자본과 이데올로기' 진보 진영이 새로운 세계화 상황에서 대안을 정립하지 못하고 오히려 고학력 신규 업종의 자본주의에 경도되었기 때문이라고 진단하고 있다. 하지만 최근 국가 자본주의적 성격을 가진 중국의 약진과 이에 대응하는 미국의 움직임, WTO 체제의 실질적인 중단, FTA를 기본으로 한 지역주의의 강화 등 '세계가 평평하다'는 신자유주의의 신조를 위협하는 일들은 쉴 새 없이 벌어지고 있다.

문제 해결 능력이 없는 신자유주의의 정치경제 체계를 대체할 수 있는 새로운 대안이 제시되지 않는 한 신자유주의, 초국적 자본 중심의 세계 경제 체계가 만들어 내는 문제들은 오래 지속될 수밖에 없다. 어떤 해답이 새롭게 제시될 것인가?

2) 인구 증가와 에너지 과소비

지구가, 아니 인류 전체의 생존이 위험한 지경에 이르렀다. 확장을 거듭해 온 시장이 계속 작동하려면 소비가 계속 증가해야 한다. 소비 확대에 대응하기 위해서는 물질 순환의 양과 속도를 높일 수밖에 없

세계와 한국의 인구 규모

단위: 백만 명, %

	1970년		2000년		2019년		2040년		2067년	
	인구	구성비	인구	구성비	인구	구성비	인구	구성비	인구	구성비
세계	3,700	100.0	6,143	100.0	7,713	100.0	9,199	100.0	10,377	100.0
아프리카	363	9.8	811	13.2	1,308	17.0	2,077	22.6	3,189	30.7
아시아	2,142	57.9	3,741	60.9	4,601	59.7	5,189	56.4	5,238	50.5
유럽	657	17.8	726	11.8	747	9.7	728	7.9	673	6.5
라틴아메리카	287	7.7	522	8.5	648	8.4	742	8.1	763	7.3
북아메리카	231	6.2	312	5.1	367	4.8	410	4.5	450	4.3
오세아니아	20	0.5	31	0.5	42	0.5	53	0.6	64	0.6
남북한	47	1.3	70	1.1	77	1.0	78	0.8	65	0.6
한국	32	0.9	47	0.8	52	0.7	51	0.6	39	0.4
북한	14	0.4	23	0.4	26	0.3	27	0.3	26	0.2

(통계청, 〈세계와 한국의 인구 현황 및 전망〉, 2019)

고, 한 명의 인류가 소비하는 에너지는 이전 사회에 비해 비약적으로 늘어났다. 또한 의료 기술의 발전으로 선진국은 평균 수명이 증가하고, 개발도상국은 영유아의 사망률이 낮아지면서 인구도 폭발적으로 증가했다.

1970년 37억이었던 인구는 2019년 77억을 넘어 50년 동안 2배 이상 증가했다. 현재의 추세가 계속되는 상황에서는 2067년에는 100억 명을 넘어설 것으로 전망되고 있다.

경제 규모가 커짐에 따라 개인이 사용하는 에너지의 양도 급증하는 경향이 있다. 한국의 경우를 보면 인구가 크게 변화되지 않았는데도 불구하고 1998년 1.7억toe(에너지열량 환산 지수)였던 에너지 총사용

한국의 에너지 수급 현황 추이

단위 : 백만toe

		1998	2003	2008	2013	2018
1차 에너지	합계	166.3	215.8	241.0	279.6	307.6
	석탄	36.1	51.1	66.1	81.5	86.7
	석유	90.9	103.1	100.4	105.5	118.5
	LNG	13.8	24.2	35.7	52.5	55.2
	원자력	22.4	32.4	32.5	29.3	28.4
	기타	3.1	5.0	6.4	10.8	18.7
최종 에너지	합계	132.2	164.6	183.1	208.4	233.4
	산업 부문	76.4	91.4	106.9	128.9	143.5
	수송 부문	26.2	34.6	35.8	37.0	43.0
	가정·상업	27.2	34.8	36.3	37.8	41.3
	공공·기타	2.5	3.7	4.1	4.7	5.6

* toe는 에너지열량 환산 지수로서 다양한 에너지를 석유에너지로 환산하여 만든다.

(에너지경제연구원, 〈에너지 통계 연보〉, 2020)

량이 20년이 지난 2018년에는 3.1억toe로 2배 가까이 증가했다. 이 가운데 이산화탄소 배출을 주도하는 석탄은 2.4배 늘어났다.

욕망과 공포를 자극하여 소비자들의 소비를 부추기는 영리기업 중심의 시장경제 체계가 지속되기 위해서는 소비-생산의 증가를 요구하고, 이를 받쳐 주기 위해서는 에너지의 사용이 늘어날 수밖에 없다. 하지만 이런 흐름이 영원히 계속될 수 있는 것은 아니다. 반드시 막다른 낭떠러지에 다다르게 된다.

3) 지구 생태계의 한계와 코로나 19

산업혁명 이후 선진국이 사용하는 에너지가 증가했다. 특히 화석 연료를 사용한 발전 산업과 석유 화학 산업의 발전은 생필품의 비용을 줄이고 생산성을 증가시키는 데는 크게 기여했지만 그 결과 지구 생태계 자체에 많은 부담을 주었다. 화석 연료의 사용은 이산화탄소 배출을 늘렸고 늘어난 이산화탄소는 지구의 기온을 상승시켰다.

2021년 발간된 IPCC 6차 평가보고서는 다양한 온실 가스 배출 시나리오를 바탕으로 지구 온난화를 전망했다. 일반적으로 산업혁명 시기보다 지구 평균 기온이 2℃ 이상 높아질 경우 부정적인 피드백에 의해 인류의 상당수가 고통에 직면하고 현재의 사회경제 체계가 유지되지 못한다고 전망하고 있다.

이번 평가보고서에서는 2050년까지 온실 가스의 순증이 일어나지 않도록 만들지 못하면 인류의 지속 가능성이 불투명하다고 밝혔다. 현재 추세대로 탄소 배출이 계속되면 2100년에는 5℃ 내외로 기온이

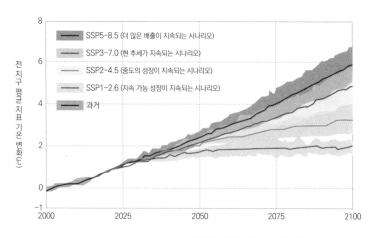

탄소 배출 시나리오별 기후 변화 예측

(국립기상과학원, 〈전 지구 기후 변화 전망 보고서〉, 2021)

상승될 것으로 예측된다. 하지만 여러 나라들이 선언한 2050년 탄소 중립이 실현되면 1.4도(1.0~1.8도)로 억제될 것으로 예측된다.

2020년부터 전 세계로 번져 나가는 코로나 19는 기온 상승보다 더 직접적이고 단기간에 현재의 사회경제 체계의 지속 가능성에 의문을 가지게 했다. 코로나 19의 확산을 막기 위한 셧다운이나 국제 이동의 감소, 공장 운영 중단 등으로 인해 세계 경제는 2020년 단기간에 급격한 위축을 경험하게 되었다. 이런 새로운 전염병의 창궐은 2000년대부터 계속 나타나고 있는데, 이는 대부분 기존 산림 지역을 파괴하고 사람이 살게 되면서 새로운 바이러스가 인간사회로 유입되고, 전 세계적인 이동성 증가에 의해 예전에 비해 더 빠르게 전파되기 때문으로 분석된다.

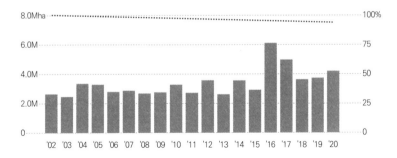

세계 원시림 면적 감소 추이

인간이 지구에 남은 마지막 야생의 터를 침범하고 있습니다. 1900
년만 해도 인간이 사는 땅은 전체의 14퍼센트 정도였어요. 지금은
77퍼센트에 육박합니다. 인간은 야생을 개발해 단일 경작지로 사용
하고, 숲을 밀어 버리고, 소를 키워 소고기를 생산합니다.(제러미 리
프킨)[1]

글로벌 포레스트 워치(Global Forest Watch)에 따르면 2010년 세계
산림 면적은 39억 헥타르인데 2020년까지 10년간 2,580만 헥타르가
줄어들었다. 특히 임목량이 많아 '지구의 허파'라고 불리는 열대우림
은 2002년부터 2020년까지 20년 동안 총 6,470만 헥타르가 손실되었
다. 이는 전체 열대우림 면적의 16%에 이른다.

이런 추세를 줄이기 위해서는 열대우림을 보유한 나라가 삼림을 훼
손하지 않고서도 국민이 살아갈 수 있도록 세계적인 협력 체계를 구

---

1   안희경, 《오늘부터의 세계》, 메디치, 2020, p. 20.

축해야 하는데, 2008년 이후 곡물 가격의 상승 등으로 인해 반대로 삼림 훼손을 유도하고 있다.

4) 적정 에너지 사회로

신자유주의를 극복하고 새로운 사회경제 체계를 전 지구적으로 만들어 나가야 한다는 주장에는 모든 양식 있는 시민들이 동의하고 있다. 하지만 그 방향에 대해서는 아직 합의되지 못하고 있다.

레이들로는 1980년 당시의 소비자협동조합에 대해 평가하고 새로운 발전을 위해 소비사회(consumer society)가 아니라 보전자 사회(conserver society)로 전환하는 데 소비자협동조합이 역할해 줄 것을 당부했다. 당시 구체적인 내용을 제시한 것은 아니지만 "만약 세계가 빈약한 자원으로 살아가야 한다면 소협은 경제성과 검약을 강조함으로써 후기 산업시대의 소비 사회의 거품과 낭비를 추방하도록 해야 한다."(p. 109)고 언급했다.

1980년에서 40년 이상이 지난 지금은 지속 가능한 사회경제 체계를 구축하는 것이 인류 전체의 생사가 걸린 매우 최우선적인 과제가 되었다. 이제는 소비자협동조합뿐만 아니라 협동조합과 사회적 경제 전체가 지속 가능한 사회를 위한 크고 작은 과제를 실천해야 할 때이다.

우선 사회 전체가 적정 에너지 사회로 전환해야 한다. 이를 위한 다양한 과제가 있을 것이며, 이는 관련 정책과 비전을 제시해야 할 국가는 물론이고, 그것을 함께 실행하는 협동조합과 사회적 경제 조직들의 구성원에 대한 설득과 시민의 재조직화가 있을 때에만 가능하다.

코로나 19에 대응하는 과정에서 시민은 더 큰 공동체를 위해 개인의 권리와 의무를 재조정하는 것에 동의하며, 민주적으로 운영되는 국가가 투명하게 정보를 공개하면서 시민의 자발적 협력을 이끌어 낼 때 좋은 성과를 만드는 것을 확인했다. 또한 의료 기술의 중요성과 필수 노동자들의 헌신적인 활동을 보장해 줄 수 있는 행정 체계 및 사회적 분위기도 필수적이다.

5

경영 여건의 변화와 대응

1) 기업의 변신? 확장?

신자유주의자들은 부가가치를 생산하고 그 가운데 일자리를 만드는 것으로 기업의 역할은 다하는 것이라고 설명하고 있다. 그 이외의 것은 모두 시장 배후에서 보이지 않는 손에 의해 국부가 증진되고 모든 이해관계자에게 편익을 가져다 줄 것이라고 속 편히 믿어 버리는 척한다.

하지만 이미 19세기에 자유방임주의의 시장에서 발생한 수많은 폐해로 인해 국가가 개입하고, 반독점 법을 제정하는 등 기업은 국가 혹은 세계적 수준의 규제 속에서 움직이고 있다는 것이 엄연한 사실이다. 기업의 영리 추구 활동에서 문제가 발생할 때마다 점차 규제가 늘어 갔고, 19세기부터 늘어난 노동운동은 이후 노사정 협의 체계를 통해 노동자의 경영 감시를 넘어 경영 참여까지 논의가 진행되고 있다. 1960년대 이후 소비자 운동, 환경 운동 등의 영향력이 확대되면서 기업이 다양한 이해관계자들의 요구에 부응하지 못하면 경영에 심대한 타격을 받는 사례들이 나타났다.

이에 대응하기 위해 기업은 경제학에서 제시하는 이윤 극대화 기계라는 개념에서 벗어나 경영학의 논의를 받아들이게 된다. 기업의 사회적 책임, 즉 CSR(Corporate Social Responsibility)은 기업을 운영하는 과정에서 경제적 책임이나 법적 책임 외에도 폭넓은 사회적 책임을 수행해야 한다는 것이다. 이것은 단순히 제조물품에 대한 리콜 책임에서부터 대주주 혹은 경영진의 반사회적 행동에 대한 제어, 중소기업과의 상생, 지역사회와의 동행 발전 등 다양한 범위로 확대된다.

CSR은 이후 마이클 포터(Michael Porter) 교수가 주창한 CSV (Creating Shared Value), 공유 가치 경영을 적극적으로 받아들이게 된다. 기업이 주주만이 아니라 다양한 이해관계자들의 이익까지 고려하면서 기업이 가진 기술력과 조직력을 활용함으로써 역량있는 긍정적 주체로서 자리매김하자는 주장이다.

최근 ESG 논의가 급격히 확대되고 있다. CSR과 CSV가 기업이 운영하는 업종이나 비즈니스 모델을 전제하고, 그 프로세스와 효과에 대해 주로 가치를 부여할 것으로 요구하는 것이라면, ESG는 글로벌 투자자들이 주도하여 환경(Environment)에 부하를 주는 업종을 선택하지 말거나, 기존과 달리 환경 부담을 줄이는 비즈니스 모델의 확립을 요구하고, 기업 내 통제 구조(Governance) 측면에서도 투명성과 민주성을 보장할 것을 요구하고 있다. 또한 CSR에서 이야기되는 사회적(Social) 가치도 함께 추구할 것을 요구하고 있다.

영미식 국가에서는 이미 사회적 기업의 범위를 설정할 때 사회책임기업이라는 용어를 넓은 의미의 사회적 기업으로 설정하고 있으며, 미국에서 발전된 우수한 사회적 기업을 일반 영리기업이 자회사로 인수하는 경우도 나타나고 있다. 이윤 극대화를 추구하는 투자자 소유기업인 영리기업과, 상대적 약자인 조합원의 필요를 사업화하는 이용자 소유 기업인 협동조합이라는 기존의 이분법적 구분이 잘 통하지 않는 상황으로 변화하고 있다.

실제 한국의 핵심 기업 중의 하나인 SK는 이미 그룹 전체가 경제와 사회의 2중 목표를 추구하겠다고 선언하고, 자체적인 프로그램을 운영하고 있을 뿐만 아니라 많은 사회적 기업을 인큐베이팅하고 있다. 현대자동차도 사회적 기업과 소셜벤처를 육성하는 데 지원하고 있다.

2) 사회적 기업의 등장

협동조합 정체성에 대한 이해를 심화하기 위해서는 협동조합이 아닌 사회적 기업을 어떻게 바라보고 어떻게 연대할 것인지에 대해서도 명확히 정리할 필요가 있다. 사회책임기업에서 소유권의 자발적인 제한을 내부 규정으로 정하고, 소유권은 회사의 형태를 가지지만 회사 운영에 필요한 의사결정은 민주적으로 운영하겠다고 선언한 사회적 기업은 현상적인 차원에서 볼 때 협동조합과 큰 차이를 보이지 않을 수 있다. 오히려 빠른 전략적 의사결정, 신규 산업 분야에 대한 모험적인 진입 등은 급변하는 현대 사회의 경제 환경 속에서 협동조합보다 '트렌디'하게 느껴지기도 한다.

EU에서는 협동조합을 포함하여 더 큰 범주로 사회적 기업을 설정하기도 하고, 한국에서는 협동조합과 회사, 비영리조직들 중에서 우수한 사회적 가치를 가진 기업을 평가하여 국가가 사회적 기업으로 인증하고 있다. 한국에서 사회적 기업은 우수한 협동조합을 포함한 우수한 사회적 경제 조직이라는 의미로 통용된다.

사회적 기업은 비협동조합인이 협동조합의 강점을 선험적으로 느끼지 못하게 하는 위협 요인이면서 동시에 경제 체계 속에서 외로웠던 협동조합에게 함께 연대할 수 있는 새로운 주체가 된다는 점에서 기회 요인이기도 하다. 위협을 줄이고 기회를 살리기 위해 협동조합은 사회적 기업에 어떤 입장을 가져야 하는가? 그것이 협동조합 정체성 논의에 어떤 영향을 끼칠 것인가?

3) 공공적 금융의 가능성

글로벌 대규모 투자가들이 ESG를 주도하는 이유가 무엇이냐는 질문에 대해 대규모 투자자와 국부 펀드 등은 다음과 같이 답한다. 글로벌 주식시장에 투입한 자본금이 천문학적인 숫자이므로, 첫째, 시장 상황이 나빠져 단기적인 투자 수익률이 줄어든다고 시장을 빠져나가면 엄청난 폭락으로 이어지기 때문에 단기 투자를 할 수 없다. 둘째, 연기금을 운영하는 것은 장기적인 연금 지급이나 정부 재정 보조를 목표로 하기 때문에 한두 해의 수익이 아니라 글로벌 금융시장이 지속적으로 안정되게 운영되는 것을 지향하지 않으면 안 된다.

이런 공적인 연기금의 규모를 보면 노르웨이 국부 펀드는 1.2조 달러이며, 중국의 국부 펀드는 2.1조 달러이다. 한국의 공적 연기금을 합하면 2조 달러 정도이다. 공공 기금은 아니지만 세계적으로 가장 큰 자산운용사인 블랙록은 7조 달러를 운용하고 있다.

이런 자금을 운용하는 조직은 이미 글로벌 금융시장의 보편적인 존재라는 의미에서 유니버설 캐피털(universal capital) 혹은 유니버설 인베스터(universal investor)로 불리는데, 이들의 규모가 커지면서 세계 금융이나 경제, 인류 전체에 미치는 영향의 방식을 바꿀 필요를 느꼈다. 예를 들어 선물 시장에서 곡물가를 높이는 것은 당장 투자자들에게는 이익이 될지 모르지만 저소득 국가들의 국민들을 더 굶주리게 만든다는 의미에서 투자를 제한할 수 있다. 이들은 이미 이런 점에 착안하여 2020년 3월 〈지속 가능한 자본시장을 위한 우리의 선언〉을 발표했다. 아래 인용은 선언 중 실천 강령을 요약한 것이다.

(1) 여러 세대에 걸쳐 있는 연금 가입자들에게 재무적 안정성을 제공해 주기 위해 연기금들은 수십 년의 시계(視界)하에서 기금을 운용해야 한다. (2) 지구 환경, 종업원, 지역사회 등 이해관계자들에게 미치는 영향을 고려하지 않고 오로지 매출 및 이익 극대화를 추구하는 기업들은 우리의 투자 대상이 아니다. (3) 장기적 비전을 추구하는 기업들을 지지하고, 장기 자본의 청지기로서 행동해 나갈 것이다. (4) ESG(환경, 사회, 지배 구조) 요소를 투자 전(全) 과정에 통합

하고자 하는 자산운용사들은 적극적으로 의결권을 행사하고, 기업에 대한 관여 수준을 공개해야 하며, 그들이 우리들의 이익에 부합하는 장기적 가치 창출에 최선을 다하고 있음을 밝혀야 한다.

국민들의 연기금으로 조성하거나 국가 소유 자산으로 조성한 유니버설 캐피털이 공공적 역할을 수행하게 된다면 높은 이윤을 실현하는 영리기업에만 투자하지 않을 수 있다. 하지만 이런 변화에도 불구하고 협동조합이 이들을 활용할 방법을 찾지 못한다면, 특히 선진국에서 설립 또는 초기 운영기에 있는 협동조합의 경우 경쟁 업체들의 충분한 자본 여력에 대항하기 어려울 것이다. 협동조합은 원래 자본금을 확보하기 어렵다는 체념에서 벗어나 방법을 찾아야 한다. 그리고 그것은 협동조합의 정체성 논의에서도 짚어야 할 부분이다.

4) 허브로 나아가려면

물론 CSR이나 ESG 논의가 현실에서 경영학자들이 설명하는 방식대로 한없이 긍정적으로 나타나지 않을 수 있다. 오히려 이미 소셜 워싱이나 그린 워싱과 같은 말에서 보이듯 기업이 실제로 본질적인 변화는 없이 수치를 조작하여 이미지만 좋게 만드는 수단으로 전락할 것이라는 비판도 있다. ESG 평가도 평가 기관에 따라 너무 크게 차이가 나서, ESG 논의가 컨설팅 회사의 새로운 먹거리가 되는 것 아니냐는 비아냥도 있다.

하지만 협동조합 정체성 논의에서 우리가 주목할 것은, 영리기업들과 대규모 투자 운용사들도 스스로 장기적인 전망에 따라 비전을 재설정해 나간다는 것이다. 또한 이 과정을 통해 갈등을 효과적으로 관리하려는 열망을 가지고 있다는 것이다.

협동조합은 이해관계자들에게 선험적으로 도덕적이거나 사회적 가치를 가지고 있다고 인식되지 않는다. 오히려 '사업 조직'이라는 비영리조직과 다른 우리의 정의를 제시하는 순간 학자와 정책 입안자들은 일반 기업과 비교하여 수익성이 얼마나 되는지 곧바로 질문하고, 영리를 추구하지 않는다고 하는 순간 이상한 눈빛을 보이기 일쑤이다. 여전히 협동조합은 많은 빅마우스에게 '애매모호한 경계인'이다. 주변에서 겉도는 존재에서 점차 관계의 중심, 허브로 나아가려면 그에 맞는 전략과 설명력, 영향력을 만들어야 한다.

협동조합은 1980년 이후 변화된 기업 이론과 다양한 사회적 책임 관련 논의들을 흡수하여 협동조합이 가지는 정체성을 더 명확하게, 더 쉬운 언어와 논리로 드러내야 할 과제를 가지고 있다.

제5장

꼭 필요한 우선 과제

2020년 이후의 현시점에서 세상은 빠르게 변화하고 있다. 협동조합은 더 나은 사회를 만들겠다는 공동의 의지를 모아 빠르게 변화하는 세상이 전 세계의 상대적 약자들에게 위협이 되지 않도록 든든한 방어막을 만들어야 한다. 이를 위해 꼭 필요한 우선 과제들을 몇 가지 제안한다. 이는 특히 선진국 협동조합들에 요구하는 역할이기도 하다. 세계적 변화가 나쁜 방향으로 향하도록 하는 대부분의 역할은 선진국에 속한 금융자본과 독점적 기업들이 주도하기 때문이다. 선진국 협동조합들이 책임지는 자세를 가지고 선도적으로 이들 우선 과제를 해결함으로써 전 세계 협동조합 체계의 양질적 발전을 만들어야 한다.

1

지속 가능한 더 나은 사회를 위해

1) 지구적 위기

지구의 온도가 산업혁명 전 평균온도에 비해 1.5℃ 이상 높아지면 부정적인 피드백 효과로 인해 걷잡을 수 없게 되고, 인류의 존속이 심각하게 위협받게 된다. 이제 이런 이야기는 정상적인 교육을 받는 시민들에게는 상식이다. 이런 비정상적인 상황에서 가장 많은 고통을 받는 것은 상대적인 약자이다. 그중에서도 가난한 나라의 가난한 어린이들의 피해는 이루 말할 수 없을 것이다.

이를 막기 위해서는 2050년까지 탄소 순증가분을 '0'으로 만들어야 하는 탄소 중립이 전 지구적인 과제로 제시되고 있다. 선진국이나 강대국의 국가 정상들은 수십 년간의 환경운동의 압력, 그리고 직접 목격하고 있는 기후 온난화에 따른 강력한 피해 증거들의 압력 때문에 대부분 2050 탄소 중립을 표방하게 되었다. 하지만 악마는 언제나 디테일에 숨어 있다. 탄소 중립을 실행하는 구체적인 과정에서 미국과 유럽의 역외 생산물에 대한 탄소세 도입이나, 저개발국가에 나무를 심어 탄소 발생량과 교환하는 등의 새로운 '시장'을 만드는 방식에 기대려는 경향이 나타나고 있다. 금융자본은 지구적 위기조차도 자신들의 시장을 확대하는 기회로 만들려 하고 있다.

기후 변화에 대응한 탄소 중립 2050 정책을 수립하는 과정에서 영리기업은 여전히 기존의 산업 구조를 유지하려 노력하거나, 석탄 발전과 같이 명백하게 문제가 있는 산업의 경우 기존의 수익은 논외로 하고 산업 전환을 위한 정부의 지원을 요구하고 있다.

국가 간의 많은 비교 연구 결과를 보면 ① 도시화가 증가할수록, ② 1인당 소득이 높을수록, ③ 1인당 GDP에서 제조업 비중이 높아질수록 탄소를 더 많이 배출하는 것으로 나타났다.[1] 이런 문제를 해결해야 한다. 하지만 단순히 탄소 중립만이 목표가 될 경우 앞에서 말한 것처럼 오히려 상대적 약자에게 더 많은 탄소 감축의 부담을 강요할 수 있다. 이렇게 되면 다수 대중의 저항이 심해져서 탄소 중립도 달성하기 어려울 수 있다. 그동안 저개발국이 탄소 중립을 요구하는 선진국을 비난한 이유도 이와 같다.

지속 가능한 사회는 더 나은 사회여야 한다. 또한 이때의 사회는 이미 개별 국가를 넘어서는 더 큰 지구 차원의 전체 사회로 이해해야 한다. 지속 가능한 사회가 되려면 앞의 생태계 논의에서 정리한 것처럼 현재 사회경제계의 에너지 사용량을 억제하고 돌려야 한다. 그리고 이런 변화에서 상대적 약자들이 가장 피해를 적게 입도록 사회경제계의 시스템 자체가 재구조화되어야 한다.

그러기 위해서는 다음과 같은 과제가 해결되어야 한다. ① 전 지구의 인류가 사용하는 에너지 양을 줄여야 한다. ② 국가 간의 평화적 협

---

1   황민섭, 이응균, 〈도시화가 1인당 탄소 배출에 미치는 영향〉, 《환경영향평가》, 25권 5호, 2016, p. 315.

력 체계가 구축되어 전 지구적 문제 해결에 힘을 모아야 한다. ③ 국가 내에서는 도시화를 되돌리고 지역사회의 완결성을 높일 수 있는 사회 경제적 제도·정책이 마련되어야 한다. ④ 경제적 양극화를 줄일 수 있는 지역 기반 시민 공유의 경제 체계를 확대해야 한다. ⑤ 저탄소 생산 기술을 전 세계적으로 공유하고, 지역-생산 소비 체계를 구현해야 한다. ⑥ 이런 거시적 전환의 전제 속에서 중앙-광역-기초 정부의 각 층위마다 시민 참여의 거버넌스 구조를 마련하고 시민들의 세계시민적 교육과 의식 전환을 촉진해야 한다.

이런 과제를 달성하기 위해서는 기존의 신자유주의적 체계와 다른 세계, 국가, 사회, 경제 구조를 만들어야 한다. 이런 새로운 사회가 어떻게 구체화될 것인지 선험적으로 설계하기는 매우 어려운 일이다. 다만 큰 틀의 방향에 대해 합의하고 그 방향을 구체화하는 과정에서 새로운 사회 구조는 스스로 드러날 것으로 기대한다.

하지만 시민들의 탄소 중립을 위한 다양한 활동이나 협동조합의 노력은 아직까지 주류화되지 못하고 세부적인 제도·정책의 결정 과정에서 수익성이나 사업 수행 과정이 위협받고 있다. 다양한 시민사회 운동의 흐름이 서로 장기적인 방향에 합의하지 못하고 각각의 활동이 분산되어 있는 것도 안타까운 현실이다. 농지의 햇빛 에너지 설비를 둘러싼 문제가 그 대표적인 사례이다.

각 사회운동의 지향과 목표, 대상이 다른 상황에서 흘러왔기 때문이다. 하지만 지속 가능한 더 나은 사회를 만들기 위해서는 초국적 금융자본을 중심으로 한 영리기업의 전략에 대응할 수 있는 민간-시민사회-협동조합이 합의할 수 있는 장기적 차원의 연대 전략이 만들어져야 한다. 또한 지향의 합의가 힘을 가지려면 영리기업이 아닌 경제 활동의 실행력이 필요하다. 민간 전체의 대응 전략에서 협동조합, 사회적 경제가 필수불가결한 요소일 수밖에 없는 이유이다.

2) 협동조합의 활동

협동조합은 레이들로의 1980년 보고서에서 제3 우선 분야로 '보전자 사회(Conserver Society)를 위한 협동조합의 역할'을 제시할 때부터 지속 가능한 사회에 관심을 가지고 있었다. 이후 ICA의 발표에서는 항상 지속 가능성을 강조했고, UN 지속 가능 발전 전략에도 적극적으로 참여해 왔다. 한국과 일본의 생협은 레이들로가 이야기한 소비자협동조합의 역할 변화에 대해 선도적인 모범 사례로 평가받아도 좋을 역할을 했다.

많은 나라의 협동조합이 위에서 제시된 6가지 과제에 뛰어들었다. 네덜란드를 비롯하여 지역 주민이 공동으로 설립한 햇빛에너지협동조합이 세계 곳곳에서 만들어졌다. 한국은 2021년 사회연대경제지방정부협의회와 전국시민발전협동조합연합회 등이 협력하여 100만 명 이상의 시민이 참여하는 전국적인 햇빛에너지협동조합의 확산을 결의하기도 했고, 그 실행 속도는 점점 빨라지고 있다. 정부의 'RE100(기업이 사용하는 전력 100%를 재생 에너지로 사용하자는 캠페인)' 시민조직화에도 협동조합 조합원들의 참여가 두드러질 것으로 보인다.

사회적 경제는 쇠락하는 지역에서 주민을 묶어 지역을 다시 활성화하는 다양한 모범 사례를 만들었다. 한국 완주군에서는 농민들이 생산하는 농산물의 거의 대부분을 농업협동조합과 로컬푸드협동조합이 일반 시장에 그냥 맡기는 것에 비하면 월등히 좋은 가격으로 판매해 주고 있다. 풍족하지는 않지만 안정적인 삶에 대한 기대가 높아진 완주군에는 귀농 귀촌 주민들이 늘어나고 있다.

각 국가에서 정책으로 채택하고 있는 국가 푸드플랜 및 지역 푸드플랜은 지구 온난화 속에서 지역 내 순환 경제의 가장 기본 인프라를 정리하겠다는 목표를 가지고 있다. 한국은 중소도시에 위치한 많은 협동조합이 지역 푸드플랜의 한 요소인 로컬푸드 운동의 중심에 서 있고, 농협과 생협도 로컬푸드와 시군구 학교 급식 사업을 상당 부분 맡고 있는 등 국산 농산물과 친환경 농산물 공급을 위해 노력하고 있다.

3) 역할 강화를 위해

협동조합은 그동안 지속 가능한 더 나은 사회를 만들기 위해 많은 노력을 했지만 지구적 차원 및 각 국가적 차원의 정책 결정과 그 집행 과정에서 강한 영향력을 보여 주고 민간의 논의 과정에서 필수적 요소로 자리 잡는 데 한계가 있었다. 물론 이탈리아 중북부와 스페인의 몬드라곤은 지역의 순환 경제 전체에 협동조합이 아주 높은 영향력을 발휘하고 있지만 전 지구적 차원에서 볼 때는 여전히 미흡하다.

협동조합의 역할을 강화하기 위해서는 비영리조직-사회적 경제 조직 중 가장 많은 시민을 조직하고 있는 협동조합의 대중성에 주목해야 한다. 특히 소비자협동조합의 조합원에 대한 교육과 홍보, 지속 가능한 사회를 만드는 새로운 사업에 대한 지원, 소비자협동조합 조합원의 관심과 참여 유도 등의 활동을 더 강화할 필요가 있다.

신용협동조합도 소비자협동조합과 같이 많은 조합원이 참여할 수 있는 문턱이 낮은 협동조합 유형이다. 신용협동조합도 다양한 홍보 채널을 통해 지역사회의 새로운 협동조합을 소개하고 조합원 가입을 독려해야 한다. 또한 신용협동조합의 금융자원을 활용하여 이런 유형의 협동조합을 창업하고 잘 운영할 수 있도록 동반자 관계를 만들어야 한다.

지방정부가 시 청사나 학교, 공용 주차장 등 공공 용지를 햇빛에너지발전소를 설립할 수 있는 부지로 장기 임대해 주고, 200명의 시민을 모아 1메가와트시의 발전소를 설립할 자본의 30%를 출자하도록 하여 20만의 중소도시에 1천 개의 햇빛에너지 발전소를 운영하고, 이를 통합 관리하는 햇빛협동조합연합회가 만들어지는 것을 상상해 보자. 나머지 70%는 신협의 대출, 지방정부 및 중앙정부의 기금·펀드에서 장기 저리 대출해 주는 구조가 된다면 우리는 장거리 고압 송전선의 위협에서 많이 벗어나게 될 것이다.

지역 푸드플랜, 재활용 제조업 및 관련 전후방 산업도 이런 형태가 가능하다. 이렇게 생산된 상품은 소비자협동조합과 신용협동조합 조합원의 사회적 가치 지향 소비를 통해 순환하게 될 것이다.

특히 소득 수준이 높은 나라의 협동조합은 저개발국 협동조합과의 공정무역을 통해 소득이 낮은 나라가 탄소 발생을 증폭시키는 발전 경로로 가지 않도록 협력해야 한다. 지속 가능한 ODA를 위해 정부와 협력하는 것도 전국협동조합연합회의 중요한 과제이다.

2

플랫폼 경제에 대응하라

1) 플랫폼의 폭주

ICT 대기업과 플랫폼 경제는 후기산업사회는 물론 다양한 단계에 처한 국가들의 일자리를 위협한다. ICT 대기업의 수익 모델은 새로운 플랫폼을 전 세계 사람들이 거쳐야만 하는 필수적인 공간이 되도록 만든 후, 공급자 혹은 소비자의 이용에 각종 수수료를 붙이는 것이다. 전 세계 사람들이 사용하도록 그 공간에 접근하는 도구를 함께 개발하여 판매한다. 이들 도구는 갈수록 범용화되어 기존 다른 제품들의 자리를 빼앗는다. 스마트폰이 대표적이다.

새로운 제품의 최종 생산품을 조립하거나, 최종 생산품에 필요한 부품을 만들 때 ICT 기술을 활용한 다양한 로봇이 동원되어 사람들의 일자리를 대체한다. 플랫폼의 정보를 통해 학습시킨 인공지능은 전문직 종사자들의 노동을 대체하거나(보도문 등 스트레이트 기사를 인공지능이 대체하는 사례를 보라), 그 노동에 필요한 숙련도를 낮추거나, 노동시간을 단축시킨다(의사들의 MRI 등 영상 진료 결과의 판독을 도와주는 AI가 급격히 발전하고 있다).

최고도로 숙련된 프로그램 개발자, 최고 기획자 등을 제외한 나머지 노동자의 일자리가 위험해지고 임금 상승도 억제된다. 실업자나

저임금 노동자는 플랫폼의 하청 업무에 자발적으로 종속되어 푼돈이라도 벌려고 한다. 우버나 에어비앤비와 공급자의 관계가 그렇다. 하지만 이런 사람이 많아질수록 전통적인 관련 업종의 일자리는 줄어든다. 악순환에 빠지는 것이다. 이들 플랫폼 기업은 시장의 구조가 독점적 수준에 도달했다고 생각하면 수수료를 높여 관련 종사자를 한계 수준으로 관리한다.

물론 ICT와 플랫폼 경제의 발전에 따라 새로운 일자리도 만들어질 것이다. 하지만 일반적으로 이윤을 추구하는 회사의 본질상 국가와 사회가 이들을 견제하지 않을 경우 새로운 일자리들은 ① 지역적으로 편중될 것이며, ② 새로 생긴 일자리의 질도 대부분 나빠질 것이고, ③ 지구 환경 변화에 악영향을 끼칠 것으로 예상된다. 국가와 사회가 제도적으로 이들의 폭주를 견제하는 한편, 이들의 독점성을 완화할 수 있는 대안적 사업 조직으로서 협동조합, 사회적 경제의 적정한 시장 분점이 이뤄져야 한다.

2) 협동조합의 대응

플랫폼 경제에 협동조합이 적극적으로 대응해야 한다는 주장은 이미 10년 전부터 있어 왔다. 뉴욕의 뉴스쿨(New School) 대학은 공유경제 플랫폼이 제공하는 비전이 환상적이라고 비판하면서 2014년 대안적인 플랫폼 모델로 플랫폼 협동조합을 최초로 제안했다. 2015년 플랫폼 협동조합 운동을 지지하는 1,000여 명의 활동가가 모여 공평하고 공정한 사회경제를 만들기 위해서는 세계 공동체의 건설, 창의적 노동조합의 지원, 생태 및 사회적 지속 가능성의 증진, 사회정의의 확대, 윤리적 노력 등이 필요하다고 주장했다. 플랫폼 협동조합 논의는 소유 구조를 변화시키고 민주적 거버넌스를 확립하여 연대 의식을 더욱 활성화해야 성공할 수 있으며, 이미 미국 진보 그룹의 주요 의제 중 하나가 되었다.[2]

캐나다 온타리오주 토론토시에서는 거대 마트의 입점을 반대하는 운동의 결과 지역 상점 주인들이 공동구매협동조합인 '다이렉트협동조합'을 만들었고, 이런 지역의 흐름이 우버에 대항하는 '지역운전자협동조합'의 설립으로 이어졌다. 이 차량 공유 애플리케이션을 공유하는 지역이 늘어나면서, 현재 캐나다, 미국, 영국, 이탈리아 및 페루에 2만 5,000명의 조합원과 지점을 두고 있고, '다이렉트협동조합그룹'으로 통합되었다. 퀘벡주 몬트리올시를 기반으로 한 플랫폼 협동조합 에바협동조합도 2019년부터 차량 공유 앱을 통해 사업을 추진하고 있다. 운전자 1,000명과 조합원 3만 5,000명이 활동하고 있고, 코로나19로 인해 차량 운행 수요가 줄자 식료품 및 음식 주문 배달 앱을 개발하여 지역 주민의 필요를 충족시키며 계속 보완하고 있다.[3]

한국은 경기도, 군산시 등에서 지방정부가 초기 개발 비용과 홍보비를 제공하는 택시 앱을 개발하여 운용하고 있고, 서울시는 P2P 결제 앱 제로페이와, 이를 활용하여 소상공인과 주민의 음식 배달을 연결하는 앱 제로배달을 공공형 앱으로 선보이고 있다.

2   김은경, 〈플랫폼 협동조합, 공정경제의 출발〉, 《경기연구원 이슈&진단》, 경기연구원, 2020.
3   이미옥, 〈플랫폼협동조합, 우버·아마존과 경쟁하다〉, 《이로운넷》, 2021.08.02.

3) 대안적 플랫폼

협동조합은 원래 조합원들의 수평적 통제 구조를 자랑으로 한다. 이런 구조에서는 민주적 의사결정을 통해 전략을 수립하기 때문에 합의를 도출하는 데 시간이 많이 소모되기 마련이다. 또한 원가 경영을 추구하기 때문에 초기에 대규모 자본금을 마련하기도 어렵고, 시장 점유율을 확장하기 위한 초기의 대규모 적자를 전략적으로 선택하는 것도 어렵다.

협동조합의 성공 확률을 높이려면 대부분 어떤 업종의 안정적인 성공 모델이 만들어지고, 이를 통해 그 업종의 시장이 성숙 단계에 이르렀을 때 진입하는 것이 바람직하다. 업종의 진입 및 성장 단계에서는 위험을 감수하고 사업 전략을 빠르게 변화시키면서 잘 적응하는 업체가 살아남는 반면, 성숙 단계에서는 전략적 변화가 필요할 만큼 큰 상황의 변화가 자주 일어나지 않기 때문이다.

우수한 개발자를 확보하는 것도 쉽지 않은 과제이다. 대규모 자본을 바탕으로 헤드헌팅 시장을 통해 스카웃이 자주 벌어지는 ICT나 플랫폼 경제에서 우수한 개발자를 확보하지 못하면 시스템의 경쟁력에서 상당한 피해를 감수해야 한다.

이런 점들을 고려하면 플랫폼 경제의 운영 원리와 협동조합의 운영 원리는 언뜻 보면 상충하는 것으로 느껴진다. 특히 플랫폼 경제의 새로운 비즈니스 모델이 계속 개발되고 서로 통합되는 상황에서는 더욱 그렇다. 하지만 플랫폼 경제의 특성상 늦게 시장에 진입할 경우 자연독점의 높은 장벽으로 인해 후발주자의 경쟁력이 낮아 이전과 같은 방식의 협동조합 성공 전략이 잘 적용될 수 있을지 고민스럽다.

따라서 충분한 생활인을 확보하고 있는 소비자협동조합, 신용협동조합의 플랫폼 경제에 대한 관심이 높아져야 한다. 다수 조합원들과 이미 확보하고 있는 사회적 가치 소비와 신뢰성을 바탕으로 대안적 플랫폼의 이용이 연결될 때 초기에 필요한 이용자와 홍보에 필요한 자본의 양을 대폭 줄일 수 있을 것이다.

빠른 전략적 의사결정과 필요한 기술의 개발은 협동조합이 아닌 소셜벤처가 맡을 수도 있다. 다만 소셜벤처의 빠른 의사결정이라는 장점을 살리되, 성공 후의 정보 독점 등을 완화할 수 있는 협약의 가이드라인이 만들어져야 한다.

성공한 애플리케이션의 확산을 위해 국내, 국제적으로 연결된 협동조합의 네트워크를 활용할 필요가 있다. 지방정부 및 중앙정부와의 협력도 필요하다. 지역의 순환 경제 체계를 위협하는 플랫폼 경제의 공격은 단순히 협동조합만의 문제가 아니라 지방정부와 플랫폼 경제의 글로벌 주도자들이 속하지 않은 중소 규모 국가들의 문제이기도 하다. 플랫폼 경제의 층위에서는 지방정부나 중소 규모 국가들조차도 상대적 약자가 될 수 있다. 이들과 어떻게 사업적으로 협력할지 해답을 찾는 것이 앞으로 협동조합, 사회적 경제의 중요한 과제일 것이다.

이런 지방정부 및 중앙정부, 협동조합, 소셜벤처 등의 협력적 연대를 통해 대안적 플랫폼 경제의 성공 사례를 만들고 빠르게 확산시키는 것이 필요하다. 특히 초국적 ICT 기업에 대응하기 위한 공유 자산으로서의 지역 및 국가 단위의 플랫폼 구축과 이들 국가별 플랫폼을 하나의 플랫폼으로 연결하는 기술적 표준에 대해 세계 협동조합 전체의 관심이 높아져야 한다. 그리고 이런 협동조합·사회적 경제의 국제적 시스템 구축이 개별 국가의 협상력과 규제력을 높일 수 있다는 점에서 국가의 플랫폼 경제 관련 정책도 변화되어야 한다.

앞에서 이야기한 유니버설 캐피털의 공공적 자본 투자나 공공 연구기관의 기술을 무상으로 혹은 저렴하게 제공하는 방안도 함께 연결되도록 다양한 사례들이 도전적으로 만들어져야 한다.

3

지역사회가 답이다

1) 아직 걸음마 수준

레이들로 보고서에서 협동조합 지역사회 건설을 우선 과제로 제시한 후 40여 년이 흘렀다. 일본의 농협이 단순히 판매 사업뿐만 아니라 구매, 신용, 마트, 농촌 복지 사업 등을 종합적으로 운영하며 농촌사회에서 강력한 영향력을 발휘하는 것을 보고, 도시지역에서도 이런 형태의 사업을 활성화시키는 것이 필요하다고 제안했다.

하지만 이후 이런 제안은 전 세계적으로 적극적인 운동으로 활성화되지는 못했다. 오히려 일본 농협은 신용 사업 수익 악화로 인해 대규모 합병을 하게 되고, 이로 인해 지역사회와의 결합력이 떨어졌다는 평가를 받았으며, 일본 정부의 신자유주의 정책에 대응하는 상황으로 변했다. 한국의 농협은 IMF 위기에도 오히려 신용 사업이 성장하면서 1970년대 일본 농협의 분위기를 상대적으로 더 잘 유지하고는 있지만 농촌 지역사회에서의 영향력은 농업을 제외하고는 제한적인 상황이다. 또한 다른 협동조합이나 사회적 경제 조직과의 연대와 협력도 아직 걸음마 수준이라고 할 수 있다.

여러 나라의 도시지역에서 현재보다 더 공동체의 장점을 가진 지역사회를 만들기 위해 노력한 것은 사실이다. 하지만 실제 이런 움직임에서 협동조합이 중요한 실행 주체로 앞장서기 위해 나서고, 다른 주체들의 협력이 구조화된 이론으로 정립된 적은 거의 없다. 오히려 1970년대 이후 발전된 다양한 시민사회 운동과 연대경제 운동에서 이런 과제에 대해 더 적극적으로 의사를 표명했다.

여전히 협동조합 운동은 대부분 유형별 협동조합의 성장과 유지에 집중되어 있고 이종 협동조합의 협력을 위해 각 국가 내에서 비전을 만들고 이를 실행하기 위한 협동조합계의 주체적 역량은 미흡하다. 또한 이런 미흡한 주체적 역량을 지원할 수 있는 제도·정책 여건이나 사회적 여건도 통합적으로 구축되어 있지 못하다.

2) 우수한 사례들

도시지역의 협동조합 지역사회 건설과 관련한 모범 사례는 이탈리아 중부의 사례와, 캐나다의 도시지역에서 신협을 중심으로 다양한 협동조합과 사회적 경제 조직이 협력하는 경우가 대표적이다.

특히 캐나다 퀘벡은 노동운동과 여성운동이 협동조합과 협력하여 지역사회 전체를 재활성화하려는 강한 합의를 바탕으로 공동 활동을 전개하고 있다. 여기에 지방정부의 제도·정책적 지원과 이를 기초로 한 중간 지원 조직이 받쳐 주고 있다.

런던의 해크니 지역 협동조합은 쇠락한 런던시 이스트뱅크 지역에서 지방정부와 협력하여 공유 자산을 확보하고, 이를 바탕으로 지역을 재활성화하는 모범 사례를 만들었다. 해크니 협동조합 자체가 중간 지원 조직의 역할을 하면서 협동조합뿐만 아니라 지역 내의 다양한 자원을 결합시켰다.

한국의 협동조합 운동도 생협과 의료복지사회적협동조합 등을 중심으로 조합원 공동체를 조직하고 활성화하기 위해 지속적으로 노력했으며 공동 육아, 돌봄 사업 등을 포괄하기 위한 시도도 계속했다. 또한 아직까지 본격적으로 확산되지는 않고 있지만 다양한 도시지역 내 협동조합, 사회적 경제 조직과 협력하여 지역사회를 구축하려고 꾸준히 시도하고 있다.

서울시는 중간 지원 조직을 활용하여 아파트 단지의 공동체가 활성화되도록 사회적 경제 조직이 지원하거나 다양한 공동체 활동을 독려해 왔다. 또한 그런 공동체가 사회적 경제 조직으로 전환되도록 정책적 지원을 시도했다.

3) 연대와 협력을 위해

레이들로는 도시지역 협동조합 지역사회 건설의 필요성과 그 미래상에 대해 설명하면서 농촌과 달리 도시지역에서는 다양한 다수 협동조합의 협력이 필요하다고 했다. 하지만 협동조합 지역사회의 건설을 협동조합 운동의 합의된 비전으로 만들기 위해서는 좀 더 구조적인 해석이 필요하다.

도시지역은 경쟁자의 밀도가 높아 새로운 사업자의 시장 진입이 어렵고, 경쟁의 강도가 높아 사전에 충분한 사업 경쟁력을 확보하고 있어야 한다. 도시지역은 높은 땅값 때문에 임대료도 높아 초기 자본금도 많이 필요하다. 협동조합도 예외가 아니다.

따라서 새로운 협동조합들이 성공적으로 도시의 지역사회에 안착하기 위해서는 기존 협동조합들의 연대와 협력이 필요하다. 체계적인 연대와 협력이 되기 위해서는 창업 단계부터 기존 협동조합들과 전략적으로 협력해야 한다.

이렇게 본다면 도시지역에서 협동조합 지역사회를 만드는 데도 소비자협동조합과 신용협동조합의 대체할 수 없는 역할이 필요하다. 조합원이 참여할 수 있는 문턱이 낮고, 사업 자체가 다수의 도시주민에게 노출되는 이들 두 유형의 협동조합은 도시지역 사회 내에서 가성비 높은 홍보를 담당할 수 있다. 또한 도시지역 내 다른 협동조합의 지도자를 양성하는 공간이며 초기 경영 안정화를 지원할 수 있는 판로와 금융 자원을 가지고 있다.

새로운 업종의 협동조합을 만들 때 기존의 협동조합 운영 경험을 가진 소비자 및 신용협동조합의 지도자들이 참여하고, 필요한 경우 협동조합 법인의 자본 참여도 적극적으로 검토할 수 있다. 필요한 기술, 영업, 제도 대응 등의 역량을 갖춘 인적 자원을 찾는 것도 기존 조합원의 정보를 활용할 수 있다.

협동조합은 개별 협동조합이 하나씩 만들어진 후 이들이 연대하는 방식이 아니라, 기존 협동조합의 협력을 통해 처음부터 필요한 협동조합을 디자인하고 발기인을 확보하는 방식으로 활동해야 한다. 이런 체계 속에서 지방정부나 중앙정부의 정책이 결합되어야 한다.

레이들로는 도시지역의 지역사회 건설을 강조했지만 지나친 도시화를 막고 지역 균형 발전을 추구하는 것이 지속 가능한 더 나은 사회를 만드는 기본 전략이다. 따라서 농촌지역에서 협동조합과 사회적 경제의 영향력을 높이기 위해 더 노력해야 한다. 특히 농촌지역은 영리기업이 진입하지 않으려는 시장 실패의 공간이 많다. 따라서 경쟁이 심하지 않고 지방정부와 협력하기가 더 용이하기 때문에 성공적인 협동조합의 비즈니스 모델이 만들어지면 지역적으로 전파하기가 쉽다. 실제 일본과 한국의 농협은 이런 농촌의 강점을 최대한 활용하여 성공한 측면이 있다.

농협이 종합 협동조합으로서 기존에 확보된 탄탄한 자산과 조직력을 바탕으로 범위의 경제를 추구하기 위해 새로운 사업, 특히 농촌 복지와 사회 서비스 사업에 참여하는 것은 바람직하다. 다만 이 경우 리스크가 큰 사업이나 지역 내 개인사업자들의 반발이 큰 사업들은 이미 대규모 협동조합이 된 농협이 직접 하기 어려운 점이 있다. 농촌의 지역사회 영향력을 강화하기 위해서라도 농협은 새로운 분야에서 만들어지는 협동조합과 사회적 경제 조직을 지원하고 육성해야 한다. 물론 농촌지역은 인적 자원이 부족하고 고령화가 심각하다. 또한 사업 권역의 시장도 규모가 크지 않은 경우가 많다. 따라서 세부적인 사업별로 새로운 협동조합을 만들면 조직 운영 비용이 높아져 실패할 확률이 높아질 수 있다. 새로운 협동조합도 사업 범위를 넓게 잡을 필요가 있다. 이런 상황에서 이들 협동조합이 개별 사업들의 실행 수준을 높여 경쟁력을 확보하기 위해서는 각각의 사업 연합이 필요하게 된다.

이런 점들을 감안할 때 농촌지역에서는 기존 농협의 강점과 새로운 협동조합의 강점이 결합되는 투 트랙 전략이 필요하다.

도시와 농촌의 협동조합들의 협력을 통해 서로의 지역사회에 대한 영향력을 높이는 것도 중요하다. 도시지역 소비자들의 삶에서 먹거리는 여전히 중요한 영역이다. 농촌지역 지방정부가 주도하는 로컬푸드나 푸드플랜에 농협과 새로운 협동조합이 적극 참여하여 도시지역에서 경쟁할 수 있는 역량을 갖추면 도시지역 소비자협동조합과 협력하는 도농 협력 사업이 다양하게 만들어진다. 50만 정도의 도농 통합시는 자체적인 순환 체계를 어느 정도 짤 수 있겠지만, 그렇지 않은 농촌과 도시는 지방정부 간, 도농지역 간 협동조합의 협력을 통해 서로 시너지 효과를 높일 수 있는 연대 협동조합 운동이 시도되어야 한다.

코로나 19 이후 과밀한 도시에 대한 불안감이 높아졌다. 또한 고령화 사회가 될수록 도시에서는 일자리를 구하기 어렵지만 농촌에서는 여전히 생산적인 삶을 살 수 있어 귀농 귀촌이 늘어날 수 있다. 도시와 농촌의 협동조합은 이런 점에서 주거와 결합된 낮은 강도의 일자리를 함께 마련할 수도 있고 농촌의 휴양 기능을 관광과 결합하는 것도 고민할 수 있다.

협동조합 지역사회 건설 운동을 본격화하기 위해서는 이런 여러 가지 상황을 함께 고민하면서 더 큰 협동조합 사이의 협동을 고안하고 실행해야 한다.

제6장

대안 사회로 가는 길

협동조합 운동은 오언을 비롯한 협동조합 사상 선구자들의 전통을 이어받아 현 시대의 문제를 근본적으로 해결하려는 지향을 가지고 있으며, 국가적 차원의 운동론이었던 협동조합 공화국론에 대한 향수를 가지고 있다. 협동조합의 단순한 운영이 아니라 협동조합 운동이라면 더 나은 사회를 지향해야 하지만 '더 나은 사회의 질적 차별성을 어느 수준까지 지향해야 할 것인가?'라는 질문은 여전히 답을 찾지 못하고 있다.

1980년대를 경험한 한국의 새로운 협동조합 운동은 특히 이런 경향이 강해서, 자본주의 폐해를 보완하는 것만으로는 운동의 취지가 드러나지 않는다고 주장하는 경우가 있다. 반면 개별법 협동조합이 속한 연구 부서와 공식 문서에서는 이런 지향이 아예 언급조차 되지 않을 뿐만 아니라 자본주의적 시장경제의 보완을 추구한다는 명시적인 언급도 거의 없다. 이런 두 가지 극단적인 차이를 통합하면서도 설득력 있게 설명하려면 어떻게 해야 할까?

19세기 사회사상의 수준에서는 하나의 사회구성체가 다른 사회구성체로 이행하는 것을 한 층위의 대체로 이해하는 경향이 강했다. 마르크스의 경제사 이해나 협동조합 공화국론도 마찬가지였다. 하지만 20세기에 들어 더 많은 연구가 이뤄지면서 사회는 여러 층위로 구성되어 있으며 그 이행도 중층적일 수 있다는 의견이 더 현실에 부합하는 것으로 받아들여졌다. 그렇다면 전체 사회에 질적인 변화가 일어났다고 할 수 있는 것은 언제일까? 또한 우리가 선험적이거나 연역적으로 그것을 선택할 수 있을까?

이런 두 가지 이론적이면서 현실 운동의 필요에 의해 제기되는 질문에 답을 해 보려 한다. 더 엄밀하고 현실성 있는 이론 구성은 앞으로의 과제가 될 것이다.

새로운 대안적 사회경제 체계가 실제로 만들어지기 위해서는 자본주의 사회경제 체계가 봉건제를 대체했듯이 다양한 요인과 그 관계가 복잡한 과정을 밟아 나갈 것으로 보인다. 확실한 것은 현재의 신자유주의 체계에 비해 더 많은 사람에게 더 많은 심리적, 경제적, 사회적 안정성을 제공할 수 있다는 것에 대해 사회적 합의가 이뤄져야 할 것이다. 특히 민주주의적 사회 체계가 확립되어 있고 다양한 필드가 자율성을 가지게 되어 시민사회의 안정성이 높아진 상황에서는 급진적 변화를 기대하기보다 점진적인 합의 과정을 밟아 나가야 할 것이다.

이런 전제 속에서 대안적인 사회경제 체계의 논의를 구체화하기 위해서는 '대안이란 무엇인가'와 '시대를 어떻게 이해할 것인가'에 대해 생각해 봐야 한다.

1

시대를 어떻게 이해할 것인가

1) 시대의 구분과 역사적 자본주의[1]

시대라는 말을 철학 용어로 끌어낸 사람은 헤겔(Georg Wilhelm Friedrich Hegel)이다. 헤겔 철학에서 중요하면서도 유명한 용어인 '시대정신'은 다음과 같은 구절에서 나타난다. "주목할 만한 커다란 혁명이 발생하기 위해서는 그에 앞서 미리 조용하고 은밀한 혁명이 시대의 정신 속에서 발생해야만 한다."[2]

시대정신은 헤겔에게 세계 이성이 각각의 시대에 자신을 드러내는 수준이며 다양한 '시대 현상'의 근거나 내적인 원인이었다. 헤겔은 세계 이성이 세계를 외화시켜 스스로를 실현해 나가는데 이때 역사의 발전 과정은 자유 의식의 진보로서 나타난다고 했다. 객관적 관념론 철학자의 관점이 여지없이 드러난다. 이런 관점에서 헤겔은 《법 철학》에서 인간의 자유가 확대되는 시대적 단계를 '동방 전제 군주 시대,' '그리스 시대,' '로마 시대,' '게르만 시대'로 나눴다. 동방 전제 군주 시대에는 전제 군주만이 자유를 누렸지만 점차 시대의 발전에 따라 게르만

---

1   한국협동조합학회 2013년 춘계학술대회 발표자료를 일부 수정했다.
2   네이버 지식백과 헤겔사전. http://terms.naver.com/entry.nhn?cid=276&docId=1716821&categoryId=1111&index=%EC%8B%9C&mobile

시대에 이르러서는 모든 사람들이 자유를 누렸다는 것이다.

역사학의 발전에 따라 헤겔의 철학적 시대 구분은 사실관계에 부합하지 않는 면이 많아 학문으로서는 기각되었지만 '시대'에 대한 합리적 핵심 한 가지를 제공하고 있다. 즉 하나의 '시대'라 명명할 때에는 그에 걸맞을 정도로 다른 시대와의 차이점이 명확하고, 새롭게 나타나는 중요한 현상들을 체계적으로 설명할 수 있는 '설명의 패러다임'이 재구성되며, '그에 따른 구분 기준'을 명확히 제시할 수 있어야 한다는 것이다.

헤겔의 시대 구분은 매우 거시적이다. 좀 더 다양한 시대의 개념을 이해하는 데는 시대의 구분을 다양한 층위로 제시하는 전체론적 역사학을 주장하는 아날 학파의 접근법이 도움이 된다.

아날 학파의 대표 자격인 페르낭 브로델은 역사의 시대(혹은 '시간대')를 한 가지 층위가 아니라 4가지 층위로 나누어서 설명하고 있다. 즉 ① 인간 전체의 역사에 영향을 미치는 인간의 본성이 유지되는 심층구조의 연속성을 설명하는 초장기 지속(très longue durée), ② 중세나 근대 혹은 자본주의와 같이 사회구조의 거대한 변화에 따라 구분되는 장기 지속(longue durée), ③ 장기 지속의 구조 속에서 주기적 변화를 보이며, 연계된 사건들이 유기적으로 결합되어 체계적으로 설명이 가능한 시간대로서 콩종크튀르(conjoncture)[3]라는 중기적 시간대, ④ 사건들의 시간들을 묶어 내는 '단기'의 시간대가 그것이다.

브로델은 이런 중층적 시간대의 관점에서 16세기 이후의 장기 지속 시대(장기 16세기)를 '자본주의'라고 모델화했다. 이로써 자본주의는 인간의 본성에 의한 초장기 지속의 영역이 아니라 하나의 시대를 구성하는 시대적 자본주의로 해석된다. 브로델은 시대적 자본주의 모델을 3층 도식으로 설명하고 있는데 1층은 '물질문명,' 2층은 '시장경제,' 3층은 '자본주의'이다. 이때 1층의 기반을 이루는 물질문명은 매끄럽게 논리적으로 설명할 수 없는 일상생활의 영역이며, 자본주의에 직접 포섭되지는 않지만 자본주의의 영향을 받는 영역이다. 2층의 시장경제는 물질문명의 발전 속에서 배태되어 나온 교환의 영역으로서 거래를 통해 초과이윤을 만들 수 없는 특징을 가진다. 마지막 3층은 '자본주의'의 영역인데 시장경제와 달리 독점의 영역이고, 시장경제가 국지적 영역이라면 자본주의는 처음부터 국가를 뛰어넘는 세계적 성격을 갖는다. 자본주의는 독점적 기업의 이윤을 추구하기 위해 시장경제의 교환 과정을 왜곡하고 그 질서를 교란한다고 설명하고 있다.

이런 설명은 《협동조합으로 기업하라》의 저자 스테파노 자마니가 협동조합은 자유 경쟁 시장을 유지, 발전시키는 역할을 수행한다고 설명한 내용과 유사하다. 또한 마르크스의 《자본론》에서 자본은 '초과 잉여'를 지속적으로 생산하려고 노력하지 않으면 기능이 상실된다고 표현한 것, 신고전파 경제학에서 완전 경쟁 시장은 개별 주체에게 별

---

3   경제용어에서는 '경기(景氣),' 정치학에서는 '정세(政勢)'로 번역된다. 역사 학자로서 브로델은 단기적인 시간대가 아니라 인구 변동 등 비교적 오랜 시간대의 상승과 하강 순환을 설명할 때 콩종크퇴르라는 용어를 사용한다.
브로델의 장기 16세기가 자본주의 모델이라고 할 때, 그 속에서 콩종크퇴르가 어떻게 구성되는가에 대해서는 다양한 접근이 있을 수 있다. 이를 헤게모니라는 용어를 통해, 네덜란드, 영국, 미국의 순으로 헤게모니가 이동하면서 축적 체계와 국가간 체계가 변화되었다고 설명하고 있다. 굳이 설명하면 현재까지 자본주의 모델은 3개의 콩종크퇴르로 나눌 수 있는데, 이를 주도했던 자본의 성격으로 분류하면 상업자본주의, 산업자본주의, 금융자본주의시대이다.

도의 이윤을 보장하지 않는 점에서 균형이 이뤄진다고 한 것, 독점기업은 지속적으로 독점이윤을 추구하는 균형점을 선호한다는 것, 미국 농업협동조합을 경제학적으로 설명한 '시장 척도 학파'에서 협동조합이 독점기업에 비해 더 경쟁 시장의 균형에 가깝다고 한 것 등과 연결되고 있다.

하지만 아날 학파의 콩종크퇴르 수준 시대 구분도 사회경제적인 구조의 변화를 설명하기에는 너무 시간대가 넓다는 문제점이 있다. 브로델이 사건들의 시간을 묶어 내는 '단기'는 정치사가들의 영역이지 역사학의 영역이 아니라고 한 점을 감안하면, 사회경제적 변동을 설명하기 위해서는 콩종크퇴르보다 짧고 단기보다는 긴 '사회경제적 순환기'를 설명하는 것이 필요하다. 이를 '중단기'[4]라고 할 수도 있고, 조절 학파의 '조절 체계'라고 설정할 수도 있다. 즉 조절 학파에 따르면 미국의 헤게모니로 설정되는 콩종크퇴르는 포드 사의 컨베이어벨트와 복지국가 체계로 대표되는 '포디즘'과, 도요타 사의 간판 시스템과 복지국가 체제의 변화와 EU의 설립으로 상징되는 '포스트포디즘'으로 구분된다.

이렇게 경제적 영역의 조절 체계를 반영하거나 조절 체계를 촉진시키는 정치적 제도의 변화를 하나의 시대로 상정하는 '중단기'를 설정하면 자본주의 4.0 논의와 비슷한 설명이 가능하다. 즉 19세기 이후 사회경제사의 시대는 다음과 같이 구분할 수 있다. 영국의 헤게모니가 진행된 시기인 자본주의 1.0 '산업자본주의,' 미국의 헤게모니가 시작

---

4   굳이 영역하자면 era 정도가 될 수 있다.

되는 초기부터 1970년대 말까지 소품종 대량생산의 체계를 통해 복지국가 체계가 일반화된 시기인 자본주의 2.0 '복지국가시대,' 이후 현실 사회주의와의 체계 경쟁에서 우위를 보이며 복지국가에서 구성된 공적 경제를 민영화시키고, 세계적인 차원에서 금융자본주의 중심의 제도가 구성되며, 일국의 정치 체계와 사회경제에 대해 세계 차원의 제도적 제약이 강화되는 자본주의 3.0 '신자유주의.'

2008년 이후 신자유주의적 접근법의 한계가 드러나 미국의 헤게모니가 약화되는 상황에서 새로운 축적 체계를 고민하자는 논의가 자본주의 4.0 논의의 방식으로 나타나고 있다. 협동조합에 대한 재발견 속에서 UN이 2012년을 '세계 협동조합의 해'로 선정한 것은 신자유주의의 축적 체계의 정당성이 약화된 상황에서 나타나는 여러 가지 탐색 중에서 벌어진 하나의 상징적 사건으로 생각할 수 있다. 이상의 내용을 종합하면 최소한 시대라는 용어에는 4단계 이상의 중층적 층위를 설정할 수 있다.

2) 시대의 '이행'

브로델의 '역사적' 자본주의 논의는 자본주의 자체가 가진 역사성을 해명하고, 왜 '다양한 자본주의적 원형'이 그 이전에도 존재했지만 이전의 모델에 의해 억눌려 왔던 것이 16세기 유럽이라는 특정한 시간과 공간에서 해방되면서 새로운 모델로 전환되었는가에 초점이 맞춰져 있다.

브로델은 자본주의를, 시장경제를 자양분으로 독점적 이윤을 추구하는 경제 주체와 경제 주체의 독점성을 보장해 주는 제도적 체계로 이해했다. 즉 그의 접근에 따르면 모든 사업체, 영리기업이 자본주의적인 것은 아니다. 그렇다면 독점이윤을 누리지 못하는 시장경제의 주체들은 자본주의와 어떤 관계를 맺고 있는가? 자본주의가 기존 시대의 억압을 벗어나서 하나의 새로운 모델이 될 수 있었던 것처럼 앞으로 역사적 자본주의를 극복하고 다른 사회경제 모델을 만들 수 있는 맹아는 어떻게 새로운 모델로 만들어질 수 있는가? 이런 문제 설정은 이제 동시대를 발전시키려는 우리에게 남겨진 것들이다.

이런 방식으로 문제를 설정하면 '협동조합 이론은 협동조합 운동의 사상적 배경을 제공하는 역할을 하는가? 아니면 특정한 방식의 사업체에 관한 경제적이고 실증적인 해명을 하는 것인가?'라는 협동조합 이론의 역할에 대한 포지셔닝 문제와, '협동조합이 자본주의의 대안인가? 아니면 자본주의의 문제점을 보완해 주는 도구에 불과한가?'라는 대안 경제의 위상을 둘러싼 포지셔닝 문제에 대한 양자 택일이 아닌 다른 방식의 답변을 모색하게 된다.

즉 역사적 자본주의 모델은 필연적으로 자본주의보다 더 효과적인 모델이 제시될 때 전환될 것인데, 이것이 어떤 모델일지는 현재로서는 예상할 수 없다. 다만 각자가 가장 바람직하다고 생각하는 경제 제도의 점유율을 높이는 노력이 진행되고, 경쟁하면서 자본주의를 넘어설 수 있는 모델이 된다면 역사가들은 이를 사후적으로 추인해 줄 것이다.

이런 측면에서 또 다른 방식으로 발전되어 온 접근 방법론을 적용할 필요가 있다. 한 국가의 경제 시스템은 다양한 '우클라드(uklad)'[5]들로 구성된다고 할 수 있다. 이 개념은 소련이 만들어지고 난 후 정치 체계는 사회주의이지만 경제 제도를 한꺼번에 사회주의로 전환시킬수 없는 상황에서 여러 경제 제도가 병존하는 상황을 설명하기 위한 '실용적 필요'에 의해 만들어졌다.

다만 기존의 우클라드 논의는 세 가지 측면에서 한계가 있다.

첫째, 기존의 논의가 '정치적 영역의 단일성'을 강조하기 위해 우클라드를 경제적 영역의 문제로 한정하려 했다면, 앞에서 전개된 논지에 따르면 실제의 우클라드는 그와 연결되어 있는 사회 제도와 함께 연동되어 있다. 예를 들어 장인 생산 우클라드는 자본주의적 시장에 의해 영향을 받게 되어 사실상 경제적 측면의 필요성은 상당히 약화되지만, 특별한 마니아층의 형성이라는 틈새시장과 함께 전통 공예진흥이라는 지원 제도에 의해 명맥을 유지할 수 있다. 제도와 연계되지 않은 경제적 영역만의 우클라드는 사실상 없다. 그것은 금지당하든지 방치되든지 육성되든지 지원되든지 등 어떤 방식으로든 제도적

---

5 "경제 제도라고 번역된다. 사회의 경제적 토대를 구성하는 특정한 형을 가진 생산관계를 말한다. 예를 들면 1920년대 초기 자본주의에서 사회주의로 이행과정에 있던 소련 경제는, ① 가부장제적 현물 경제, ② 소상품 생산, ③ 사경제적 자본주의, ④ 국가자본주의, ⑤ 사회주의라는 다섯 가지 우클라드가 존재했다.

붕괴기(崩壞期) 이전의 원시공동체와 완성된 공산주의 사회를 제외한 다른 사회에서는 단일 우클라드만 존재하는 것이 아니고, 반드시 하나의 지배적 우클라드와 몇 가지 종속적 우클라드가 병존한다. 종속적 우클라드에는 전사회의 유제(遺制)로서의 우클라드와 새로이 발생하여 발전 과정에 있는 우클라드가 있다. 그리고 지배적 우클라드가 그 사회구성체(Gessellschaftsformation)의 일반적 성격, 즉 그 사회의 발전 단계를 규정한다. 그러나 종속되어 있는 모든 우클라드의 종류와, 그들 모든 우클라드와 지배적 우클라드가 얽혀 있는 형태가 그 사회구성체의 특수한 성격을 규정한다. 생산력의 발전에 따라 새로이 형성되어 발전해 가고 있는 종속적 우클라드는 생산력이 어떤 발전 단계에 도달하면 사회혁명에 의하여 낡은 지배적인 우클라드에 대체된다. 이렇게 하여 사회의 역사에서, 원시공동체·노예제적·봉건적·자본주의적 및 사회주의적 우클라드가 각각 사회의 지배적 우클라드로 되어 그 시대 사회구성체의 성격을 규정했다."(박은태 편,《경제학사전》, 경연사, 2011)

영향권 속에 있다.

둘째, 우클라드라는 용어가 '일국의 사회구성체'를 설명하는 도구로 사용되면서 세계 체제적 차원에서 일국의 범위를 넘어서는 우클라드를 정립하지 못하고 있다. 즉 자본주의 우클라드가 세계 체제로서 구성된다면 앞으로 자본주의를 넘어설 수 있는 우클라드도 세계 체제적 차원으로 스스로를 구성할 수 있어야 할 것이다. 기존의 우클라드론은 이런 점을 반영하지 못하고 있다.

셋째, 우클라드의 구분을 할 때 주도적인 우클라드, 즉 사회주의 우클라드로 전환한다는 방향성을 이미 전제하고 있었다. 따라서 일상적인 경제적 영역에서 일어나는 대중의 역동적인 선택 과정, 사회경제 분야의 풍부함을 이론적으로 포착하지 못하고 제한하는 한계를 가지고 있었다.

▪ 새로운 모델, 협동조합

이런 한계에도 불구하고 '우클라드' 이론을 세계 체제론과 접목할 때 우리는 협동조합이 자본주의의 독점구조에 대항하기 위해 형성된 새로운 우클라드라고 설명할 수 있다. 그리고 그런 의미에서 '협동조합 부문'은 우클라드라는 측면에서 비슷한 이해관계를 가지고 있다고 할 수 있다.

따라서 협동조합의 다양한 주체들에 하나의 우클라드라는 통일적 정체성을 부여하여 향후의 발전 방향을 단일한 방향으로 모으고, 이런 협동조합 우클라드가 세계 체제와 지역사회 공동체 차원 모두에서 자본주의 모델보다 우수하다는 것이 드러나, 주도적 우클라드로 발전

된다면 새로운 모델로서의 '장기 협동조합 시대'가 열릴 수 있을 것이다. 협동조합 생태계론은 이런 점에서 유용하다.

3) 콩종크퇴르의 전환

모델까지 변환시키지는 못한다 하더라도 협동조합이 금융자본주의의 주도성을 견제하여 새로운 축적 체제를 구성할 수 있는 수준까지 가는 데 기여한다면 이는 '콩종크퇴르(중기)'의 이행을 가져올 것이다. 이때 협동조합의 영향력은 여전히 세계 제도적 차원에서 금융자본주의와 경합할 수 있어야 하므로 강력한 국내적 혹은 세계적 협동조합 생태계를 구성해야 한다. 하지만 협동조합과 금융자본의 경합이 동일한 수준에서 동일한 제도를 둘러싸고 일대일로 맞붙는 방식으로 나타나지는 않을 것이다.

복지국가의 경제 제도나 시장 영역의 다양한 법인들, 소상공인 등 다양한 우클라드와 연계하는 방식이 아니고서 협동조합만으로 금융자본주의와 경쟁하기는 어려울 것이다. 이런 비주도적인 다양한 우클라드와 연대함으로써 신생 우클라드의 약점을 보완해 나가기 위해서는 무엇보다 '지역사회 공동체'에 대한 관심과 함께 다양한 층위의 제도를 개선해 나가야 할 것이다.

이런 수준의 목표에 대해 협동조합 부문의 대다수가 합의할 수 있어야 하며, 그 과정은 사회경제의 특징을 감안할 때 점진적이며 평화롭게 진행될 것이다. 이 과제를 달성하는 것도 쉽지는 않을 것이다. 전략적으로 사고한다면 이 과제를 달성하기 위해서 몇 개의 작은 단계가 설정되어야 한다.

4) 중단기 시대의 전환

협동조합 부문의 역할이 최선을 다하더라도 미국 헤게모니하의 금융자본주의라는 콩종크퇴르가 유지되는 속에서 기존의 신자유주의라는 경제 우선주의를 앞세워 사회를 약화시키거나 사회적 기능과 그에 대한 자원의 배분을 제한하고 심지어 일부 파괴해 양극화를 강화하는 축적 체계 수준만을 전환하는 수준에서 머물 수도 있을 것이다.

이때 협동조합은 새로운 헤게모니를 형성하는 주도적인 동력으로서 작동하기보다는 금융자본주의의 변화와 제도 개선에 대해 대응하는 차원에서 새로운 축적 체계의 하위 시스템으로 기능할 수 있을 것이다.

이런 중단기 시대의 전환에 부분적으로 기여하는 것도 협동조합 운동의 역할일 수 있다. 기존의 신자유주의적 축적 체계에 비교해서 상대적 약자들의 사회경제적 여건을 각급 층위의 수준에서 확실하고 지속적이며 구조적인 수준으로 개선해 주기만 해도 협동조합 운동의 역할은 큰 것이다.

특히 한국과 같이 복지국가로 진입하는 초기 단계의 나라에서는 세계적인 시대의 전환이 있다 하더라도 중단기 시대의 전환 과제를 우선 해결하고 다음 단계로 발전하거나 양자의 과제를 병행하여 해결해야 할 것이다. 이 역시 말로는 쉽지만 실제 실행하는 데에는 인재 양성과 개별 혹은 연합회 차원의 협력 시스템의 양성, 재원의 조달 등 많은 준비가 필요하다.

이런 세 가지 층위로 바라본 시대의 전환은 좋은 경우에는 연속적으로 단계를 넘어갈 것이며 그렇지 않으면 특정한 단계에서 멈출 것이다. 중단기 시대의 전환이 실행되지 않는 한 중기 시대의 전환은 달성되지 못하며, 중기 시대의 전환이 되지 않았는데 장기가 전환되지는 못할 것이다.

정치적 혁명을 통한 사회경제의 전환이라는 거대한 실험이 현실 사회주의에서 실패로 돌아간 상황에서 현재 우리에게 가능한 접근은 사회경제 자체의 연속적 전환이라는 구상 외에는 없을 것이다. 사회경제 자체가 일상적인 행위라는 점에서 자본주의가 이전 장기 지속의 모델에서 배태되었듯이 새로운 모델도 자본주의 내부에서 배태될 것이기 때문이다. 만약 협동조합이 그런 역할을 할 수 없다면 다른 우클라드가 그 역할을 주도할 수도 있다. 혹은 인간의 상상력이 자본주의 이외의 더 나은 모델을 구성하지 못한다면 여전히 장기 16세기 자본주의 모델은 지속될 것이다.

지금 우리에게 필요한 것은 협동조합을 둘러싼 다양한 이해관계자들의 실천적이고 성공적인 활동과 그것을 통한 사회경제적 영향력의 확대, 협동조합 부문의 비전을 지속적으로 갱신해 나가면서 더 나은 사회를 만드는 방향을 제시하는 것이지 이항대립적인 물음에 답해야 하는 섣부른 예단이 아니다.[6]

2

대안의 이해

1) 대안이란 무엇인가?

대안 사회를 논의하기는 쉽지 않다. 사회체계 자체가 추상성이 높은 논의이기도 하고, 대안 사회에 대한 주장들이 현재의 사회경제체제의 복잡성에 대한 종합적 대안을 충분히 제시하지 못하기 때문에 '무엇이 대안 사회인가'라는 기본적인 질문부터 시작해야 하기 때문이다.

대안(alternative)이라는 말이 대중적으로 가장 익숙한 것은 '대안(대체) 의학'이나 '얼터너티브 록'일 것이다. 얼터너티브 록은 주류 음악 코드에 대항하여 다양한 창작자들이 새롭게 자신의 음악을 제시하는 것을 일컫는다. 너바나와 서태지와 아이들의 음악을 통해 널리 알려졌고 음악을 하는 정신, 창조성이라는 원천을 지속적으로 일깨워 주

---

6   이런 점에서 칼 포퍼가 《열린사회와 그 적들》에서 강조하는 목적론적 역사관에 대한 비판에 귀를 기울여야 한다. 동시에 인간의 자유를 신뢰하는 기반에서 형성되는 열린 역사관 속에서도 더 나은 세상을 위한 지향은 포기할 수 없으며, 이런 지향을 위해 사회경제적 패러다임을 변화시킬 수 있는 노력은 존중되어야 한다. 이론적 측면에서는 이런 패러다임의 변화에 대해 코어와 보호대의 충돌과 교환을 통해 패러다임이 점진적으로 바뀌어 가는 라카토스의 '연구 프로그램' 이론이 사회경제적으로도 적용될 수 있다. 이런 패러다임의 변화를 단계별로 구분하면 앞에서 제시한 중단기, 중기, 장기 등으로 구분할 수 있을 것이다. 어떻게 변할지는 어떤 주체도 알 수 없어 열려 있지만, 구조와 모델이 변할 수 있다는 사실도 열려 있다고 보는 것이 협동조합 조합원들이 가져야 할 윤리적 가치의 하나인 '열린 마음'의 가장 넓은 해석일 것이다.

는 용어로 사용되고 있다.

더 강한 영향력을 가지고 있고 별도의 자기 영역을 가지고 있는 말은 '대안 의학, 혹은 대체 의학'이다. 서양의 주류 의학을 제외한 모든 의학을 표시하는 이 용어는 침과 뜸으로 대표되는 동양의학, 한의학은 물론 요가, 정신 수련 등을 포괄한다. 대증요법과 물리적 수술을 중심으로 발전된 서양의학이 가지는 한계를 파고들어 인간의 몸과 정신의 질병에 대해 새로운 치료 방법 혹은 사전 예방 방법을 제시하는 대안 의학은 현대사회의 발전과 함께 확대되면서 주류 의학과 혹은 경쟁하고 혹은 공존하고 있다.

2) 대안의 요건

얼터너티브 록과 대안 의학을 보면서 대안 경제 논의를 발전시킬 수 있는 몇 가지 기준을 떠 올릴 수 있다.

첫째, 대안이란 체험할 수 있는 직접적인 것이어야 한다. 대안이라는 말이 문화와 몸의 영역에서 가장 익숙한 이유는 '대안'이라는 추상적 단어를 문화와 의료의 영역에서만큼은 대중이 직접 몸으로 느낄 수 있기 때문이다. '몸으로 느낄 수 있는 무엇'을 제시하지 않으면 대안 사회에 대한 논의가 학자들이나 평론가들의 말에서만 머무르고, 실제 현실의 사회경제 체제에 영향을 미칠 수 없을 것이다. 다양한 사례, 그것도 대중에게 실천할 수 있는 지침을 주는 논의가 되어야 한다. 이런 대중의 실천 속에서 사회경제계의 변화를 추동하는 동력을 얻어야만 대안 사회의 논의도 더욱 발전할 수 있을 것이다.

둘째, 대안이란 의미 있는 점유율을 확보하는 것이어야 한다. 얼터 너티브 록은 기존의 메탈 록을 과거의 것으로 만들었고, 대안 의학은 서양 주류 의학의 한계를 대중이 상식적으로 받아들이게 했을 뿐만 아니라 상당한 의료 생활의 영역을 만들어 냈다. 대안 사회도 가능성 으로서의 소규모 공동체의 움직임에만 집착해서는 틈새에서 벗어나 지 못할 것이다. 대안의 의미가 기존 주류를 대체하는 것이냐 보완하 는 것이냐를 놓고 양자택일을 하는 것은 논리적 정합성은 있을지 몰 라도 현실에서는 정치 혁명을 통한 강제가 아니라면 단 하나의 경로 만 존재한다. 즉 대안이 기존의 주류와 비교하여 '어떤 장점'을 가지고 있기 때문에 처음에는 소수의 대중이 선택하고, 점차 그 장점을 택하 는 대중의 숫자가 많아져서 주류와 의미 있게 경쟁하는 무대로 올라 서게 되는 경로이다.

특히 경제체제는 생산력의 증가에 따라 부르디외(Pierre Bourdieu) 의 어법에 따라 하나의 강력한 필드(field, 場)로 구성되었으며, 그런 기 반에서 자본주의가 주류 경제체제가 되었다는 현실을 감안할 때 정치 혁명을 통한 설계주의적 대안 사회란 실제로는 가능하지도 않다는 것 을 우리는 현실 사회주의의 사례에서 보았다.

셋째, 대안이란 주류의 위치를 지향해야 한다. 기존의 주류를 교체 하려는 열망을 가지지 않는 대안이란 기껏해야 우리끼리 옹기종기 모 인 뒷골목의 한가한 이야기밖에 되지 않는다. 사회경제 체제는 이미 국가적 영역을 넘어서서 세계적 수준의 규정력을 가지고 있으면서도 동시에 이자율이나 유가의 변동 등을 통해 우리의 삶 하나하나에 구 체적으로 영향을 미친다. 시장과 경기의 흐름은 자립적 경제를 지향하는 작은 공동체들에게도 심대한 영향을 끼친다. 구체적이고 직접적인 생활의 영역을 기반으로 지방정부, 국가, 초국가적 경제 제도까지를 포괄하여 새로운 경제 체제의 모티프를 제시하지 않고서는 대안 사회경제를 논의하기에 함량 미달이 될 것이다.

3) 가능성과 한계

한국 협동조합 운동의 흐름은 대안 사회 논의의 관점에서 보면 가능성과 한계를 동시에 가지고 있으며, 깊이 있게 고민해 볼 다양한 사례를 제공하고 있다. 이렇게 단정 짓는 이유는 다음과 같다.

첫째, 협동조합 경제 활동이 가지는 세계적 차원의 규모와 지속 가능성이 그것이다. 협동조합 운동은 오언의 협동조합 사상과 로치데일 공정개척자조합이 선물한 지속 가능한 운영 모델의 성공을 기점으로 확대되어 현재는 10억 이상의 인구가 조합원으로 가입하여 경제 행위를 하고 있는 대안 경제 차원에서 가장 큰 흐름이다. 협동조합은 초기 사상이 제시한 협동조합 공동체부터 소비자협동조합, 농업협동조합, 신용협동조합, 주택협동조합, 노동자협동조합과 같은 전통적 모델은 물론 복지 영역의 문제를 다루는 사회적협동조합이나 문화예술 분야의 협동조합까지 인간이 생각할 수 있는 다양한 경제 영역 전반에 걸쳐 운영되고 있다. 지속적으로 세계적인 모범 사례가 만들어지고 있으며 새로운 아이디어와 논리를 공유할 수 있다는 점이 협동조합 경제가 가지는 잠재력이다.

둘째, 우리나라 협동조합은 후발 자본주의 국가로서는 특수하게 몇 몇 산업 영역에서 협동조합의 점유율이 세계적 수준으로 높은 사례를 보여 주고 있다. 농협이나 산림조합 등이 그것인데, 국내에서는 협동조합 운동이 아니라 정부가 주도하여 국가 기관의 하부조직으로 설립되었다는 폄하가 있기는 하지만, 양돈, 과일류, 양곡류 등 실제 협동조합이 힘을 발휘하는 품목과 양계, 무, 배추 등 그렇지 않은 품목에서 농민조합원 개개인의 사회경제적 지위가 크게 차이 나는 것이 사실이며, 1987년 체제 후 제도적 변화 과정을 거치며 민간 자율성이 확대된 것도 사실이다. 특정한 영역에서 주류적 위치를 점유한 반면 전체 경제 체제의 흐름에서는 하위로 편입되어 있지만 여전히 많은 잠재력을 가지고 있는 특수한 사례를 우리가 직접 경험할 수 있다는 점이 대안적인 사회경제를 논의할 때 많은 함의를 줄 것이다.

셋째, 다양한 협동조합 운동의 흐름이 끝없이 이어지고 있다. 1950년대 말부터 시작한 신용협동조합 운동과 1980년대부터 진행된 생활협동조합 운동, 1970년대 도시빈민운동에서부터 뿌리를 찾을 수 있는 노동자협동조합 운동 등은 다양한 영역과 다양한 단계에서 대안 경제에 대한 구체적인 고민으로 협동조합을 채택하고 이를 현실에서 적용하려는 흐름을 보여 준다. 이런 흐름은 원주의 사례에서 보듯이 민주화 운동, 지역사회 운동, 시민운동, 노동운동과 직간접적으로 연결되어 있으며 상호 갈등하기도 하고 상호 보완 방안을 적극적으로 모색해 오기도 했다.

넷째, 우리나라는 정부의 제도적 지원과 협동조합의 자율의 범위를 가장 잘 보여 주는 국가이기도 하다. 조합원의 요구에 적합한 제도가 만들어질 경우 협동조합은 크게 발전하지만 자율적 영역을 넘어서서 제도가 '자동화'되면 조합원들을 지속적으로 주체로 참여시킬 내적 동력이 잠식된다. 이렇게 지원 제도가 협동조합의 걸림돌이 되는 사례가 많다. 상호금융의 이자소득세 비과세 상품이나 농협의 조합상호지원기금 등은 이런 사례의 전형을 보여 준다.

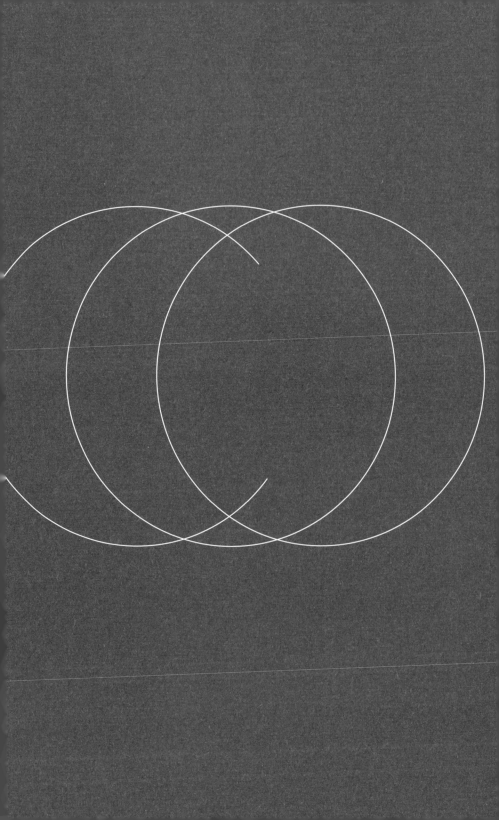

제3부

한국 협동조합이 갈 길

제7장

어디서 왔는가

협동조합은 사회적 경제 영역에서 가장 긴 역사를 가지고, 가장 큰 비중을 차지하고 있다. 이는 세계적으로도 그럴 뿐만 아니라 우리나라에서도 동일하다. 하지만 '어디까지를 협동조합이라고 할 것인가? 현재 큰 규모를 자랑하는 협동조합들이 사회적 경제의 가치에 대해 얼마나 동의하며, 어느 정도의 실천과 기여를 하고 있는가?'라는 질문에 대해 답하기는 쉽지 않다.

협동조합은 애초에 사회적 경제를 표방하며 출발했다. 역사적 경험을 쌓아 가며 협동조합은 일반 영리기업으로 변질되기도 했고, 안정된 경영 구조에 매몰되어 버리기도 했으며, 새로운 운동 방식을 찾아내기도 했다. 기존 협동조합의 문제점만을 지적하며 새로운 사회적 경제의 모델을 추구하려는 움직임은 그 시도가 성공한 후에도 지속적으로 운동성을 견지하지 못하면 현재 비판받는 기존의 협동조합과 다를 바 없게 된다.

E. H 카(Carr)는 "역사란 현재와 과거의 끊임없는 대화"이며 "우리가 그쪽으로 움직여 나가는 곳에 있는 미래"라고 했다. 우리나라 협동조합의 역사를 살펴봄으로써 경쟁이 아닌 공동의 노력을 통해 더 나은 사회를 만들어 가려는 자발적인 노력과 이를 순치하고 통제하려 했던 정부의 개입-정책의 과정을 이해할 수 있을 것이다. 이는 우리가 사회적 경제의 자발적 구성과 정부 정책과의 관계를 구체적으로 파악하는 데 도움을 줄 것이다.

1

어떻게 볼 것인가

협동조합사를 정리하기 전에 먼저 관점을 확립하는 것이 중요하다. 역사는 단순히 사건을 나열하는 것이 아니라 관점을 가지고 이전의 사건을 재구성하는 것이다. 따라서 사회적 경제의 활성화를 위한 관점으로 협동조합을 재구성하기 위해서는 어떤 관점에 입각할 것인가가 중요하다.

1) 주체적 관점

20세기 이후 한국사 인식에서 제기되는 근본적인 질문은 '근대'가

이식(移植)된 것인가 아니면 자체적으로 발전될 수 있었는가를 판단하는 것이다. '이식된 근대'라는 논점은 국내 사회의 내부 동력이 없는 상황에서 정부-해외 문물을 접한 선도적 지식인이 사회의 맥락과 상관없이 생산성이 높은 제도를 도입한 것이라는 주장과 연결되어 있다.

협동조합은 자본주의 사회에서 그 폐해를 극복하기 위하여 제기되고 실행된 제도인 동시에 자율적인 조직이다. 따라서 한국의 협동조합을 살펴볼 때 다음의 두 시각이 중요하다. 하나는 영국의 산업자본주의만이 표준적인 자본주의라는 생각에서 벗어나 협동조합이 처음 도입된 일제 강점기도 여러 다양한 형태의 자본주의의 한 가지 형식으로 이해해야 한다는 점이다. 다른 하나는 'ICA의 협동조합 원칙'에 완전히 부합할 경우에만 협동조합이라는 관점에서 벗어나 협동조합이 변주될 수 있는 다양한 방식을 인정하는 것이다. 이런 두 가지 시각이 있어야만 유럽과 다른 여건에 처한 한국 사회는 그에 적합한 협동조합 운동을 구성하려는 의지와 역량이 있고 자신만의 특수한 협동조합 역사가 있다고 해석할 수 있다. 즉 우리나라 협동조합을 바라볼 때 이중적 의미에서 주체적일 수 있을 것이다.[1]

---

1   협동조합의 역사는 그 사회의 문제점을 극복하려는 조합원의 자율성과 자발적인 노력을 중심으로 보아야 한다. 그 속에서 다양한 이해관계자의 갈등과 조정을 통해서 구체적인 제도와 조직이 선택된다. 비록 처음에는 선진국의 협동조합 제도를 위로부터 도입했다 할지라도, '협동활동'은 인간의 본성이기 때문에 현장의 경험을 바탕으로 정부의 정책과 제도가 조정될 수밖에 없으며, 그 속에는 그렇게 만들어질 수밖에 없는 사회의 구조와 상황, 아래로부터 요구된 협동조합 활동가의 노력과 조합원들의 참여 동기가 담겨 있다.

2) 균형 잡힌 총체적 관점

협동조합의 정체성은 현상적으로 대립되는 요건들을 동시에 만족시켜야 하는 하나의 관계로 구성되어 있다. 즉 협동조합은 운동적 측면에서 자본주의의 대안이라는 점을 증명해야 하는 동시에 사업적 측면에서 자본주의적 시장의 교환가치 속에서 살아남아야 하기 때문에, 운동적 측면과 사업적 측면의 대립과 통일이 있다. 조합과 조합원의 관계에서도 조합원은 '출자자-이용자-통제자'의 3중 역할을 부여받아 이용자로서의 권리와 조합원으로서의 의무를 동시에 갖는다는 점에서 기업과 고객의 관계와 다르다.

협동조합의 흐름을 정리하고 평가할 때는 이러한 점들을 감안한 균형 잡힌 총체적 관점이 필요하다. 여러 사건의 성과와 문제점을 동시에 고려하고 장단기 공과(功過)를 함께 보아야 한다.

2

1945년 이전의 협동조합

1) 전통적인 협동 활동

우리나라에는 두레, 계, 향약 등 다양한 협동조직을 만들고 장려한 전통이 흐르고 있다. 유달영 박사는 "계는 몇 명 이상 수백 명이 결합하여 동일한 목적 아래 일정한 규약을 정하고 공동으로 출자하여 상호 생활의 유지 향상, 경제 개선, 사회 복리를 도모하는 등 그 목적의 범위는 매우 넓었다."[2]고 했다. 다산 정약용은 《목민심서》에서 "백성들이 모두 계를 조직하여 돈을 불린다. 모은 돈으로 돈놀이를 하여 이자를 불리는 것을 계라고 한다."[3]며 계의 사업적 성격을 설명하고 있다.

계의 규모는 부락 단위의 10여 명 내외부터 향약계의 721명[4]까지 편차가 크게 나타났다. 일단 계원이 되면 계 내부에서는 신분의 고하를 따지지 않았고, 계원끼리 공동으로 출자하며, 규약을 만들고, 농지를 통한 생산을 수행하는 등 다양한 활동을 했다. 이러한 전통적인 계의 활동은 현대적 협동조합의 주요 원칙과 비슷한 측면이 많이 있다. 계는 아직까지도 자발적으로 수없이 만들어지고 있으며 유무상통의 원리를 기초로 하는 신용협동조합의 원형을 간직하고 있다. 이러한 우리나라 국민들의 광범위한 협동활동의 전통은 일제의 탄압에도 불구하고 지속적으로 아래로부터의 협동조합 운동을 만들어 내는 동력이 되었다.

실제 전통적 협동 조직과 협동조합 사이의 정서적 관련은 매우 깊었고 그 경험이 우리나라 협동조합 운동에 촉진제가 되었다. 일제하 협동조합은 관변과 민간을 막론하고 사창, 향약, 계와 같은 협동조직의 연관성을 강조하기도 했다. 더욱 적극적으로는 우리 생활에 깊숙

2   유달영, 《협동과 사회복지》, 홍익제, p. 88.
3   정약용, 《목민심서》, 권17 평부조.
4   여기에서 계원이 721명인 향약계는 고종 30년 황해도 감사 홍순형이 주도한 계를 말한다.

이 자리 잡고 있는 계의 행태에서 우리 정서에 알맞은 한국 협동조합의 모형을 정립해 나가는 영양분을 찾아야 한다.

하지만 일제 식민지 정부는 이런 협동 조직들이 근대적 제도로서의 협동조합으로 발전하는 것을 억제했으며, 국가의 강압적 권력을 통해 2원칙 '조합원에 의한 민주적 관리'를 없애 버리고 '사업과 조직 형식'만 협동조합의 원리를 차용한 조직을 이식시켰다. 이른바 관변 협동조합을 만들어 낸 것이다.

2) 식민지 시대 협동조합

식민지 시대 우리나라 협동조합에는 두 갈래의 흐름이 있다. 하나는 일본 유학생과 천도교, 기독교계가 중심이 되어 당시 어려운 농민들의 경제사회적 권익을 보호하기 위해 조직한 협동조합으로, 아래로부터의 흐름이다. 이를 자생적 민간 협동조합이라 한다. 다른 하나는 일제 총독부가 위로부터 주도하여 만들어 주로 통치의 수단으로 사용하면서 일부 농민들의 금융과 영농의 필요성을 보조한 위로부터의 흐름이다. 이를 관제 협동조합이라 한다.

■ 자생적 민간 협동조합의 흐름

문헌상으로 확인된 최초의 협동조합은 1920년에 설립된 '경성소비조합'과 '목포소비조합'이다. 《조선협동조합 운동소사》에서 함상훈은 "조선에 협동조합이 처음으로 시작된 것은 1919년 이후로서, 경제적인 자립 없이 정치적으로 자립할 수 없다는 것을 깨달은 조선 민중이

1개 군 또는 2개 군에 하나 정도로 소비조합을 만들었다.”고 쓰고 있다. 하지만 이렇게 설립된 협동조합은 곧 경영상의 어려움에 처해 문을 닫게 된다.

당시 우리나라는 대부분의 지역이 농촌이었기 때문에 농촌지역을 중심으로 협동조합 운동이 대중에게 파급되었다. 농민운동은 일제하의 농식민지 수탈에 맞서서 소작료 인하 운동 등을 전개하다가 시간이 지날수록 경제적 자조운동으로 발전했고, 일본 유학을 다녀온 지식인 혹은 종교 지도자와 연계되면서 협동조합 운동으로 발전했다. 한국 농촌의 파탄과 농민의 어려움의 참상을 본 민족주의적인 일본 유학생을 중심으로 조직된 ‘협동조합 운동사(協同組合運動社)’는 1927년 충남과 경남북 지역에서 강연을 하며 조합 설립을 독려한 결과, 22개 조합, 5,000여 명의 조합원으로 확대되었다. 일제는 이 운동을 방해하기 위해 위원장을 검거하고 탄압했지만 어려운 농촌 상황 때문에 많은 사람들이 민간 협동조합 운동에 참여하게 되었다. 협동조합의 규모는 오히려 더욱 확대되어서 1932년에는 조합 80여 개, 조합원 2만여 명이 되었다.

일제는 민간 협동조합 운동의 주동자가 대부분 사회주의 사상을 가졌다는 구실을 붙여 대대적인 해산 명령과 압력을 가했고 1933년에는 강제로 해산이 완료되었다. 일제가 민간의 협동조합 운동을 탄압한 것은 협동조합 운동이 일제에 반항하는 독립운동으로 발전되는 것을 두려워했기 때문이다.

천도교에서도 ‘조선농민사(朝鮮農民社)’를 중심으로 ‘농민공생조합’을 육성했다. 1932년 전국적으로 181개 조합, 3만 8,000명의 조합원이 활동했지만 1935년 중일전쟁의 발발로 일제의 통치가 강화되면서 강제로 해산되었다. 기독교에서도 1926년부터 YMCA를 중심으로 계 조직과 비슷한 마을단위 협동조합 운동을 전개하여 전성기에는 720개의 조합을 설립했다. 하지만 1930년대 초 총독부가 농촌 진흥 운동을 명목으로 마을별로 부락진흥회를 만들면서 민간 협동조합을 강제로 해산시키거나 부락진흥회에 통합시키면서 점차 줄어들다가 총독부의 폐쇄 명령에 따라 1937년 완전히 소멸되었다.

■ 관제 협동조합의 흐름

관제 협동조합은 1907년 '금융조합'을 설립하는 것으로 시작되었다. 금융조합은 신용사업을 중심으로 구매·판매 사업을 결합한 라이파이젠 협동조합의 모델을 따른다고 표방했지만 실제로는 화폐 정리 사업, 납세 선전 등 총독부의 사업을 대행한 측면이 많았고 운영도 총독부의 철저한 지도를 받았다. 1918년에는 금융조합의 도 단위 연합회를 만들고 금융 기능을 강화시켰고, 1929년 구매·판매 사업을 제외시킴으로써 금융조합은 일반 금융기관으로 변질되었다. 1933년 전국 단위 조선금융조합연합회를 설립하여 대규모 은행 조직으로 바뀌면서 협동조합적 성격은 완전히 사라지게 된다.

금융조합의 변질에 농민들의 불만이 높아지자 총독부는 이를 달래기 위해 유화 정책의 일환으로 1926년 특산품에만 한정하여 구매, 판매, 이용 사업을 할 수 있는 '산업조합'을 별도로 만들었다. 산업조합은 사업 부문과 사업 조건이 매우 한정되어 있었기 때문에 실제로는 거의 활성화되지 않았고, 따라서 1932년 사업 범위를 일반 농산물에까지 확장시켰다. 이후 산업조합의 규모는 점차 늘어나 1940년에는 조합 115개, 조합원 22만 명까지 확대되었다.

어업 부문도 농업과 비슷한 경로를 거쳤다. 조선총독부는 1911년 어업령을 공포하여 일정한 지역 내에 거주하는 어업자들이 모여 어업조합을 설립할 수 있도록 하고, 어업자 또는 수산물의 제조 및 판매업자는 수산조합을 설립할 수 있도록 했다. 1912년 어업조합이 최초로 설립되고 1930년 도 연합회가 경북에서 출범했으며, 1937년 조선 어업중앙회가 발족했다. 1941년 말에는 206개 조합에 15만 6,000명의 조합원이 가입되어 있었다.

하지만 2차 세계대전이 발발하고 정부의 통제 경제가 강화되면서 총독부는 1943년 산업조합을 해산해 버렸고 1944년 수산 단체 통합 요강을 발표하여 수산 관련 단체를 사단법인 조선수산업회로 통합시켰다. 이로써 총독부의 관제 협동조합 운동은 막을 내린다.

산림조합도 비슷한 궤적을 밟았다. 1911년 산림령을 공포하며 1913년 평안남도에서 최초의 산림조합이 정책적으로 조직되었으며, 1915년에는 전남에서 자발적인 산림조합이 면 단위로 설립되어 1921년에는 부락 단위 산림조합이 1,344개소에 달했다. 1925년에는 도 산림조합연합회가 설치되었다. 하지만 1932년 일제는 산림조합이 주민의 부담을 증가시킨다는 이유로 전면적으로 해산하고 산림조합의 재산과 업무를 식민총독부 산하 단체인 조선산림회로 이관했다.

■ 일제시대 협동조합 운동의 의의

첫째, 민간 협동조합 운동은 농촌을 중심으로 확대되었지만 당시의 농업 생산 구조의 특징상 판매 협동조합이라기보다는 소비자 협동조합적 성격을 더 강하게 가지고 있으면서 생산과 신용을 결합하는 겸영 협동조합의 지향을 보였다. 특히 '농민공생조합'은 종합 농협의 초기적 모습을 보여 주었으며 나아가 평양농민고무공장을 설립하여 고무신을 직접 제조하는 등 현재의 협동조합들도 실행하지 못하는 활동을 전개했다. 이는 2010년 생협법이 개정되어 농식품뿐만 아니라 일반 생활 자재를 취급할 수 있게 된 상황에서 많은 함의를 제공한다.

둘째, 일제시대의 협동조합 운동은 지도자들에게는 경제적 자립을 통해서 정치적인 자립을 추구하려는 저항의 성격이 강했다. 사회경제 제도의 결함을 고친다는 지향을 제시하는 것은 그런 의미를 가진다. 하지만 이런 지도자들의 노력이 실제 크게 확산되었던 배경에는 서민의 경제적 자구 수단으로서 협동조합 운동이 주는 설득력이 있었기 때문이다. 생계를 해결하기 위한 만주산 좁쌀의 공동구매 사업은 이런 성격을 잘 보여 준다. 협동조합 운동은 큰 규모의 지향을 갖는다 할지라도 그것이 생활인과 밀접히 연계되는 사업으로 실행될 수 있도록 지속적인 관심을 가져야 할 것이다.

셋째, 전국적으로 확산된 민간 협동조합 운동은 일제의 탄압과 회유, 관제 조합에 대한 편향된 지원에도 불구하고 현장의 지지를 바탕으로 지속적으로 유지될 수 있었다. 민간 협동조합 운동은 1930년대 말 전시 비상 체제로 들어가 강압적 폐쇄 명령이 이뤄지면서 정치적으로 해산되었지만 협동조합의 필요성에 대한 동력은 잠재되어 있다 광복 후에 폭발적으로 분출하게 된다. 이는 협동조합의 강인함을 보여 주는 대목이다.

넷째, 관제 협동조합의 흐름에서 식민총독부조차 아래로부터의 협동조합 운동과 열망에 대해 적정한 타협점을 계속 모색할 수밖에 없었다는 점을 인식하는 것이 중요하다. 관제 협동조합의 재산은 참여조합원이 형성한 것이며 우여곡절 끝에 현재의 농협과 수협을 발족시키는 물적 기반이 되었다는 점에서 제한적인 의의를 가진다.

3

체계 정비(1945~1973)

1) 생산자협동조합

■ 농업협동조합의 체제 구축

1945년 광복을 맞이하자 협동조합 운동은 부활했다. 좌익 농민단체인 전국농민조합총연맹은 330만 회원을 바탕으로 1,745 읍면 지회를 동원하여 협동조합전국연합회 발기회를 구성했다. 우익 농민단체인 대한독립농민총연맹도 지역 단위에서 농민후생조합을 조직해 오다가 1951년에는 읍면 단위 농업협동조합 발기대회를 갖고 농업협동조합중앙연합회를 결성했다. 금융조합연합회는 금융조합을 협동조합으로 개편하자며 협동조합추진위원회를 전국에 설치하고 1,000여 개의 읍면 조합과 도 연합회 및 농업협동조합중앙회까지 결성했다. 다양한 아래로부터의 흐름이 대규모적으로 진행되었다.

아래로부터의 협동조합 설립 열망을 반영하여 1952년 당시 신중목 농림부장관이 각 시군으로부터 농촌 청장년을 선발하여 농협 지도자로 육성하고, 사단법인 농촌실행협동조합을 설립한 후 이들을 지역으로 파견하여 조합 설립을 추진하여, 이동(里洞) 조합 13,628개소, 시군 조합 146개소를 설립했다. 이 조합들은 장관의 교체와 정부 정책의 변화로 제도적인 조직으로 발전하지 못했지만 이때 현장으로 확산된 농협 지도자들은 이후에도 다양한 방식으로 협동조합 운동의 동력이 되었다.

협동조합 설립 운동은 협동조합법을 제정하려는 노력과 병행되었다. 하지만 다양한 갈등과 쟁점 속에서 법 제정이 지체되었다. 이런 갈등의 가장 큰 이유는 금융조합으로부터 탈피하여 자주적인 협동조합을 건설하려는 흐름과, 일제 금융조합을 유지하고 이를 중심으로 농협을 만들려는 흐름이 대립했기 때문이다.

논의가 평행선을 달리자 정부는 기존의 농협 관련 조직을 모두 무시하고 두 개의 별도 조직을 설립하는 것으로 봉합했다. 1956년 주식회사 농업은행이 설립되고 금융조합의 업무와 자산을 농업은행에 이양했다. 또한 1957년 농업협동조합법을 제정해 1958년 농업협동조합을 설립했다.

하지만 경제 사업은 농협에서, 신용 사업은 농업은행에서 분담하여 농민과 농업의 발전을 기한다는 목적으로 출범한 양 조직은 실제 운영 면에서 많은 문제점을 드러냈다. 농업은행은 계획과 달리 농협에 대한 지원을 거의 하지 않았고, 농협은 농민 조합원의 조직 기반이 약한 데다 농업은행으로부터 자금 지원을 제대로 받지 못하자 경제 사업이 활성화되지 못했고 따라서 경영도 어려워졌다.

제대로 작동하지 않는 양 조직의 문제점을 해결하기 위한 논의가 계속되다가 1961년 중농 정책을 표방한 군사 정부가 주도하여 국가재건최고회의에서 6월, 농협과 농업은행의 통합을 의결했다. 그 후 8월 140개소의 군 조합, 21,042개소의 이동 조합, 101개소의 특수 조합으로 구성된 3단계 계통 조직을 갖추고 농협중앙회가 출범하게 된다. 통합 농협중앙회의 출범 후 정부는 이동 조합을 정비했다. 당시 이동 조합은 하향식으로 설립되었고, 실질적으로는 정부가 농협중앙회장과 시군조합장을 임명하는 비정상적인 구조였으며, 협동조합에 대한 조합원의 자발적 참여는 제한되었다. 정부는 이동 조합의 경영 안정을 위해 합병을 권고하면서 1969년 합병 촉진책으로 읍면 단위로 합병하는 농협에 대해서만 상호금융 제도를 허가해 주는 정책을 도입했다. 이런 적극적인 합병 촉진책에 의해서 1973년 대부분의 이동 조합이 읍면 단위로 합병되어 단위 조합은 1,545개소로 줄어들었고 이로써 현재의 농협 체계가 완성되었다.

■ 수협과 산림조합

수산업협동조합의 성립 과정은 다음과 같다. 해방 후 1954년 수협 법안이 법제처에 회부되었으나 계속 심의가 지연되다가, 1962년 2월 수협법이 통과되고 기존의 수산 단체들을 정비하기 시작했다. 그에 따라 지구 어협 88개소, 업종 어협 12개소, 제조업 협동조합 2개소를 회원 조합으로 하여 1962년 4월 1일 수산업협동조합중앙회가 발족하게 된다. 당시의 수협법에 따르면 일제 총독부의 산하 기관이었던 조선수산회의 후신인 대한수산중앙회를 수산업협동조합중앙회로 본다고 하여 기존의 관변 수산 단체의 기득권을 그대로 인정했다.

산림조합은 광복 후 1948년에 중앙산림조합연합회가 창립되었고 1950년대까지 시도, 시군, 이동(里洞) 산림조합을 체계적으로 만들어 나갔다. 당시 산림조합은 공적인 성격이 강하여 자율적인 민간 협동조합이라기보다 반관반민의 성격을 띤 산림 행정 보조 단체의 성격이 지배적이었다. 1961년 산림법이 제정되면서 산림조합은 특수법인으로서 설립 근거가 마련되었으며, 준비를 거쳐 1962년 5월 대한산림조합연합회가 정식으로 발족하게 된다. 발족 당시 도 지부는 9개소, 시군조합은 159개소, 이동산림계는 21,716개가 운영되었다.

■ 생산자협동조합 체계 정비의 평가

생산자협동조합은 1961년부터 체계가 정비되었다. 농협, 수협, 산림조합은 성격이 모두 다른데, 수협과 산림조합은 아래로부터의 운동이 미약하여 정부 주도의 반관반민적 성격이 강했지만 농협은 좀 더 복잡한 성격이었다.

농협은 아래로부터의 운동이 강했으며 정부 안에서도 협동조합에 정통한 관료들이 농협을 제대로 만들려는 노력이 있었다. 하지만 억압적 국가 구조 속에서 이런 긍정적인 흐름이 제대로 추진되지 못하고 정부 주도로 설립되었다. 결국 당시의 여건을 종합적으로 분석하면 농민의 요구와 힘이 농업협동조합이라는 이름으로 사업을 하도록 법 제정까지는 할 수 있었지만 협동조합 원칙에 따라 제도를 구체적으로 정비하기에는 부족했던 것이다.

이렇게 농협은 조합원의 참여 유인이 부족하고 민주적 운영이 불가능했다는 한계를 안고 출발했지만, 국가 경제의 빠른 성장에 힘입어 농협 조직을 통해 농업인에게 몇 가지 측면에서는 실익을 제공하는 성과를 냈다. 가장 눈에 띄는 성과는 읍면 단위 농협의 설립을 통해 상호금융 제도를 도입함으로써 농가들의 영농 자금 부족에 따른 고리채를 경감해 주었다는 점이다. 농가의 고리 사채 의존도는 1971년 60% 수준이었고 1973년까지 상승한 이후, 같은 해 상호금융 제도가 전국적으로 정리되면서 급격히 떨어졌다. 농협은 사채 금리의 절반 수준으로 대출을 하여 농가의 금융 비용 부담을 줄여 주었다. 특히 도시에서 조달한 자금을 농가에 소액의 영농 자금으로 제공했는데, 이는 현재 개발도상국에서 각광받고 있는 마이크로 크레딧의 국가 주도 협동조합 유형을 이미 40년 전에 시현한 것으로 볼 수 있다.

또한 농협은 작목반 육성을 통해 시장 상인들과의 교섭력을 높였으며, 농촌에 생활물자를 안정적으로 공급해 주는 시장이 제대로 형성되지 않았을 때에 산지 구판장을 개설하는 등 시장 경쟁이 취약한 농촌사회에서 경쟁 척도의 기능을 수행함으로써 농민 및 농촌 주민의 가계 비용 절감에 도움을 준 것도 사실이다.

그러나 이런 성과는 농민 조합원의 자율적 역량 강화로 귀결되기보다 농업과 농촌, 농협을 정부 정책의 동원 체계로 묶어 두는 방패로 이용됨으로써 여전히 식민지 협동조합 정책과 궤를 같이한다는 문제점을 지닌다.

하지만 이런 성과의 배경에는 정부 주도의 체계적인 조직 정비와 지원뿐만 아니라 1950~60년대에 다양하게 형성되어 전국 방방곡곡에서 농업과 농촌을 위해 헌신 봉사하려는 협동 정신을 가진 많은 지도자들이 있었다.

1950년대 전국의 많은 농촌 지역에서, 이동 조합은 마을 단위로 기계방아를 구비하여 이용하는 자발적인 정미조합을 결성했다. 이는 이동 조합은 규모가 작아서 경제적인 활동을 할 수 없다는 기존의 관념과 달리, 이동 조합이 시대의 여건에 따르고 조합원들의 이해와 요구를 잘 이해하면 정부의 지원 육성과 관계없이 오로지 경제적인 이유만으로도 설립과 운영이 가능하다는 것을 보여 주었다.

젊은 농촌의 청년들은 농촌을 발전시키기 위해 자발적으로 협동조합을 공부했고 이런 수백 명의 현장 협동조합 활동가들이 전국적인 조직을 만들고 열렬한 농협운동을 했다. 이런 현장의 뜨거운 협동 운동의 불씨들이 있었기에 위로부터의 동력이 현장에서 헛되이 뿌려지지 않고 협동조합의 틀 안에서 성과를 일구어 낼 수 있었던 것이다.

2) 신용협동조합

관제 성향이 강한 생산자협동조합이 정부 주도로 정비되던 1960년대, 도시지역을 중심으로 신용협동조합의 자발적인 설립 운동이 시작되고 있었다.

부산의 메리가별(Mary Gabriella Mulherin) 수녀가 주축이 된 '협동조합교도봉사회'와 서울의 장대익 신부가 주축이 된 '협동경제연구회'는 신용협동조합을 설립하기 위해 노력했다. 메리가별 수녀는 1960년

5월 1일 한국 최초로 부산 지역에서 '성가신용협동조합'의 설립을 주도했으며, 장대익 신부는 1960년 6월 26일 서울에서 '카톨릭중앙신용협동조합'의 설립을 주도했다. 이후 협동조합교도봉사회는 신협 운동의 확산을 위한 지도자 양성 교육, 조합원 교육, 홍보, 조직 지도 등 종합적 지원 활동으로 1962년까지 17개의 신협을 조직했고 카톨릭중앙신용협동조합은 1962년까지 4개의 조합 설립을 지도했다.

이후 양 조직은 1964년 50여 개의 신협을 회원으로 하는 '신협연합회'로 일원화되었다. 신협운동은 이후 지속적으로 지역 및 직장신협을 설립하면서 신협법 제정운동을 전개했다. 10년 노력의 결과 1972년 8월 신협법이 제정되기에 이르렀다. 신협법에 따라 1973년에는 277개 조합을 회원으로 하는 신용협동조합연합회가 공식 발족했다.

신용협동조합의 또 다른 조직인 새마을금고는 신협운동을 주도하던 협동조합교도봉사회에서 실시한 1963년의 교육을 계기로 진행되었다. 재건국민운동본부 경남도지회 지도 요원 35명이 제3차 강습회를 받고 1963년 산청군 생초면 화두리에서 시작해 연말까지 115개가 조직되었다. 다분히 자연발생적으로 시작된 '신용조합'은 1964년 재건국민운동본부가 민간화된 후 2대 실천 과제로 선정되면서 공식 명칭도 '마을조합'으로 바뀌어 전국적으로 확산되었다. 이후 1972년에는 21,794개소 94만여 명의 회원으로 확장된다. 마을금고는 신협법이 제정되면서 법인화되었다.

4

성장과 위기(1974~2000)

1) 생산자협동조합

농업협동조합을 비롯한 생산자협동조합은 체제 정비 후 정부의 지원을 동력으로 급격히 성장하게 된다. 생산자협동조합의 대표 격인 농협은 1961년 탄생 이후 조직과 사업 면에서 비약적인 성장을 이룩했다. 회원 농협의 경우 자산은 1961년에 133억 원에서 2000년 110조 1,903억 원으로 늘어났고 직원은 4,126명에서 51,255명으로 늘어났다. 농협중앙회의 자산은 1961년 193억 원에서 1995년에 124조 5,245억 원으로 증가했으며 직원은 926명에서 16,334명으로 늘어났다. 자산은 거의 1만 배에 육박하게 증가했는데 이는 인플레이션을 감안하더라도 전 세계적으로 유래가 없을 정도로 기록적인 증가세이다. 하지만 하향식 설립과 정부 통제에서 자유로울 수 없었던 농협은 정부 정책에 따라 조직이 분할되었다 다시 합쳐지는 등 협동조합으로서의 자율성 측면에서는 여전히 문제점을 안고 있다.

1980년 등장한 신군부가 주도한 국가보위입법위원회에서는 쇠고기 수입 이익금으로 조성한 축산진흥기금 조직과 농협중앙회의 축산 사업 및 축산조합을 합쳐 축협의 계통 조직을 별도로 설립하기로 했다. 준비 작업을 거쳐 12월 농협중앙회의 축산 업무와 재산, 그리고 그

때까지 특수조합으로 농협중앙회에 속해 있던 축협이 분리되어 축협중앙회가 만들어졌다. 하지만 20년 정도 존속되던 축협중앙회는 농민단체의 농협 신경 분리(신용 사업과 경제 사업의 분리)와 농축협 통합 요구와 더불어 IMF를 맞아 경영 위기가 발생하게 되어 농협법이 개정되면서 2000년 농협중앙회에 통합된다. 조합원의 자율적 조직인 협동조합의 정체성과 달리 주체적인 조직 원리를 갖지 못한 태생적 한계가 여실히 드러나는 대목이다.

IMF의 영향은 생산자협동조합 각각에 다른 영향을 미쳤다. 농협은 이미 탄탄한 자산을 확보한 상황에서 일반 은행과 달리 대기업 대출 비중이 낮아 오히려 IMF를 기회로 급격하게 예금이 몰려 성장세가 가속화되었다. 회원 농협도 도시화에 따라 도시농협 중심으로 상호금융 자산이 늘어나 크게 성장하게 된다.

하지만 수협은 방만한 경영의 결과 IMF의 직격탄을 맞게 된다. 수협의 사업 규모는 1962년 18억 수준에서 2000년 17조 5,000억 원으로 크게 성장한 반면 수익성은 매우 낮아 1997년 625억 원의 적자를 시작으로 1998년 3,772억 원, 1999년 2,894억 원, 2000년 8,125억 원이라는 천문학적 규모의 적자를 냈다. 특히 수협중앙회는 이미 1990년, 1995년에도 적자가 발생하는 등 문제점을 보여 주었다. 신용 사업을 하는 기관으로서 필요한 충당금 적립이 불가능할 정도의 경영상의 문제점을 안고 있다가 IMF로 충당금 적립 요건이 강화되면서 대폭의 적자를 보게 되었다. 그 결과 2000년 5월 금융감독원의 재산 실사를 받고 1조 2,000억여 원의 공적자금을 받아야 한다는 결과에 도달했다. 이후 수협중앙회는 공적자금의 지원을 받는 대가로 '예금보험공사의 신탁통치'라고 표현될 정도의 금융기관 통제를 받게 되었다.

2) 신용협동조합

신용협동조합은 신협법 개정 이후 높은 사회적 관심을 받으며 급속히 성장했다. 1982년 새마을금고법이 별도로 제정되면서 새마을금고도 성장의 탄력을 받았다. 법의 제정은 이중적인 의미를 갖는다. 즉 한편으로는 법인화 및 다양한 사회적 지원을 받을 수 있는 좋은 상황이 되지만 다른 한편으로는 협동조합에 대한 이해가 낮은 국가 기관의 관리와 감독을 받게 되면서 자율성이 줄어드는 상황도 맞는다. 특히 1980년대를 거치면서 협동조합 지도자들의 육성이 사업 확장 추세를 따라가지 못하고 공동 유대에 대한 인식이 옅어지면서 레이들로가 지적한 '사상의 위기'와 비슷한 상황이 발생했다.

국가 경제가 급격히 발전하며 은행이 성장하고 협동조합과 은행의 경쟁이 격화되면서, 협동조합은 점차 경영주의에 빠져들게 되었으며 충분한 자율적 관리가 이뤄지지 않아 부실이 발생했다. 신협의 이러한 문제는 IMF를 통해 극적으로 드러나게 되었다. 1997년 말 1,666개 신협에서 경영 위기가 발생했으며 그 결과 433개소가 해산 혹은 청산하게 되어 2002년 말 신협의 수는 1,233개소로 줄었다. 같은 기간 동안 조합원의 수도 10% 줄었고, 신뢰의 위기가 발생하자 조합원의 출자도 줄어서 출자금이 22% 감소하는 등 전반적인 위축을 경험하게 되었다. 결국 신협은 경영 안정을 위해 예금보호공사로부터 4조 8,000억여 원의 공적자금을 받게 되고 금융기관의 관리감독을 받게 되었다.

3) 협동조합 민주화 운동

1960년대 말부터 정부 주도의 하향식으로 설립된 농협의 문제점을 지적하고 진정한 협동조합을 만들어 가기 위한 노력이 계속되었다. 1970년대 초 가톨릭농민회가 주도하여 현장 농민의 목소리를 담은 《농협실태조사연구보고서》가 발행되면서 농협의 문제는 공적인 이슈로 드러났고 농협의 부조리를 시정하라는 요구가 확산되었다. 이후 농민단체들은 '농협 민주화 운동'을 중요한 활동 과제로 걸고 1970~80년대에는 '농협조합장 직선제 쟁취'와 '민주적인 농협 운영'을 중심 과제로 주장했다. 1987년 6월항쟁의 성과로 민주화가 이뤄지자 정부는 1988년 농협법을 개정하여 조합장 직선제를 수용했다. 이후 농민 단체들은 농협중앙회의 신경 분리 요구, 경제사업 활성화를 주장했으며 현장에서는 지역 농협 개혁 운동을 벌이기 시작했다.

농협을 제외하면 대중적인 협동조합 민주화 운동을 찾아보기는 어렵다. 이는 기존 협동조합 기관들이 구조적으로 문제가 있고 1990년대 중반까지 한국 사회에서 협동조합에 대한 의미 부여가 미흡했기 때문이라고 생각한다. 하지만 정치적 민주화가 어느 정도 이뤄졌음에도 불구하고 사회경제적 민주화가 지체되는 상황에서 서민들의 생활은 더 어려워지고, 한국 사회가 선진국의 수준으로 접어들어 급격한 정치적 변동이 어려워지는 상황에서 새로운 모색을 하게 된다. 이 속에 IMF를 겪으면서 협동조합에 대한 관심이 크게 높아졌다.[5]

5   (주)지역농업네트워크, 《지역과 농업의 네트워킹, 10주년 심포지엄 자료집》, 2008.

강종만 외, 《상호금융 미래 발전 전략》, 농협중앙회, 한국금융연구원·농협조사연구소, 2004.

김기태 외, 《협동조합기본법 제정에 대한 연구》, 국회사무처, 한국협동조합연구소, 2010a.

김기태, 〈지역농협의 역할 재규정과 지역종합센터 구상〉, 《농업농촌의 길 2010 심포지엄 자료집》,
    2010b.

김영미, 《그들의 새마을운동》」, 푸른역사, 2009.

남원호, 〈한국의 대안기업을 이야기하다〉, 모심과살림 포럼 발제자료, 2010.

유달영, 《협동과 사회복지》, 홍익제, 1998.

장종익, 〈한국협동조합 운동의 역사와 현황〉, 협동조합연구소 내부자료, 1995.

조완형, 〈생활협동운동과 생활협동조합활동〉, 모심과살림포럼 발표문, 2010년 5월.

제8장

어디로 갈 것인가

한국의 협동조합과 사회적 경제는 한국 사회경제계의 한 부분이다. 일반적인 한국의 사회경제계 내부에서 협동조합·사회적 경제가 가진 특수성을 고려하면서 운동의 방향을 결정해야 한다. 올바른 방향으로 올바른 실천이 이뤄지면 협동조합의 사회적 영향력은 확대될 것이고, 이렇게 되면 한국 협동조합·사회적 경제의 장점과 특징이 시장 여건, 제도·정책 여건, 사회적 여건에 영향을 미쳐 한국 사회적 경제계 전반에 변화를 가져올 것이다. 이런 과정의 반복을 통해 어느 순간 임계점을 넘어서면 한국의 사회경제계는 다른 시대로 진입하게 될 것이다.

한국의 협동조합·사회적 경제계는 세계 차원의 협동조합·사회적 경제계의 일반성을 공유하면서도 동시에 다른 나라들이 경험해 보지 못한 특수한 환경 속에서 특수한 성격을 가지고 있다. 한국의 협동조합·사회적 경제 운동이 한국의 특수성을 감안한 채 200년 가까운 협동조합 운동의 성과와 성공 원칙, 이론을 깊이 학습하고, 전략적 방향을 정하고, 실천하기 위해 노력하면 세계 협동조합·사회적 경제 운동의 일반성을 심도 깊게 이해하고 체화할 수 있을 것이다.

동시에 한국의 특수한 상황 속에서 이론과 실천 양면에서 우리가 실행한 협동조합 운동의 성과가 만들어지면 그 경험은 다시 세계 협동조합·사회적 경제 운동을 풍부하게 만드는 자양분이 될 것이고, 협동조합 운동의 일반성은 더욱 설득력을 가지게 되고 확장될 것이다.

다른 나라의 협동조합 운동이 가지는 특수성과 일반성의 변증법도 마찬가지이겠지만 한국 협동조합 운동은 여러 가지 측면에서 일반성에 미치는 영향이 더욱 클 것으로 보인다. 그것은 한국이 1945년 이후 식민지 경험을 가진 후후발 자본주의 국가가 후기산업사회로 진입한 경험을 가진 아주 희소한 나라 가운데 하나이기 때문이다.

앞에서 전 세계 협동조합 운동이 함께 해결해야 할 중요한 과제를 제시했다면, 여기서는 이 과제들을 함께 실행한다는 전제 속에서 다른 나라와 달리 한국의 협동조합·사회적 경제가 직면하고 있는 한국만의 특수한 상황이 야기하는 핵심 문제들을 정리해 보고, 그것을 해결하기 위한 방향을 제시하려 한다.

1

한국의 사회적 경제

1) 한국의 특수성

한국의 협동조합·사회적 경제가 특별하게 풀어야 할 문제를 따지려면 우리가 속해 있는 국가의 가장 큰 분석 단위인 거버넌스 구조를 이해해야 한다. 여기서는 협동조합·사회적 경제가 해결해야 할 과제들을 추출하는 수준에서 필요한 부분만 정리해 보자.

거버넌스 연구들에 따르면 국가마다 국가-시장-시민사회의 파트너십 방식의 차이에 따라 거버넌스의 유형도 달라진다. 예를 들어 국가 중심적 거버넌스, 시장 중심적 거버넌스, 시민사회 중심적 거버넌스 등 국가마다 다른 특징을 가진다.

이런 관점에서 볼 때 한국은 1987년 이전에는 강력한 국가주의적 거버넌스 유형이라고 할 수 있으며, 이후에는 시장과 시민사회, 국가의 역할 조정이 계속 이뤄지고 있는 중이라고 할 수 있다. 현재 사회경제적 갈등은 이런 이행 과정에 대한 의견이 적극적으로 표출되는 결과로 보인다.

국가의 거버넌스 유형을 분류하는 것만으로는 협동조합 운동의 방향을 정립하는 데 필요한 한국 사회의 특수성을 구체적으로 이해하는 데 한계가 있다. 현재의 현상들을 만든 좀 더 심층적인 구조와 역사적

각국의 거버넌스 모델

거버넌스 유형	주요 행위자	특징	사례
국가 중심적	국가조직 및 사회 정상 조직들	주도적 위치, 타협적, 포획적	스칸디나비아, 일본
시민사회 중심적	NGO와 같은 시민단체	강력하고 다원화된 시민사회	미국
시장 중심적	시장	경쟁 원리, 고객주의, 최소국가론	
국가주의	국가	국가 독점, 강압, 직접적, 기술관료적 방식	프랑스, 스페인, 1987년 이전 한국
네덜란드	사회적 연결망	국가가 기본적 책임, 자기규제적, 협동적 장치로 원활히 수행	소규모 유럽 국가
정부 없는	자기조직화 연결망	참여자들의 공통 이익 반영, 합의적 의사결정	영국

(김기태 외 , 〈농정 거버넌스 구축 구체화 방안 연구〉, 농어업농어촌발전특별위원회, 2007)

경로들을 뽑아 내야만 생산적인 논의가 될 것이다.[1]

한국의 전체적인 거버넌스 구조의 특수성을 따지는 핵심 키워드는 ① 오랜 중앙집권 체제의 경험, ② 적대적 분단, ③ 산업투자국가의 세 가지가 될 것이다.

---

1 퍼트넘(Robert Putnam)은 《사회적 자본과 민주주의》에서 광역 지방자치제가 도입된 후 중북부 이탈리아와 남부 이탈리아의 경로가 달라지는 이유로 가장 멀리로는 1천 년 전의 이탈리아반도 남북을 가르는 통치 체계와 시민이 주도한 코무네 경험을 제시했다. 이런 분석은 엄밀하지 않다거나 이런 식의 분석이 사회적 자본을 축적하기 위한 운동을 불가능하게 만든다고 비판받기도 하지만 어느 정도 진실의 일단을 담고 있는 것으로 보인다. 한 사회의 장기 지속을 따지는 층위에서는 거시 기후와 물질문명의 패턴, 이에 가장 큰 영향을 미쳤던 농업 생산력 구조 등이 어떻게 문화적 유전자로 축적, 전승되는지가 중요하다. 이런 식의 심층에 대한 관심은 오히려 유럽과 미국 중심의 서구적 일반성 논의에 있는 역오리엔탈리즘의 경향에 대해 의식적으로 성찰하면서, 우리의 경험을 일반성으로 길어 올리는 주체적인 논의를 강화하는 데 도움을 줄 것이다.

▪ 오랜 중앙집권 체제의 경험

다른 나라들과 달리 한국은 중국과 함께 가장 오래된 중앙집권국가의 경험을 가지고 있다. 통일신라 시대의 시작을 대략 676년으로 잡고 있으니 중간의 후삼국 시대 40여 년을 빼더라도 1,300여 년의 역사를 중앙집권국가 체제에서 살고 있는 것이다.

중국은 진나라의 통일 이후에도 계속 삼국 및 위진남북조 370년경, 남북 송나라 시대(150년) 등 중원이 분열된 시기가 있었던 반면, 우리나라는 고려에서 조선으로, 조선에서 일제 식민지로, 식민지에서 미군정, 미군정에서 대한민국으로 중앙집권적 체제가 그대로 이양되었다는 특징을 가지고 있다. 국가의 규모가 중국에 비해 작았기 때문일 것이다.

유럽은 봉건제가 끝나고 자본주의로 넘어오면서 영토를 기반으로 독점적 주권을 가지는 현대적 의미의 행정부가 존재하는 근대적 국가가 정립된 것이 기껏 17세기부터이니 약 400년 정도의 중앙집권 역사를 가진 것이다.

유럽과 달리 왜 동아시아에서는 중앙집권 체제가 초기부터 성립되어 안정적으로 유지된 것일까? 마르크스 경제사는 이에 대해 아시아적 전제군주국가는 유럽의 고대 이전에 머무른 역사적 지체로 이해하기도 했지만 이는 지금의 관점으로 보면 정보의 부족과 잘못된 유럽 중심 사고에서 생긴 오류에 불과하다.

최근의 연구 결과들은 오히려 거시 기후의 특징에서 그 이유를 찾고 있으며 이런 접근법이 더 설득력 있어 보인다. 동아시아, 넓게는 인도차이나반도까지 아시아 몬순 기후의 영향을 받는다. 아시아 몬순 기후는 여름의 고온다습과 겨울의 저온한랭을 특징으로 하는데 이런 기후 조건은 한중일의 동아시아 3국에서 더 전형적으로 드러난다.

여름에 비가 많이 내리고 겨울에 건조한 기후가 길게 계속되는 몬순 기후 조건 속에서는 평평한 낮은 지역은 습지가 되기 쉽다. 이런 농지 구조에는 밀농사보다 물이 많이 필요한 벼농사가 더 적합하다. 아시아 지역의 대부분에서 쌀을 주곡으로 선택한 이유는 이 때문이다.

몬순 기후에서는 다양한 형태의 재앙이 발생한다. 특히 홍수에도 가뭄에도 취약한 벼를 주곡으로 선택하게 되면 자연재해는 더 심각하게 사회를 위협한다. 가뭄과 홍수를 막기 위해서는 마을 단위에서 보(洑)와 소규모 저수지를 만드는 것만으로는 부족했다. 강의 물줄기를 돌리거나 대규모 제방을 쌓아야 하는 경우도 있었고 아예 인공 호수를 파야 하는 경우도 있었다. 이런 일에는 강력한 국가 기구가 필요했다.

우왕(禹王)이 치수(治水)의 공로로 순임금으로부터 선양을 받아 하나라를 건국했다는 중국의 삼황오제 신화는 이런 재해 대응 국가의 필요성을 상징적으로 보여 준다. 재해 대응을 위해 국가를 필요로 하게 되면 왕은 재해가 닥칠 때마다 자신의 부덕함을 인정하고 자신이 재해 해결에 최선을 다하고 있음을 백성에게 알려야 했다. 음식의 가짓수를 줄이고 백성들의 고통을 함께 경험하며 치유의 제스처를 취해야만 했으며 구휼미를 푸는 등의 재해 후 복지 대응을 해야 했다. 만약 재해가 길어지고 백성의 삶이 피폐해지는 상황을 돌이킬 수 없다면 부덕(不德)한 국가를 대체할 수 있다는 사상도 만들어졌다. 맹자는 이미 기원전 3세기경에 '역성혁명(易姓革命)'을 피력했다.

이러한 왕의 '부덕함의 인정'은 어디서 유래하는가? 나는 동아시아 군주의 자연재해, 특히 농사와 관련된 재해에 대한 무한한 책임의식이, 동아시아 국가와 사회의 '협약'에서 기원한다고 본다. 그 협약의 내용은 무엇인가? 바로 동아시아 쌀 경작 지역, 특히 홍수와 가뭄이 번갈아 급습하는 동북 아시아 지역에서 씨족 단위 협력과 연대의 시스템을 초월하는 더 상위의 연대 스왑 기구를 만들 때의 '재난 보험 협약'이디.[2]

이런 중앙집권국가를 형성하고 안정적으로 유지할 수 있게 만든 농업 생산력 체계는 사회-공동체 전체의 동아시아적 특수성을 만드는 데 기여했다. 첫 번째, 쌀은 밀에 비해 단백질의 총량은 적지만 필수 아미노산은 더 많은, 즉 단백가(蛋白價)가 높은 영양학적 특징을 가지고 있다. 쌀에 없는 필수 아미노산은 콩과 발효 음식을 통해 조달했다. 동아시아에 된장, 간장, 두부, 김치를 포함한 절임 채소가 먹거리의 기본 체계가 된 이유이고 축산업이 별로 발달하지 않은 이유이다. 고기가 없어도 삶을 영위할 수 있으니 일반 백성의 땅에 대한 고착은 더 강화되었다.

중앙집권국가의 왕은 이런 상황에서 덕치(德治)를 표방하지 않을 수 없었고 이런 조건에 가장 적합한 정치사상은 유교(儒敎)였다. 안정적 국가 체계가 정립되면 유교를 통치 이데올로기로 하여 왕과 신하의 상호 견제가 국가 운영의 기본 구조가 되었다. 당나라 때 이미 기존 진한

---

2   이철승, 《쌀, 재난, 국가》, 문학과지성사, 2021.

시대부터의 기본 법 체계로 받아들인 율령제가 완성되었고 우리나라도 이미 삼국시대부터 율령제를 받아들여 조선에서도 초기부터 체계적인 법제를 정비했다. 동아시아의 국가는 이미 오래 전부터 입헌군주국을 지향해 온 것이다. 정조 때에는 '민국(民國)'이라는 표현이 《조선왕조실록》에도 나오는 등 유럽의 근대국가와는 다른 접근 방법으로 국가-사회(공동체)의 협약이 부분적으로나마 작동했던 것이다.

논은 주로 평야에 논두렁을 쳐서 만드는 것이므로 유럽처럼 방목이나 개별 농장을 만들 수 없었고 경작자들은 논이 펼쳐진 벌판 중에서 높은 땅에 함께 살게 되었다. 마을이 기본 거주 구조가 된 것이다. 또한 벼농사 기술이 발전되어 모내기를 하게 되자 마을은 이제 공동 생산 조직이 되었다. 조선시대 대부분의 마을에서 조직된 두레가 그것이다. 동아시아에서 태어난 사람들은 태어날 때부터 마을-공동체의 구성원이면서 동시에 국가의 신민이었다.

벼농사 문화의 개인들은 '집단 속 주체들'이다. 잘 직조된 사회적 관계 속에 놓인 주체들이라는 의미이다. 마을 공동체의 공동 노동으로부터 진화한 이 사회적 관계의 밀도는 대단히 높다. 가족과 혈연 및 공동 노동으로 엮인 이웃사촌들과의 관계 속에서 개인의 '사적·독립적 공간'은 사실상 존재하지 않았다. 벼농사 문화의 개인들은 집단 속에서 어떻게 처신하고 자신의 역할을 완수할지를 어려서부터 학습했다. 이들의 일상은 부모-자식 간의 도리, 형제 간의 도리, 친척 간의 도리, 이웃 간의 도리들로 촘촘하게 짜인 '관계들' 속 의무 사항들로 가득 메워졌다. (이철승, p. 123)

마을의 협업 시스템은 과부나 독거노인의 논밭까지 관리해 줬다.(이철승, p. 334) 이렇게 사회적으로 구성된 생산적 복지 체계가 잘 작동하기 위해서는 공동체 구성원이 제 몫을 함으로써 다른 사람에게 민폐를 끼치면 안 되었다. 공동체 내의 관계에서 중요한 것은 한 사람 몫을 제대로 하는 것이다. 한 사람의 몫을 제대로 하기 위해 중국은 '예의염치(禮義廉恥)'를 강조했고 일본도 자의 반 타의 반으로 메이와쿠(迷惑, 민폐)를 내면화했다. 우리나라도 지속적으로 국민을 교화하기 위해 충효사상, 삼강오륜을 설파했고 조선 후기에는 향약(鄕約)이라는 일종의 마을 계약 체계를 전파했다. 마을 주민이 만든 동계(洞契)에서는 심각한 잘못을 저지른 계원이 생기면 마을에서 쫓아내는 것을 최고의 징계로 삼았다. 동아시아의 마을 구조에서 공동체의 강제력은 유럽의 그것보다 훨씬 강했다.

이런 구조 속에서 동아시아의 혁신은 마을 간의 경쟁을 기반으로 한 마을 내의 혁신의 연속이었다. 모내기 농법은 원래 조선 초기 국가가 권장한 농법이 아님에도 불구하고 냉해의 리스크를 감수하면서도 쌀 생산을 늘리기 위해 농민들이 아래로부터 자발적으로 도입한 혁신이었다. 이런 모내기 농업의 리스크를 줄이기 위해 두레를 조직함으로써 더 강력한 공동 생산 체계를 스스로 만들었다. 재해의 예방을 위한 국가적 방어막과 마을 단위의 혁신과 공동 활동을 통해 동아시아는 18세기 중후반기 유럽에서 산업혁명이 일어나기 전까지 전 세계 차원에서 가장 높은 생산력과 인구밀도를 가지고 있었다.

벼농사를 통한 국가-마을 단위의 역할 분담, 장기간 지속된 1차 산업 중심의 높은 생산력, 중앙집권 체계 속에서 법치주의의 추구, 과거시험을 통한 신분 상승의 가능성이 열린 사회 등의 동아시아적 특징은 백성이 국가에 요구하는 기대 수준이 유럽의 그것보다 훨씬 높을 수밖에 없음을 보여 준다. 또한 동시에 신분 상승에 대한 높은 요구도 존재하고 있다. 평범한 백성이 수평적으로 힘을 모아 문제를 해결하는 것보다 임금에게 상소해서 문제를 해결했다는 이야기가 많은 상황에서 민간 협력의 정당성도 국가에 물어봐야 하는 것이었다.

이런 동아시아의 경험을 정리한 이유는 우리의 경험이 유럽보다 열등하거나 우월하다는 것이 아니라 상당히 다르다는 것을 드러내기 위함이다. 천 년 이상 구성되어 온 이런 역사적 경로와 문화적 유전자의 차이점을 이해하면서 협동조합 운동의 일반성과 특수성을 살펴봐야 한다.

■ 적대적 분단

한국은 중앙집권국가 체제가 1,300여 년 계속되었다고 했지만 현재 한반도는 남북으로 나뉘어 두 개의 중앙집권국가 체제인 상황이다. 동시에 남북한은 6·25전쟁이라는 3년간의 전면전을 겪었고 1980년대까지 지속된 세계적 차원의 냉전 상황에서 자본주의와 공산주의의 쇼윈도 국가로 냉전의 전면에 있었다. 이런 70여 년의 역사는 단순한 분단 체제가 아니라 적대적인 분단 체제로 나타났다. 냉전 기간 중에도 판문점 미루나무 사건, 연평도 해전 등 군사적 충돌이 있었고 양국은 상대방에게 위협을 느끼면서 동시에 반드시 이겨야 하는 카운트 파트너로서 이를 위해 전면 동원 체제를 강요했다.

민주적이지 않은 정권은 취약한 정당성에 대응하기 위해서라도 위기의식을 고취하기 위해 이런 남북 분단의 전면 동원 체제를 악용했다. 지배 권력에 대한 사소한 저항이나 반대도 이적 행위로 취급되어 단죄되었다. 남북한의 집권 세력은 분단을 악용하여 더욱 강력한 중앙집권 체제를 추구했다. '적대적 공생'이 이뤄졌다.

특히 남북한이 자본주의와 공산주의라는 양 진영의 쇼윈도가 되면서 사상의 자유는 더 위축되었다. 1990년대 초 소련의 붕괴하고 세계 공산주의 체계가 무너지면서 남북한의 체제 대결도 사실상 남한의 승리로 나타났지만 여전히 70여 년의 잔재가 남아 있어 다양한 사회경제적 패러다임을 자유롭게 논의하기에는 부자유스러운 점이 있다.

중앙집권국가 체제는 지배 권력뿐만 아니라 그것에 저항하는 세력에게도 강한 영향을 미쳤다. 강력한 권위주의적 지배 세력에 저항하기 위해 그것에 반대하는 민주화 운동도 정치권력의 변화에 주로 집중했다. 1990년대 중반까지도 국가 체제의 민주화를 목표로 하지 않는 다른 다양한 사회적 행위는 부차적인 것으로 간주되거나 비민주적인 국가 권력이 계속 권력을 가지고 있는 한 실현할 수 없는 '공상'으로 폄하되었다.

이런 상황에서 한국에 도입된 협동조합의 제도·정책 여건은 이중적이었다. 즉 산업 정책적으로는 육성의 대상이었으되, 협동조합과 관련된 사상은 통제와 탄압의 대상이었다. 협동조합 이론은 정부가 허용한 산업 정책의 범위 내에서만 수정 혹은 첨삭되어 받아들여질 수 있었다.

산업 정책의 범위에 포함된 농협과 수협, 산림조합은 증산 혹은 경쟁력 강화를 위해 적극적 지원 속에서 육성되었다. 신용협동조합도 초기에는 민간 운동으로 시작했으나 1970년대 초 불황 극복 등의 정권의 요구와 결합되어 제도 내로 포섭되었다. 반면 소비자협동조합이나 노동자협동조합을 포함한 민간의 자율적인 협동조합 운동은 불온시되었고 1987년 이전까지는 제대로 언급되기조차 어려웠다. 협동조합과 관련된 이론적 연구도 공산주의와 비슷하다는 이유로 사실상 금지되었다.

민주화 운동 진영에서도 뒤늦게 1990년대에 접어들어 협동조합의 사상을 수용하기 위해 노력했지만 기존의 협동조합 논의와 차별화하기 위해 비즈니스 조직으로서의 의사결정 원리는 상대적으로 경시되고 사회운동의 일환으로 받아들여 어소시에이션으로서의 성격과 효과에 대해 과도하게 강조했다.

당연히 이론과 실천 양 측면 모두 한국의 협동조합 운동은 유럽과 다른 독특한 경로를 밟을 수밖에 없었다.

■ 산업투자국가하의 압축 성장

한국 사회경제계의 가장 중요한 특징을 한 단어로 꼽으라면 '압축성장'을 들 수 있다.

1인당 GNI(가처분소득)은 1953년 67달러에서 2020년 31,755달러로 474배 증가했다. 전쟁의 폐허 속에서 1차 산업밖에 없는 최빈국이었던 한국은 3차 산업이 경제를 주도하고 무역 규모 1조 달러에 속하는 고도 산업사회로 변화되었다. 또한 GDP 대비 제조업의 비중은 27.8%로 독일(21.6%)이나 일본(20.8%)보다 높게 유지하고 있다. 본격적인 경제 성장이 시작된 1965년 이후 55년 만에 최빈국에서 선진국

반열로 올라선 거의 유일한 나라가 되었다.

한국의 이런 변화와 발전의 이유는 다양하게 제시할 수 있겠지만 중앙집권적 국가가 주도하는 경제 개발 계획과, 그것에 적극 동조하면서 수익을 창출하는 대기업 집단 형성과, 이들 양자의 협력 체계가 핵심적인 요인 중의 하나인 것은 분명하다.

중앙집권적 맥락이 강한 동시에 진영이 다른 적대적 분단 체제 속에서 한국의 집권층은 자신의 정당성을 증명해야 했고, 그것은 남북 정권 모두의 슬로건이었던 '쌀밥에 고깃국'을 위한 경제 개발을 강요받았다. 중앙집권국가는 국민과 국가 모두 서로에게 높은 기대 수준을 요구하고 더 많은 관심을 보인다. 남북한의 체제 경쟁은 냉전 당시 양 진영의 체제 경쟁보다 더 높은 수준으로 진행됐는데, 현재의 경제 발전과 계층 구조를 만들어 낸 가장 기본적인 기반인 '농지 개혁'도 '쌀밥에 고깃국'을 제공해야 한다는 중앙집권국가의 지도적 역할에 대한 남북한의 체제 경쟁 속에서 어쩔 수 없이 선택된 것이다.[3]

1961년 군사 정부는 정권의 취약성을 보완하기 위해 경제 개발을 선택하지 않을 수 없었고, 원조, 자유무역 지대 조성을 통한 외국 자본의 유입 등 활용 가능한 다양한 자원을 결합하여 경제 개발에 나섰다. 경제 개발 5개년 계획은 자본주의적도 사회주의적도 아니었다. 일본 경제 발전의 궤적을 참고하면서도 미흡한 자본과 기술이라는 환경 속에서 이중 삼중의 불균등 발전 전략을 구사했다. 산업 지구의 집중 개

---

3   이 점이 중앙집권국가의 경험이 적었던 동남 아시아나 중남미 등 식민지 해방 국가들과 달리 동아시아 국가가 대부분 농지 개혁을 제도적으로 받아들인 배경이다. 특히 북한이 무상 몰수 무상 분배 농지 개혁을 먼저 단행하자 남한은 농지 개혁을 받아들이지 않을 수 없었다.

발, 협력적 기업에 대한 과감한 지원, 생산비 증가를 억제하기 위한 계급 분할 전략은 중앙집권국가의 강력한 행정 체계와 연결되어 어떻게든 성과를 만들었다.

농지 개혁에 따른 기존 지주 계급의 몰락과 농민들의 자녀 교육에 대한 경제적 여유 확보, 중앙집권국가가 가지는 강력한 자원 배분 권한 등이 결합하자 대부분의 가족은 신분 상승의 기회를 잡기 위해 노력했다. '가문을 일으킬 아들 ○○'에게 자원이 집중되었고, 모자라는 교육비를 부담하기 위해 딸들은 공장으로 갔다. 한국의 압축 성장에서 필수적인 요소라고 손꼽히는 '인적 자원'은 이런 여러 가지 상황이 압축되어 만들어진 것이다.

1970년대 경제 불황의 여파는 80년대 중반까지 이어져 위기 경보가 울렸지만 85년 플라자 합의에 의해 독일과 일본의 수출 경쟁력이 급감한 틈을 타 한국 경제는 성장해 나갔다. 소련의 붕괴로 인해 진영 대결이 끝나고 글로벌 자본주의 체제가 본격적으로 작동되자 수출 중심 경제를 추구했던 한국에 유리한 구도가 형성되었다. 수출 중심 경제는 대기업이 주도했고 국가는 점차 단계적으로 신자유주의적 정책을 전면화했다. 하지만 정치적 민주화에 따라 범민주 진영이 정치에서 권력을 잡는 경우가 발생하면서 견제 혹은 새로운 어젠다가 계속 국가 운영에 포함되도록 이끌었다. 복지와 경제 민주화 등이 그것이다.

이런 모든 과정에서 중앙집권적 국가는 해외 원조의 조달, 경제 외교, R&D 지원, 신규 전략 상품의 초기 시장 형성을 위한 국가 재정 지원(대표적인 사례가 자동차 보조), 저렴한 산업용 전기의 제공, 산업투자 인프라 구축에 대한 국가 지원 등 거의 전방위에서 경제 성장을 위한 직간접적 지원을 했다. 1인당 국민소득 1만 달러에 올라서야 한다는 슬로건은 1만 달러가 달성되면 2만 달러로, 2만 달러가 달성되면 3만 달러로 변해 가며 경제 성장을 국가의 실질적 미션으로 삼았고, 이를 위해 행정력을 최대한 동원했다.

동아시아의 중앙집권적 국가 경험 속에서 서구의 다양한 국가 행정 체계를 혼합하여 받아들인 우리나라는 유럽의 3단계 국가 패러다임을 모두 혼합하여 독특한 국가 운영 형태를 가지고 있다. 굳이 명명하자면 국가가 앞장서 경제 발전 방향을 정립하고, 대기업이 중심이 되어 협조적 혁신·참여를 결합한 뒤, 정부 재정과 기금, 은행의 협력 등을 총동원하여 국가 경쟁력을 끌어올리는 '산업투자국가'의 운영 모델이다.

지금까지는 상당히 성공적이었던 이런 국가 운영 방식으로 인해 중앙집권국가, 특히 전문 행정 관료 체계에 대한 국내외 및 정부 내외의 평가는 높은 편이다. 경제의 규모와 범위가 확장되면서 경제 관련 행정 업무도 늘어나 이를 해결해야 할 관련 부처와 공무원 및 중간 지원 기관과 종사자의 수는 계속 늘어났다. 중앙집권국가에 대한 높은 국민의 기대 수준은 일반적으로는 공무원을 줄이라고 요구하지만 각자가 가진 특수한 분야에 대해서는 계속 공공기관의 역할을 높이도록 요구했다. 한국은 여전히 중앙집권국가의 이니셔티브가 용인되는 국가라 하겠다.

2) 시장-시민-국가 관계의 특수성

■ 과대 성장 국가의 운영과 그 잔재

1987년 이전 국가 주도 거버넌스 유형은 또 다른 방식으로 한국 사회의 특수성을 만들어 낸다. 유럽은 1천여 년간 다양한 시기와 지역에서 자유도시(코뮌)을 만들어 나가는 시민들의 투쟁과 참여, 자기 통치의 경험을 축적해 왔고 이것이 자본주의와 시민사회를 이끌어 내는 동력이 되었다.

반면 한국은 민간에게 이런 역사적 경험이 없었다. 법률적·형식적으로는 공정한 중앙집권적 국가와 연결되는 마을공동체의 경험은 국민들에게 국가 전체 차원의 참여를 요구하기 어려웠다. 이식된 근대국가의 운영 방식을 모방하면서 도입한 어소시에이션도 그 정신과 실질은 사라지고 형식적으로만 도입되었다.

정부 주도의 경제 개발을 위한 다양한 활동 중에 민간에게 이양할 부분이 생기면 국가 주도하에 새로운 협회를 만들거나, 민간이 자발적으로 만들었다고 하더라도 이를 산하 단체화했다. 비정부 부문 산하 단체들의 활동에도 개입하여 국가가 직접 통제하고(대표적으로 농협중앙회장의 대통령 임명 등) 이들 산하 단체는 국가 업무의 일부분을 독점적으로 할당받는 특혜를 누릴 수 있도록 하여 시민사회의 형성 자체를 억제하는 '과대 성장 국가'[4]로 운영되었다.

1987년 민주화 이후 시민사회의 성장과 사회적 역할이 확대되었지만 여전히 직능단체로 대변되는 업종 중심의 폐쇄적인 압력단체의 영향력 유지, 정치에서의 지역주의, 정책 정당의 본격적 도입 지연 등은 이런 역사적 경험을 배경으로 설명할 수 있다.

이런 우리나라의 역사적 경험은 아래 그림과 같이 서구와 다른 거버넌스의 여건을 형성하고 있다. 즉 우리나라의 경우 자발적 부문인 사회적 경제를 포함하여 시민사회단체의 역량이 미흡하고, 비자발적 부문인 일반 시민과 자발적인 시민단체의 연계가 미흡한 상황이다.

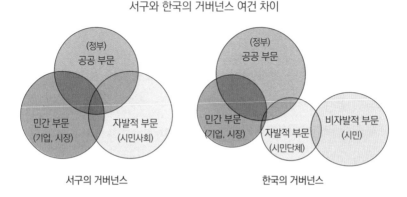

서구와 한국의 거버넌스 여건 차이

서구의 거버넌스   한국의 거버넌스

▪ 더 절실해진 시민 부문의 확장과 연대

개인적인 경험이다. 10년 전쯤 협동조합 운동을 한다고 주변 사람에게 이야기하니까 시민단체에 있던 한 후배가 대뜸 "형, 협동조합 운동은 개량주의적인 거 아니에요?"라고 물었다. 사실 그보다 20년쯤 전에 시민운동에 대해 당시 노동운동과 농민, 빈민운동에서 가졌던

---

4   파키스탄 출신의 사회학자 함자 알라비(Hamza Alavi)가 1972년 내놓은 사회 분석 모델로서, 미숙한 시민사회에 걸맞지 않게 크게 만들어진 경찰, 군대 등 억압적 국가 기구는 억압적 지도자의 재생산을 수월하게 만들고, 이를 통해 지속적으로 시민사회의 성장을 방해하는 더 큰 억압적 국가 기구를 확대하는 것을 말한다.

'개량주의적'이라는 혐의가 1987년 체제가 시작된 지 사반세기가 넘어가는 2012년에 협동조합 운동에 향했다. 그 후배가 비판적인 시각으로 질문한 것이 아니라 그냥 자신의 의식의 흐름에 따라 질문한 것이라 이해하면 더 안타깝다. 이 작은 에피소드는 중앙집권국가가 주도하는 국가 주도 거버넌스를 국가-시민사회-기업이 함께 수평적 파트너십을 만드는 굿거버넌스로 전환하려는 시도가 잘 진행되지 않는 이유 가운데 하나가 '시민사회 내부에 구조적-심리적 격자가 존재하는 것'이라는 사실을 상징적으로 보여 준다.

이것도 이식된 근대화의 잔재 가운데 하나이다. 19세기 영국에서는 노동운동과 금주운동(종교), 차티스트운동(정치)이 함께 모여 도시 노동자의 삶의 질을 높이기 위한 협동조합을 만들었고, 이 공동의 경험은 계속 함께 가고 있다. 유럽의 학자와 이론가들은 자기 나라의 문제를 해결하기 위해 일반적인 원리를 탐구했고, 그 속에서 그 나라의 특수성을 녹여 더 큰 일반론을 만들려고 노력했다. 실천 운동과 이론 운동이 분리되지 않았다.

하지만 이식된 근대화의 지배적 구조를 활용하려는 한국의 여러 부문들 그리고 그 이후 대항 담론과 실천을 만들려는 한국 시민사회의 부문들은 지속적으로 서구의 새로운 정보를 파악하고 받아들이려 노력했다. 다만 총체적인 사회경제적 구조 속에서 받아들이는 것이 아니라 각자의 부문적 관점에서만 받아들이려 했다. 그 결과 노동운동은 노동운동대로, 시민운동은 시민운동대로, 농민운동은 농민운동대로, 학계는 학계대로 따로따로 부분적 대안을 가져와서 한국 사회에 적용하려 노력했다. 대기업과 중소기업의 격차가 엄존하고 노사정 협의가 없는 상황에서 받아들인 산별 노조 운동이나, 충분한 시민과 공동체, 지방자치제가 받쳐 주지 않는 중앙정부를 대상으로 주로 발언하는 애드보커트 시민단체의 시민 없는 시민운동은 그 운동을 주도한 선구자들의 헌신성과 열정, 희생에도 불구하고 왠지 모르게 원래의 의도와는 달리 변형되거나 극복되지 못했다. 거버넌스도 국가-시민사회-기업의 의사결정 테이블의 참여 속에서 시민사회가 실질적인 집행력을 담보하지 못하는 상황에서 '위원회 공화국'이라는 비난에 마주했다.

그 결과 압축 성장의 구조 속에서 정치적 민주화는 굴곡 속에서도 앞으로 나가고 있는 반면 실제 시민사회의 담론이나 경제적 민주화는 여전히 속도가 나지 않고 있다. 해법은 민간이 주도하는 조직이 경제적 영역을 비롯한 여러 영역에서 집행 역량을 확보하는 것이다. 계속 확대되는 복지·사회 서비스 영역이나 지역의 불균등 발전을 치유할 지역 순환 경제를 활성화할 주체는 누가 뭐래도 협동조합, 사회적 경제가 될 것이다. 로컬푸드와 푸드플랜을 활용하여 도시와 농촌의 순환 경제 체제를 구축할 때, 양자가 가지는 사회경제 문제를 지역 간 연대를 통해 해결할 현실적인 방법을 찾을 수 있을 것이다. 이럴 때만이 시민이 참여하는 거버넌스 구조의 효과성도 높아질 것이다.

하지만 이를 현재의 협동조합·사회적 경제 운동의 주체적 역량만으로 해결해 나가기에는 실현 가능성도 낮고, 설령 실현할 수 있다고 해도 너무 많은 시간이 필요하다. 그리고 시민의 사회경제적 활동에 대한 움직임에 대해 기존의 이해관계자들은 우호적인 시선으로 봐 주지 않는다.

당장 기본법 협동조합은 다른 사업체에 비해 생존율이 높음에도 불구하고 '좀비 협동조합'이라는 프레임이 걸려 있고, 조합원들의 의견 조정을 통한 자치 능력을 확보해 나가는 과정에서 발생하는 혼란스러움에 "협동조합은 갈등이 많은 조직이야."라는 낙인을 찍는다.

한국 사회 전체의 1987년 체제의 극복을 통한 발전을 위해서라도 노동·농민 운동, 시민사회 운동, 공동체 운동, 협동조합·사회적 경제 운동을 추구하는 민간 시민사회의 연대가 강화되어야 하고 공동의 활동을 발굴하고 추진해야 한다.

우리는 1990년대 환경과 농업과 도시민의 삶을 살리자는 생협 운동이 진행될 때 시민단체에서 각 단체의 특성에 맞는 생협을 설립한 경험이 있다. 시민사회의 각 부문이 서로에게 힘이 되는 체계를 짜고 여기에 기업도 ESG 경영의 관점에서 함께 결합하는 큰 그림이 그려져야 하고 이 합의 속에서 시민사회의 연대가 강화되어야 한다. 경제 분야에서 시민이 주도하여 운영하는 부문이 커질수록 참여 지향적인 자발적 시민도 늘어나게 될 것이다.

▪ 지방자치제와 거버넌스

민주화의 중요한 과제로 설정되어 실현된 지방자치제도 마찬가지이다. 중앙집권적 국가에서 지역사회 시민의 의견을 반영하여 행정을 펼치는 자치 분권을 지향한다는 명분에 동의하지 않는 사람은 없지만 지자체의 재정 자립도가 취약하고 제도적 자율성의 확장이 지체되는 속에서 중앙정부의 예산과 국가 업무를 대행하는 업무를 기본으로 지방정부의 예산과 사업이 편성되는 상황에서 지자체의 독자적인 정책

기획과 집행이 지체되고 있다.

중앙정부의 행정 활동을 제어하는 정치권마저도 지역 정당 중심의 정치 체계가 계속되면서 특정 지역의 경우 특정 정당의 공천이 당선에 결정적인 역할을 하게 되기 때문에 중앙당이 전략적 공천권을 독점하고 있어 지방 정치가 자체적으로 발전하기 어렵다.

중앙정부 재량 예산에 대한 지역별 유치 경쟁이 중요한 정치적 행위가 되고 있어, 지방정부의 역할이 확보된 자체적인 지방 예산을 바탕으로 지역 주민의 의견을 반영하는 행정 활동보다는 중앙정부 예산을 유치하는 것이 더 많은 지역사회 발전에 기여한 것으로 인식되고 있다.

이런 구조에서는 지역 단위에서도 지역 시민사회보다 행정과 자치단체장의 의사결정이 더 큰 영향력을 행사한다.

한국의 사회적 경제도 이런 거버넌스 체계하에서 자유롭지 않다. 중앙정부의 정책이나 제도 개선의 효과가 많은 영향을 미치는 가운데 새로운 사회적 경제 조직들이 형성되고 운영되고 있다. 사회적 경제 조직 중 이런 정부 정책의 지원과 연계하여 진입한 일부 담당자들은 일반 영리기업이나 특정 업종의 조직들에 부여되는 후견-피후견 관계에 입각한 다양한 직접 지원 제도의 확대를 사회적 경제 조직 현장에 요구하기도 한다.

따라서 사회적 경제 거버넌스에 강한 영향력을 발휘하는 전체 거버넌스의 특징을 무시하고 사회적 경제의 특수성을 강조하며 별도의 거버넌스 체계를 주장한다고 해도 실제 현실화되기는 어렵다. 전체 거버넌스의 특징을 감안하면서 사회적 경제의 거버넌스 체계가 다른 영역보다 더 굿거버넌스의 구조에 가까워지도록 유도하는 것이 현실적인 과제이다.

3) 압축 갈등 사회

식민지에 따른 근대화의 강제적 이식과 전쟁의 파괴, 적대적인 분단 체제하에서 이뤄낸 이런 양질적인 경제 발전은 그 자체로 높게 평가되어야 하지만 문제는 압축 성장이 야기한 성장통으로 인해 사회경제적 문제를 계속 만들어내고 있다는 것이다.

압축 성장 속에서 거버넌스 유형에 대한 탐색과 조정이 1987년 이후 계속되다 보니 국가의 방향을 둘러싼 갈등은 계속되고 있다. 이런 갈등은 중앙집권국가 중심의 구조, 적대적 분단 체제가 주는 효과와 맞물려 다른 선진국에 비해 더 증폭되었고, 한 갈등이 해결되지 못한 상황에서 다른 갈등이 발생함으로써 두 갈등 모두 강화되는 경우도 발생한다. 한마디로 압축 성장이 야기한 압축 갈등에 시달리고 있다.

▪ 후기 산업사회 일반적 갈등의 증폭

경제 성장이 완숙기에 들어간 국가들은 기본적으로 잠재성장률이 떨어지게 된다. OECD는 한국의 잠재성장률을 1997년 7.1%에서 2020년 2.2%로, 2030년대 1.9% 대로 줄어들 것으로 추산하고 있다. 선진국들은 이미 오래 전에 잠재성장률이 감소하여 대략 1.5% 수준에서 머무르고 있다.

낮은 성장률 상황에서는 일자리가 늘어나기 어려운데 여기에 지속적으로 기술이 발전하여 사무 자동화, 작업 현장 자동화-로봇의 도입, AI의 도입에 따른 전문 직종의 대체까지 이뤄지면 일자리 문제는 더욱 심각해진다. 모든 선진국에서 나타나는 일자리 문제가 우리나라에서도 나타나고 있다.

하지만 압축 성장에 따라 일자리가 확대되고 다시 축소하는 기간이 짧다 보니 일자리 문제는 더 증폭된다. 2차 베이비부머인 1960년 중후반~1970년대 초중반 생들이 여전히 직장에 머무르는 상황에서 일자리가 증가하지 않으니 청년 세대의 일자리 문제는 더욱 심각하다. 세대 갈등을 야기하는 기본 토대 중의 하나가 된다.

지속적인 경제 성장 속에서 불평등이 커지는 문제는 어떤 후기산업 사회든 겪는 문제이다. 하지만 한국은 몇 가지 이유로 인해 노사정 협의 구조 및 복지국가 체계가 존재하지 않는 상황이다. 또한 IMF를 겪으면서 급격하게 도입된 신자유주의 정책의 결과 중 하나인 고용 불안정은 전체적인 임금 인상을 억제함으로써 GDP에서 가계 비중을 계속 줄어들게 했다. 여기에 대기업과 중소기업의 심각한 격차는 노동조합의 조직률을 대기업을 빼고는 거의 의미가 없을 정도로 떨어뜨려 대기업 위주의 노동조합이 주로 임금 인상을 이끌어 갔으므로 중소기업의 임금 인상은 더 억제되었다. 노동 계급 내부에서의 격차도 심화되었다. 복지 체계가 정비되지 않은 상황에서 노후 준비가 부족한 노인 인구가 늘어났고 이들이 다시 불완전 고용시장으로 편입되어 노동자들 사이의 경쟁은 더 심화되었다. 비정규직 증가는 더 심각한 임금 인상 억제로 나타났다. 소득 불평등은 여러 층위에서 다른 선진국에 비해 심각하게 나타나게 되었다.

전 세계적인 유동성 증가로 인해 금리가 낮아지자 부동산 가격은 더 높이 올라갔다. 세계적인 일반 경향에 더하여 한국은 추가적인 요인으로 부동산 문제가 더 심각해졌다. 좁은 국토 면적에 전략적인 지역 불균등 발전, 3차 산업으로의 전환으로 인구는 수도권으로 몰려들었고 급기야 전 국민의 절반이 수도권에 살게 되었다. 수도권을 중심으로 부동산 가격은 상승하게 되고, 저성장 국면에서 생산적 투자의 가능성이 줄어들자 부동산 투자가 확대되었다. 세계적으로 독특한 전세 제도로 인해 갭 투자가 가능한 상황에서, 박근혜 정부에서는 부동산 부양을 위해 전세담보대출을 정책화시켜 부동산 가격 상승을 유인했다. 코로나 19 이후 전 세계적인 양적 완화와 제로 금리 상황에서 부동산 가격은 상승하게 되어 자산 양극화는 소득 양극화보다 더 심각하게 되었다.

이런 문제들을 해결하기 위해서는 최대한 경제 구조의 활성화를 유지하면서, 실현 가능한 복지 체계의 패러다임을 어떻게 설정할 것인가에 대한 국민적 합의가 필요하다. 하지만 우리나라의 상황은 이런 논의 자체가 합리적으로 이뤄지는 것을 막고 있는 경우가 많다.

현재 우리나라는 GDP 대비 공공사회 복지 지출 비율(10.8%)이 OECD 국가 중에서 거의 최저 수준에 머물러 있으며 국민 부담률(26.7%)도 낮은 편이다. 하지만 급격한 고령화와 복지 제도의 정비로 인해 급격하게 확대될 것으로 전망되고 있다. 이런 변화가 국가 전체에 미치는 부담을 최소화하고 장기적인 합의 속에서 진행되어야 한국 사회의 다양한 갈등을 완화시키는 데에도 도움이 될 것이다.

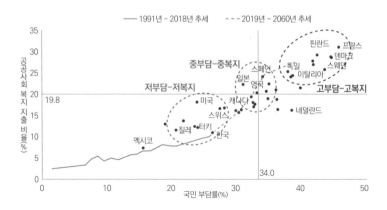

GDP 대비 공공사회 복지 지출 비율과 국민 부담률 간 관계(2018년)

1. 호주와 일본은 2017년 데이터, 그 외 36개 국가들은 2018년 데이터
2. 그래프 중간의 수평선은 OECD 전체 38개국의 국민 부담률 및 GDP 대비 공공사회 복지 지출 평균
3. 실선 그래프는 1991년부터 2018년까지의 한국의 변화 추이이며, 점선 그래프는 국회예산정책처의 '사회
보험 수지 균형 국민 부담률'과 사회보장위원회의 'GDP 대비 공공사회복지지출 비율' 전망 결과를 2020년
부터 10년 단위로 2060년까지 연결한 추세

(이윤경, 〈OECD 주요국의 공공 사회 복지 지출 현황〉, 국회예산정책처, 2021)

■ 압축 성장에 따른 특수한 과제

압축적인 성장으로 인해 후기산업사회가 가지는 일반적인 문제점뿐
만 아니라 한국에서 두드러진 특수한 문제점도 나타났다.

첫 번째는 심각한 저출생 고령화 현상이다. 1970년대 초에 시작된
인구 억제 정책은 2000년대에 들어 출산 장려 정책으로 급변했다.
30여 년, 한 세대 만에 정반대의 정책이 만들어질 만큼 압축 성장에
따른 사회경제의 변화가 극심했다.

생산연령인구는 2017년을 정점으로 이미 감소하고 있다. 통계청
은 한국인의 총인구가 2020년 5,005만 명을 정점으로 찍고 2040년

4,858만 명으로 150만 명 이상 감소할 것으로 전망하고 있다. 코로나 19의 영향이 있기는 했지만 2020년 합계 출산율은 0.84로 세계 최저 수준이며 출생아 수도 27만여 명으로 30만 명 대를 유지하지 못했다.

저출생과 고령화 흐름이 빨라질수록 한국 사회경제의 충격은 더 커질 것으로 누구나 예상할 수 있다. 2040년에는 생산연령인구 2,703만 명이 2,155만 명의 고령 인구와 유소년 인구를 부양해야 한다.

고령자들의 노후 준비가 불충분하고 부양 비율이 급격히 높아지는 상황에서 구미 선진국이 1950년대 이후부터 진행했던 국가 주도의 복지 체계를 그대로 도입하기는 어려울 것으로 보인다. 유소년의 감소에도 불구하고 맞벌이가 일반화된 상황에서 영유아 돌봄의 중요성도 갈수록 높아진다.

시민사회의 공동체 활동과 결합된 효과적인 돌봄 체계를 구축하는

한국인의 인구 예측 2017~2040

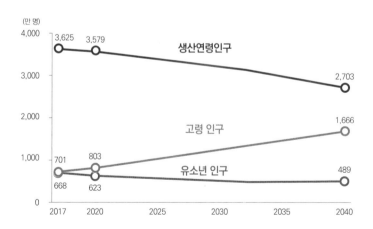

(《내·외국인 인구 전망》, 통계청 보도자료, 2020)

것은 반드시 필요한 과제로 대두되고 있다.

두 번째는 전략적인 지역 불균형 발전이 야기한 지역 간 격차의 심 각성이다. 일본은 2010년대 중반에 '지역 소멸'을 이야기하기 시작했 다. 2000년대까지만 해도 지역의 중심 도시들은 중소기업들이 받쳐 주어 어느 정도 현 단위의 광역 지역 내 생산-소비 구조를 유지할 수 있었다. 하지만 이후 고령화가 심화되고 일본의 대표적인 수출 기업 들의 경쟁력이 약해지며 해외로 공급망을 조정하면서 문제가 발생했 다. 반면 우리나라는 지역 산업은 거의 없는 상황에서 거점 공업 지 대의 개발로 인해 수도권과 남동임해권에 일자리가 집중되고 농촌은 이미 오래 전부터 빠르게 쇠락했다. 현재는 거의 대부분의 농촌지역 이 지역 소멸의 위험에 놓여 있다. 지역균형발전의 정책이 노무현 정 부부터 본격적으로 강조되었으나 흐름을 되돌리는 데 어려움을 겪고 있다.

세 번째는 압축 성장으로 인해 기업이 고용하지 않은 자영업자들의 비중이 매우 높으며 구조적으로 이들이 한계 상황에 몰리고 있는 문 제이다.

우리나라 자영업자 수는 2018년 10월 기준 567만 명이다. OECD 국가 중에서도 한국의 자영업자 비중은 25.4%로 EU의 15.5에 비해 10%p 정도 높고, 일본이나 미국에 비해 월등한 수준이다. 제조업 비 중이 미국과 일본보다 높은 상황에서 자영업자 비중이 높은 이유는 ① 서비스 산업의 기업화가 거의 되지 않아 이 영역의 자영업자 비중 이 높고, ② 제조업의 일자리 고용 안정성이 낮으며, ③ 노후 준비가 안 된 상황에서 은퇴 후 창업을 택하는 경우가 많고, ④ 농업 등 전통

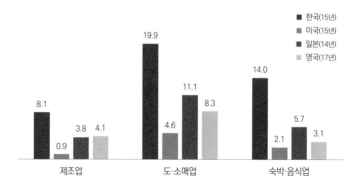

주요 국가별·업종별 인구 천 명당 사업체 수

한국(15년)
미국(15년)
일본(14년)
영국(17년)

제조업 8.1 / 0.9 / 3.8 / 4.1

도·소매업 19.9 / 4.6 / 11.1 / 8.3

숙박·음식업 14.0 / 2.1 / 5.7 / 3.1

《자영업 성장·혁신 종합 대책》, 중소벤처기업부, 2018)

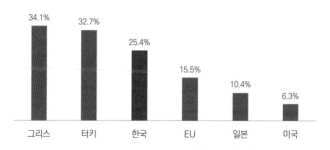

OECD 국가별 자영업자 비중

그리스 34.1%
터키 32.7%
한국 25.4%
EU 15.5%
일본 10.4%
미국 6.3%

《자영업 성장·혁신 종합 대책》, 중소벤처기업부, 2018)

적인 산업 영역의 고령자들이 여전히 상당수를 차지하고 있는 등 복합적이다. 특히 첫 번째, 세 번째, 네 번째 이유는 압축 성장에 따른 한국의 특수한 상황이라고 할 수 있다.

 자영업자의 평균 연령은 53.2세인데, 청년층의 진입은 감소하고 퇴직 이후 창업으로 장년층 진입은 증가하고 있다. 또한 자영업자들이 많이 분포하는 업종을 보면 도소매업 20.7%, 숙박·음식업 11.2%로 상대적으로 진입 장벽이 낮은 생계형 업종에 몰려 있다. 앞에서 말한 자영업 비중이 높은 이유들이 통계적으로도 드러나고 있다.

필요 최소 자본금의 규모가 작고, 사업을 운영하는 데 필요한 기술·운영 역량의 수준이 높지 않은 업종일수록 진입 장벽이 낮은데, 이런 업종의 특징은 진입이 용이하지만 경쟁이 심하여 수익을 확보하기 어렵고, 빠른 시장 트렌드의 변화에 따라가지 못할 경우 퇴출될 가능성이 높다는 것이다.

하지만 안정적 일자리가 부족하고 복지 체제가 충분히 갖춰져 있지 않은 상황에서 구조 조정 정책을 펼치기도 쉽지 않다. 가구당 평균 부채도 1억 원을 넘어섰는데, 특히 코로나 19로 인해 한계 상황에 내몰리는 자영업자들이 더 많아질 것으로 보인다.

급격한 사회경제의 변화에 의해 발생한 자영업 문제는 우리 사회가 함께 풀어 나가야 할 문제이다.

그 외에도 1인당 GNI 67달러에 태어난 세대와 1만 달러를 넘긴 1990년대 후반에 태어난 세대 간에 야기되는 세대 간 격차, 주판에서 시작해 스마트폰까지 경험하면서 발생한 다양한 문화적·기술적인 충격들의 잔존, 동생이 벌어준 학비로 고시에 붙은 성공한 장년의 오빠와 평생 노동자로 살아온 여동생이 겪는 가문의 영광과 그 뒤에 감추어져 있는 계급-젠더 갈등의 혼란스러운 결합, 20대 중하층 남성들이 겪는 아버지 시대와 다른 가족·사회적 대우와 이에 따른 동년배 여성과의 경쟁에서 발생하는 세대 내 갈등 등 압축 성장이 가져온 화려한 외양의 뒤에는 압축 성장만큼이나 확대된 압축 갈등[5]이 있다. 이런 문제들은 상당히 중요하기는 하지만 경제적 운동을 통해 해결하기보다 사회심리적 과제이기 때문에 깊게 거론하지는 않겠다.

4) 제도와 정책의 특수성

한국의 협동조합·사회적 경제 제도의 특징은 한마디로 분산된 목표에 의해 수립되었고, 그 결과 민간의 연대와 협력을 만드는 데 상당한 어려움을 주고 있다는 것이다. 또한 공업화 시기에 자유롭게 협동조합을 설립할 수 없는 상황에서 2차 산업, 제조업 부문의 협동조합이 매우 취약하다는 사실이다. 또한 1960년대에 제도화된 농수협, 1970년대에 제도화된 신용협동조합, 2010년대에 들어서야 허용된 기본법 협동조합 중 사업자협동조합, 그리고 생협을 포함한 새로운 사회적 경제 조직들은 각각 처한 상황과 해결해야 할 과제가 다르게 나타나고 있다. 이들 4대 분야를 어떻게 이론적 및 실천적으로 통합할 것인지가 앞으로의 과제이다.

---

5   이런 갈등을 해결하는 과제도 중앙집권국가에 요구된다. 복지 정책이 확대되고 여성가족부가 만들어진 것도 모두 정부에 대한 기대 혹은 당시의 집권 세력이 스스로 만든 국가의 역할이라고 제안한 의제 때문이다. 경제 관련 부처뿐만 아니라 사회 관련 부처도 역시 역할과 업무가 확장되었다. 특히 중앙집권국가는 신자유주의가 요구한 작은 정부의 이데올로기를 따르면서도 늘어나는 업무를 해결하기 위해 공공기관이나 센터의 설립 후 민간에 위탁하는 방법을 강화했다. 사회복지시설의 대부분은 사회복지법인의 민간 위탁이며, 사실 의료법인이 만든 종합병원이나 학교법인이 만든 사립 중고등학교·대학은 어떻게 보면 준공무원 조직에 가깝다. 유럽에서 사회적 경제의 중요한 축이 되어야 하는 사업 수행 재단법인은 이런 한국적 맥락에서는 중앙집권국가의 외곽에 배치된 준국가 조직으로 이해하는 것이 현실에 더 가까울 수 있다.

■ 제도화의 개관

앞에서 정리한 한국 사회경제계의 특수성은 우리나라의 협동조합·사회적 경제의 제도·정책의 정비에도 영향을 미쳤다.

우리나라 정부는 1960년대 농협과 수협, 산림조합, 중소기업협동조합과 같은 산업정책과 연계된 협동조합을 업종별로 별도 법을 만들어 제도화시켰다. 이들 협동조합은 경제성장 과정에서 내수 시장의 물가 안정, 기술 보급을 통한 생산성 향상, 식량 자급 달성 등 국가시책과 연계되어 운영되었고, 민간 조직인 협동조합이 국가의 정책과 장기적으로 발맞추게 하기 위해 중앙회장과 조합장을 실질적으로 하향식으로 임명하는 비민주적인 제도를 강요했다. 1962년에 제정된 '조합임원의 임면에 관한 특별조치'가 그것인데, 이를 통해 1988년까지 협동조합의 민주적 운영은 크게 제한되었다.

민간운동으로 시작된 신용협동조합 운동은 10년간의 민간 활동 이후 1972년 법 제정과 함께 제도화되었다. 새마을금고는 1980년에 입법되었다. 이들 운동은 민간의 운동으로 시작되었으나 비민주적 권위주의적 정부 치하의 국가 주도적 거버넌스라는 환경 속에서 민간의 운동적 성격은 약화되고 정부 주도의 협동조합으로 변형되어 나갔다.

생협은 1987년 이후 민간의 운동으로 확산되다가 IMF 이후 김대중 정부의 법 제정으로 제도화되어 민주적인 사회경제 환경에서 활동하게 되었다. 생협은 제도화 이후에도 여전히 민간의 자율적 활동과 협동조합의 운동적 성격을 유지하며 지속적으로 활동하고 있다.

IMF 후 실업 문제가 심각해진 상황에서 취약 계층의 일자리 문제를 해결하기 위해 협동조합과 다른 형태의 사회적 경제 관련 제도가 만

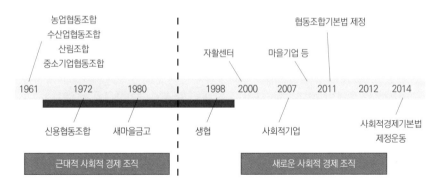

한국의 협동조합·사회적 경제 제도 도입 흐름

들어졌다. 가장 처음에는 자활 정책이 만들어졌고, 이후 사회적 기업 육성법이 제정되었다. 이후 마을기업과 같이 부처별로 사회적 경제 조직 정책이 도입되었다. 2011년에는 협동조합을 자유롭게 만들 수 있는 협동조합기본법이 제정되었다.

이상의 제도적 흐름을 하나의 그림으로 나타내면 위와 같다. 이 그림을 통해 우리가 주장하고 싶은 사항은 두 가지이다.

첫째, 우리나라의 협동조합·사회적 경제는 다른 나라와 달리 크게 두 부류로 나누는 것이 이후의 논의를 해 나가는 데 도움이 될 것이라는 점이다. 즉 국가 주도 거버넌스 시기에 제도화된 후 국가 정책 수행의 기능적, 부분적 하위 파트너로서 작동했던 '근대적 사회적 경제 조직'과, 1987년 체제 후 제도화되어 민간 주도의 민주적 운영을 보장받고 있으며 후기산업사회의 문제를 해결하는 데 더 많은 관심을 가지고 있는 '새로운 사회적 경제 조직'으로 구분하자는 것이다. 이 두 유형은 각자의 특징과 장점, 단점이 있다. 그것을 잘 파악하고 서로의 상황을 이해한 속에서 연대와 협력을 추구하는 것이 불필요한 오해를 줄일 수 있을 것이다.

둘째, 실제 정부가 공업화를 국가적 과제로 촉진한 시기인 1965년에서 1997년 사이에 2차 산업을 수행할 사회적 경제 조직을 만들 수 없었다. 현재의 협동조합·사회적 경제의 업종을 잘 살펴보면 대부분이 1차 산업과 금융을 포함한 3차 산업에 배치되어 있다. 제조업을 표시한 사회적 경제 조직도 더 깊이 들어가 보면 농산물을 원료로 한 생산-가공을 결합한 수준에서 머물고 있다. 대규모 고도 가공식품이나 비식품 경공업, 중공업과 관련된 업종을 담당하는 협동조합·사회적 경제 조직은 매우 드물다. 이런 현실은 사회적 경제 운동이 주도하여 지역 순환 경제를 추구하기에는 아직 준비할 것이 많음을 의미한다.

▪ 분산된 제도화의 목적과 실행 체계

정부의 사회적 경제 관련 정책과 제도는 '사회적 경제'라는 부문의 역할과 다른 부문과의 관련성, 사회적 경제 조직들 간에 상승 효과를 발생시킬 수 있는 포괄적인 네트워크 시스템에 대한 이해를 바탕으로 만들어졌다기보다는 개별적인 정책 목표를 위해 부분적으로 차용하는 과정이었다.

예를 들어 일자리 창출, 취약 계층의 취업, 사회 서비스의 효율화, 낙후 지역 개발 등의 정책적 목표를 달성하기 위해 사회적 경제의 여러 방식들 중 한두 가지를 차용하는 방식이었다.

또한 정부는 관련 정책을 설계할 때 정책을 수행하는 민간 조직에 대한 지원을 포함했고, 이에 따라 한정된 지원 예산을 효율적으로 배부하기 위한 검증 기능을 필수적으로 포함함으로써 민간 진영이나 선진국이 사용하는 개념을 자의적으로 선택하기도 했다. 예를 들어 유럽에서 진행된 EMES('유럽 사회적 기업의 등장'에 대해 이루어진 광범위한 리서치 프로젝트)의 풍부하고 광의적인 사회적 기업 개념이나 미국에서 전개된 맥락적 이해의 하이브리드 스펙트럼상의 광의적인 사회적 기업 해석은 우리나라의 사회적 기업 정책에서는 인건비 지원 등의 촉진 정책과 연결되면서 '인증' 기업으로 협소화되었다. 이것은 결과적으로 민간의 다양한 사회적 기업의 발전상을 담지 못할 뿐만 아니라 정부가 인증하지 않은 사회적 기업은 '사회적 기업'이라는 명칭도 사용하지 못하게 만들었다.

올터(Kim Alter)의 사회적 기업에 대한 스펙트럼과 대비되는 한국의 사회적 기업 인증 대상의 관계는 한국의 사회적 경제 논의의 현 상황을 잘 설명할 수 있다.(장종익 외, 2011) 그림을 보면 한국에서 협회나 전통적인 비영리법인으로 취급되는 학교법인, 의료법인 등은 서구

서구와 한국의 하이브리드 스펙트럼 비교

한국의 사회적 기업 인증 대상 맵

정책활동 NPO	사업수행 비영리 법인	사회복지 법인	NPO지원 사업단 (자활공동체)	협동조합 (자발적)	혁신적 사회적 기업	협동조합 (정부 주도)	서비스NPO (학교법인 등)	전통적 영리 부문

인증사회적기업(대상)

전통적 비영리 부문 (1)	수입 창출 활동을 하는 비영리 부문 (2)	좋은 의미의 사회적 기업 (협동조합 포함)	사회적 책임기업 (4)	기업의 사회적 책임 실현기업(CSR) (5)	전통적 영리 부문 (6)

←——————— 맥락적 관점에서 넓은 의미의 사회적 기업 ———————→

서구 하이브리드 스펙트럼

의 관점에서는 상당히 비영리에 가깝지만, 한국에서는 사회적 기업이라기보다는 제도적 특혜에 의해 설립된 특수한 기업 정도로 해석되는 경향이 강하다.

사회적 경제 조직의 제도적 도입의 순서도 서구와 다른 방식으로 나타나게 된다. 즉 협동조합의 일반적인 승인과 함께 1970년대 이후 새로운 사회적 문제를 해결하기 위한 다양한 새로운 경제 조직들을 포섭하는 방식으로 사회적 기업 논의가 전개된 유럽과 달리, 한국은 산업진흥정책의 일환으로 한정된 유형과 한정된 산업 부문의 협동조합만을 제도화한 1960년 이후, 신협과 생협에 대해서는 민간 운동을 통해 성장한 협동조합을 제도화하는 선에서 소극적으로 이뤄졌다.

협동조합 부문 자체의 성장 발전이 제도적인 제한으로 경제 발전 및 도시화, 산업의 고도화 등의 사회경제적 흐름을 따라잡지 못하자 이후에 발생한 다양한 사회적 문제에 대해 역시 '개별 정책'으로 접근한다.

이런 제도·정책적 움직임의 앞에는 역시 민간의 운동이 있었다. 도시 빈민 운동에서 시작되어 그 일부분이 노동자협동조합 운동으로 분화된 부분과 IMF에 따른 실업 극복 운동의 영향으로 취약 계층의 일자리 정책과 복지 정책이 결합되어 국민기초생활보장법과 자활사업이 만들어졌다. (새로운) 사회적 경제 관련 최초의 제도화가 이뤄진 것이다. 하지만 제도 개발의 공식적 취지는 사회적 경제라기보다는 복지정책의 부분으로 이해되었다.

2006년 사회적 기업 논의가 제도화될 때에도 사회적 경제 전체적인 흐름 속에서 정책이 자리를 잡은 것이 아니라 사회적 기업의 기대 효과가 높은 몇몇 우수 조직에 대한 '인증' 및 '일자리 창출과 관련된 한

정된 지원'으로 축소함으로써 사회적 기업 논의도 하나의 정책으로 축소 제도화되었다.

사회적 기업 정책은 이명박 정부하의 국무회의에서 2008년 글로벌 금융 위기 후 경제 상황의 위축에 의해 '일자리 창출의 좋은 수단'으로 평가되었다. 이렇게 사회적 기업의 정책이 국가적 차원의 중요 의제로 받아들여지자 행정안전부의 마을기업 및 농식품부의 농어촌공동체회사 등 다양한 부처의 비슷한 정책들로 확산되었다. 하지만 이런 정책적 효과 속에서 사회적 경제 조직들은 민간운동의 동일한 정체성을 가진 수평적 파트너로 받아들여지지 못하고 각 개별 정책의 민간 하위 파트너로 인식되었다.

협동조합기본법도 국가적 차원에서는 사회적 기업의 법인격 논의와 결합하여 추진된 측면이 있다. 협동조합기본법 제정 후 많은 협동조합이 설립되었는데, 이들은 민간의 사회적 경제 논의의 영향을 받았다기보다 사회경제적인 어려움을 겪고 있던 다양한 민간 주체들이 특정한 제도를 활용하여 만든 것이다. 특히 소상공인협동조합이 많이 설립된 이유는 정부 지원 정책의 영향도 있겠지만 소상공인 문제가 압축 성장한 우리 사회의 가장 중요한 문제이자 많은 사람이 연관된 문제이기 때문이다. 새로운 사회적 경제가 이미 제도화된 구조에서 나타난 후, 협동조합기본법이 제정되면서 근대적 사회적 경제의 한 부분이 뒤늦게 현실에 나타나게 된 것이다.

사회경제적 비전에 대한 합의가 없어도 협동조합이라는 제도를 활용하여 자발적으로 설립된 강력한 움직임으로 설명할 수 있는 특징은 촉진 정책이 주를 이루는 한국적 제도의 특징, 한국적 거버넌스의 학

습 효과와 연계되어 있다.[6]

협동조합기본법에 의해 드러난 협동조합의 설립 현상은 사회적 경제가 포괄하거나 해결해야 하는 사회경제적 문제가 기존의 자활이나 사회적 기업의 대상이었던 취약 계층에 한정된 것이 아니라 매우 광범위하다는 것을 보여 준다. 또한 이는 기존 민간 사회적 경제 논의가 가지고 있었던 문제 설정이 이들 현실에 광범위하게 축적되어 있던 사회적 문제 해결의 요구들을 담기에 협소했다는 사실을 보여 준다.

2

네 가지 주요 과제

이상의 논의들을 정리하여 향후 한국 협동조합 운동의 방향을 간략하게 정리해 보자. 한국의 협동조합 운동이 사회적 영향력을 키우고 한국 사회경제계를 더 나은 상황으로 발전시키기 위해서는 한국 사회가 가지는 가장 중요한 과제에 대해 우리의 해법을 제시해야 한다. 변

---

6   협동조합 설립 상담 과정에서 상담원이 "협동조합에 대한 별도의 지원 정책은 없다."고 설명해도 피상담자가 "협동조합이 많아지면 정부가 지원하지 않을 수 없다."며 지원을 기대하며 협동조합을 설립한다는 취지의 표현을 하는데, 여기서 학습 효과를 확인할 수 있다. 또한 여러 부처에서 관련 정책과 연계된 협동조합 지원 센터 및 지원 정책을 구상하는 것은 정부 부처의 정책 설계의 관성이 강력하다는 것을 보여 준다.

죽을 울리거나 핵심 과제에서 성과를 만들지 못하는 운동은 자신의 비전을 달성하기 어렵다.

물론 여기서 제시하지 않지만 중요한 과제들은 얼마든지 있다. 오히려 관련 구성원들에게는 여기에 제시된 과제보다 더 중요할 수 있다. 하지만 여기서는 협동조합 운동의 큰 방향을 제시하는 것을 목표로 한다.

우리나라의 사회경제계가 직면한 핵심 문제 가운데 협동조합·사회적 경제 방식으로 해결하는 것이 더 적절한 문제들을 발굴하고 효과적으로 해결해 나간다면 협동조합·사회적 경제의 영향력과 국민적 호감도와 참여도 높아질 것이다. 이런 환경의 변화는 핵심 과제가 아닌 과제를 해결하려는 협동조합인에게 더 좋은 여건을 제공해 줄 수 있을 것이다.

1) 지역사회 통합 돌봄

저출생 고령화 문제를 해결하는 것은 단순한 경제적 영역뿐만 아니라 지속 가능한 사회, 더 나은 사회를 만들기 위한 필수 과제이다. 하지만 정부의 정책과 지원 예산을 통해 가족 단위의 층위에서 돌봄 문제를 해결하려 하면 여전히 돌봄 문제를 경제적 문제로만 보게 하고 돌봄의 고용-피고용 관계를 만들어 내기 때문에 연속적인 피해를 낳을 수 있다.

문제를 전체적으로 해결하기 위해서는 가사의 분담, 이를 위한 노동 관행의 개선, 노동 관행 개선을 위한 기업 간 격차 완화, 양육비 절감을 위한 교육 체계 개편, 노인의 사회적 생산 연령의 확대(청년 취업 현황을 보면서 속도 조절 필요) 등 전 사회적인 리모델링이 있어야 한다.

이런 변화들이 진행된다는 전제 속에서 협동조합·사회적 경제는 다른 영역이 하기 어려운 부분인 지역사회 통합 돌봄의 성공 사례를 만들어 내고 이것이 일반화되도록 노력해야 한다.

출생 후 초등학교 저학년까지 돌봄이 필요하다. 어린이집과 유치원 등이 개인 소유의 공간이 아닌 지역사회가 함께 만들어 나가는 공간이 되어야 하며, 이 공간에서 학부모와 지역사회의 자원봉사, 돌봄 제공자들의 협력적 관계가 형성되어야 한다.

이미 공동 육아와 마을 교육 공동체에 대한 논의와 시도는 우리나라에서 다양하게 있어 왔다. 생협이 이 영역에 많은 관심을 가지고 도전하고 있기도 하다. 코로나 19 이후 학교 방과후 돌봄이 지방자치단체로 이관되는 상황도 협동조합·사회적 경제에는 유리한 환경으로 작동할 것으로 보인다.

아동 돌봄보다 더 빠르게 다가오는 것은 노인 돌봄이다. 노인 돌봄은 단순히 돌봄 사회 서비스, 시설의 문제로만 받아들여서는 해결이 쉽지 않다. 고령화 추세가 가팔라지는 지금 상황에서 노인 돌봄은 단순히 정부의 사회 서비스 정책으로 한정되어 있는 돌봄 지원만이 아니라 보건 의료 지원과 함께 자기 효능감과 생활의 활력을 제고하는 저강도의 노동 활동까지 포함하는 통합적 돌봄이 되어야 한다. 이를 위해서는 하나의 조직만으로 이 수요를 담당하기 어렵다. 지역사회 내의 자원봉사 활동, 공동체 활동, 의료복지사회적협동조합과 돌봄서비스 사회적협동조합이 주축이 된 다수의 사회적 경제 조직들이 정보를 공유하며 노인 세대를 위한 지역사회 통합 돌봄으로 나아가야 한다.

지역사회 통합 돌봄은 2022년까지 시범 사업을 거친 후 확산될 것으로 예상된다. 시범 사업에 참여한 협동조합·사회적 경제 조직들의 모범 사례 만들기와 이를 양질적으로 확산할 수 있는 방안 모색이 우리 사회에서 협동조합·사회적 경제의 가장 중요한 과제이다.

2) 지역 순환 사회경제

한국 사회는 지역 간 격차가 다양한 방식으로 나타나고 있다. 다양한 지역 격차의 핵심 원인은 지역 내에서 사람, 자원, 소통의 흐름이 원활하지 못한 것이다. 이는 농촌뿐만 아니라 도시도 마찬가지이다. 가급적 지역 내에서 사람, 자원, 소통을 순환시키는 것은 구성원들의 사회경제적 삶의 질을 높일 수 있을 뿐만 아니라 심리적 소비를 줄여주는 방법이기도 하다. 또 지역 순환 경제를 최대한 실현한다면 불필요한 에너지의 낭비를 막아 지속 가능한 사회를 만드는 데 도움이 된다. 탄소발자국을 최소화하기 위해서라도 지역 순환 사회경제가 추구되어야 한다.

이를 위해 협동조합·사회적 경제 조직들은 지방자치단체와 협력하여 선도적인 역할을 할 필요가 있다. 지역 순환 사회경제의 핵심 비즈니스 모델은 마을기업이 될 것이다. 이때 마을은 순환되어야 할 자원의 성격에 따라 동리(洞里)일 수도, 읍면일 수도, 시군 단위일 수도 있다. 또한 그동안 마을기업이 가졌던 농수산물 생산-가공 위주에서 벗어나 앞에서 말한 돌봄 서비스나 지역 관리 등을 모두 포함해야 한다.

특히 지속 가능한 사회를 만들어 나가는 방안으로 푸드플랜이 국가는 물론 각 지역별로 수립되고 있어, 이에 대한 접근이 필요하다. 그동안 로컬푸드와 학교 급식 사업은 사회적 경제의 참여가 많은 영역이었는데 이를 확장하여 공공급식, 식생활 교육, 지역 내 품목별 수요 조사 및 이에 대응하는 생산 체계의 변화까지를 포괄하는 것이 푸드플랜의 본모습이다. 이런 영역들은 지역사회의 구성원들이 공동으로 소유하고 운영할 수 있는 협동조합·사회적 경제에 유리하다.

에너지 자립을 지역사회 내에서 최대한 추구하는 것도 중요하다. 이를 위해 지역 내 시민이 주도하는 재생에너지협동조합이 전면화되고, 20~30만을 묶음으로 지역 내에서 에너지가 순환되는 지역 그리드 체계를 구성하도록 시민사회 전체가 함께 노력해야 한다. 2050 탄소중립이 전 세계적인 목표로 설정된 상황에서 이 문제를 해결하기 위해서는 시민들 스스로가 조직되어야 한다. 100명마다 공동의 햇빛에너지 발전소를 공유하고 관리하는 100만 명의 조합원을 만드는 목표를 먼저 추진할 필요가 있다.

앞에서 말한 것처럼 한국 사회는 제조업 분야에서 협동조합·사회적 경제의 참여가 매우 취약하다. 이 부분을 해결하기 위해서는 푸드플랜, 로컬푸드를 통해 마련되는 다양한 지역 매장을 마케팅 채널로 활용하는 광역 단위 일상용품 제조업의 결합이 필요하다. 단순한 이 과제를 해결하기 위해서는 상당한 노력이 필요하다.

노동자협동조합의 설립과 조직 변경이 회사의 설립과 변경에 비해 불이익을 받지 않도록 제도 개선이 더 이뤄져야 하며 소비자협동조합의 조직률이 현재보다 더 높아져야 한다. 생협뿐만이 아니라 로컬푸드와 푸드플랜을 매개로 한 지역사회 소비자협동조합의 새로운 유형도 고민되어야 한다.

먹거리와 에너지 소비 문제는 가장 일반적인 생활의 주제이다. 또한 영리기업의 이윤을 위해 방치되어서는 안 되는 생활 방위의 최전선이기도 하다. 이 부분에서 협동조합과 사회적 경제의 장점을 잘 보여 줄 때만이 한국 협동조합 운동의 미래가 달라질 것이다.

3) 소셜프랜차이즈의 확장

소상공인의 성공률을 높이고 자율적이면서 합리적인 진출입의 흐름을 만드는 것은 한국 사회의 갈등을 완화하는 데 매우 중요한 과제이다. 이런 과정을 통해 장기적으로 경쟁이 격화되어 있는 업종의 소상공인 비중을 천천히 줄여 나갈 필요가 있다. 이런 과제를 해결하기 위해 우리는 소셜프랜차이즈의 확장을 깊게 고민해야 한다.

그동안 다양한 용어로 사용되었던 소셜프랜차이즈의 개념을 확대해 보자. 소셜프랜차이즈는 단순히 상업형 프랜차이즈의 대체물이라고만 할 수 없다. 그것은 공급망 차원에서 사회적 경제의 사업 협력 수준을 획기적으로 높이기 위한 비즈니스 모델이자 사회 혁신의 다양한 성공 사례를 다른 지역으로 확산하기 위한 자원의 결합 방식이다. 즉 소셜프랜차이즈는 협동조합·사회적 경제 운동이 사회적 가치의 확대 추구, 성공률의 향상 및 실패율의 저감, 창업 초기 자원 및 기술의 취약함을 극복하기 위한 일반적인 전략으로 확장하여 이해하는 것이 좋겠다.

소셜프랜차이즈가 성공하기 위해서는 전파가 쉬운 비즈니스 모델이 있어야 한다. 그러기 위해서는 다음과 같은 점이 필요하다. ① 우월한 성공 사례와 시스템, ② 성공의 요인이 개인보다 일반적인 데 있을 것, ③ 지역별로 비슷한 해당 비즈니스 모델에 대한 시장 수요가 있을 것, ④ 자원의 공급과 역량 학습이 용이할 것. 여기에 특히 소셜프랜차이즈는 사회적 가치를 확인받을 수 있는 체계를 갖추어 두어야 지역 간 확산이 쉬워진다.

그동안 소상공인협업화 정책에서 소셜프랜차이즈 유형을 포함했지만 큰 성과가 없었다. 소셜프랜차이즈를 추진할 수 있는 고갱이가 될, 확실하게 우월한 성공 사례와 시스템을 갖추지 못한 상황에서 추진되었기 때문이다. 이제는 성공적인 소상공인협동조합을 육성하고, 이들이 소셜프랜차이즈로 확대되도록 단계별 접근이 필요하다.

소셜프랜차이즈의 개념을 확대하고 성공 요인을 정리해 보면 사실상 소셜프랜차이즈 관점에서 협동조합·사회적 경제 운동의 핵심 과제가 되어야 할 영역들이 많이 나타난다.

첫째, 중소기업벤처부의 소상공인협업화 사업이 더 성공적으로 발전할 수 있도록 만들어야 한다. 소상공인협업화 사업을 단계별로 재편하고, 우수한 단계의 소상공인협동조합을 다른 시군구 지역으로 전파하여 업종별 연합회로 발전할 수 있도록 정책의 업그레이드가 필요하다.

둘째, 개별법 협동조합의 소셜프랜차이즈의 역할과 기여를 강화해야 한다. 특히 농협의 마트 사업과 생협은 이미 실질적으로 고도화된 프랜차이즈 기능을 수행하고 있다. 이들 마트가 추가적인 사회적가치를 추구하는 것이 상생하는 길이 될 것이다. 이 가운데 새로운 사회적 경제 조직들의 제품을 판매하고 테스트 베드로 활용하는 것은 한국의 협동조합·사회적 경제 생태계 전체의 발전을 위해서 매우 중요한 과제이다.

셋째, 협동조합의 업종연합회가 강화되어 소셜프랜차이즈의 방식으로 활동해야 한다. 마을기업, 자활기업, 가사 서비스, 의료사협, 시민 발전, 공동 육아, 사회 서비스 등의 협동조합들은 업종연합회로 발전할 수 있는 토대를 가지고 있다. 업종연합회 회원사들의 사업을 분석하여 검증된 비즈니스 모델을 정립하고, 시군구 단위에서 회원 조직을 설립할 수 있도록 지원하는 체계를 갖추어야 한다.

이를 위해 중간 지원 기관들의 기능과 역할을 재구성할 필요가 있다. 예를 들어 전국 단위 중간 지원 기관은 비즈니스 모델의 검증과 일반화에 대한 지원, 신규 창업에 대한 교육과 설립 컨설팅 지원 등을 정책화할 수 있고, 시군 단위 중간 지원 기관은 민간의 창업에 반응하는 방식이 아닌, 지역사회의 문제를 해결하기 위해 이미 활성화된 소셜프랜차이즈들을 도입하여 전략적으로 창업을 할 수 있도록 지원 체계를 정비해야 한다.

넷째, 보건복지부에서 사회 서비스의 사회적 경제 활성화를 위해 기존 사회 서비스 제공 센터들을 사회적 경제로 전환시키는 작업을 하고 있다. 아동 센터 등이 그것이다. 이들의 전환이 개별적으로 일어나지 않도록 연합회를 구성하거나 통합적인 운영 시스템을 구축할 수 있도록 지원하는 것도 소셜프랜차이즈의 확산에 중요한 역할을 할 것이다. 마찬가지로 협동조합·사회적 경제 민간 운동 진영에서도 이 부분에 지속적인 관심과 지원을 보여야 한다.

4) 업종별 연합회를 통한 혁신 성장

핵심 과제 이외에도 우리나라의 협동조합 운동이 더 나은 사회를 위해 노력해야 할 분야는 다양하게 펼쳐져 있다. 발달장애인의 사회화를 위한 노력, 정신과 질환에 대한 통합적 치료, 3040의 생활상의 필요에 대응하는 다양한 활동, 주거 문제 해결을 위한 사회 주택 등 구체적으로 들어가 현장에서 분투하는 협동조합·사회적 경제 운동의 지도자들을 만나 이야기를 들으면 하나하나 모두 감동적이고, 세상에 꼭 필요한 일이라고 감화받고 돌아온다.

하지만 이들 감동적인 활동이 사회적 영향력을 확대하고 좀 더 많은 사람에게 혜택을 주기 위해서라도 우리는 체계적인 운동 방식을 정립할 필요가 있다. 그 가장 좋은 방법은 업종별 연합회이다. 업종별 연합회는 발전할 경우 소셜프랜차이즈의 기능을 수행하겠지만, 이런 사업 연합의 발전 이외에도 제도·정책 개선 활동도 매우 중요하다.

아직까지도 우리나라에서 협동조합·사회적 경제 활동을 하는 데 영리기업인 회사에 비해 세부적인 제도에서 불이익을 받는 경우가 있다. 또한 이들이 만들어 내는 사회적 가치가 적절하게 평가받지 못하고 있는 것도 사실이다.

이런 문제를 해결하기 위해서는 업종별 연합회를 만들어야 하고, 이들의 공동 대응이 각각의 수준에서 전개되어야 한다. 비슷한 문제를 가진 사람들을 모아 그 속에서 지도자를 육성하고, 스스로 협동조합을 만들도록 도와주어야 한다. 선도적인 협동조합들의 사례를 일반화하기 위한 연구와 교육도 계속되어야 한다. 또한 그 과정에서 발굴된 제도·정책의 개선 과제들이 그냥 사장되지 않도록 숙성시키고 개선 활동을 공동으로 수행해 나가야 한다.

이를 위해 업종별 연합회가 적극적으로 활성화될 수 있도록 협동조합 지도자들이 노력해야 한다. 현재 활성화되어 있는 지역별 연대조직들이 업종별 연합회의 산파 역할을 해야 한다. 이탈리아의 레가(Lega) 협동조합 연합회의 모범 사례를 한국적 상황에 맞게 심층적으로 적용하자. 이를 위해서 중간 지원 기관의 역할과 지방자치단체의 역할도 정립되어야 한다.

흔들리며 피는 꽃, 협동조합

그동안 우리는 여러 이슈들을 다루면서 '현재와 미래에 협동조합 운동이 필요한가? 왜 그런가? 그렇다면 무엇을 해야 하나? 한국 협동조합 운동의 특징은 무엇이고 앞으로의 방향은 무엇인가?'라는 질문에 대해 최대한 정리하려고 노력했다.

우리의 잠정적 결론은 더 나은 사회를 만드는 모든 활동의 허브로 협동조합이 자리 잡아야 한다는 '협동조합 허브론'으로 요약할 수 있다. 협동조합 허브론은 협동조합 공화국론과 협동조합 섹터론, 협동조합 지역사회론이 가지고 있는 장점을 하나의 체계 속에서 연결시켜 이들의 한계를 극복하려는 노력에서 나온 것이다.

19세기 신뢰와 경영의 위기 시대와 달리, 이제는 개별 협동조합을 설립하고 운영한다는 사실만 가지고 협동조합 운동을 한다고 말하기 어려운 시대가 되었다. 협동조합에 대한 편견과 억압, 폄하의 시선도 대부분 사라졌다. 이제 협동조합은 협동조합임을 증명하는 것에서 벗어나 협동조합만의 가능성과 성과를 보여 주어 많은 사람들이 협동조합의 거대한 잠재력에 감동하고 참여할 수 있도록 해야 한다.

이를 위해 협동조합 내부의 연대와 협력에서 더 나아가 시장, 중앙 및 지방정부, 시민사회, 학계 등의 주요한 주체들에게 적극적으로 다가가야 한다. 사회 책임 경영, 공유 가치 창출, ESG 등의 논의를 통해 점차 세련된 방식으로 변형되어 가고 있는 기업 경영의 패턴을 정확하게 파악하면서, 그들을 기존 협동조합의 가치와 원칙에 가깝게 이끌어 나가기 위한 협동조합의 혁신 활동이 계속되어야 한다. 이는 협동조합 운동의 필요조건이다.

또한 야경국가에서 복지국가, 신자유주의국가를 경과하여 보다 사회적 가치에 중점을 두는 방식으로 변형되어 가는 정부에 대해서도 협동조합과의 협업이 다른 어떤 주체들보다 더 쉽고 광범위하며 더 많은 성과를 낼 수 있다는 사례와 신뢰를 심어 주어야 한다. 사회적 경제의 맏형으로서 다양한 사회적 경제의 사업과 활동에 대해 네트워크의 중심에서 180년 이상 쌓은 노하우와 운영의 원칙을 제안하고 도와줌으로써 사회적 경제 전반의 발전에 기여해야 한다.

이런 과정을 통해 좋은 거버넌스가 실질적으로 달성되도록 노력해야 한다. 정부 정책 수립을 위한 의사결정에 더 많이 참여하고, 그렇게 결정된 정책을 집행하는 데 참여한 만큼의 지분을 보장받아 높은 성과를 만들어 내야 한다. 이런 과정을 반복하면서 더 나은 사회를 향해 한 걸음 한 걸음, 뚜벅뚜벅 힘차게 걸어 나가야 한다.

미래에도 언제나 예기치 않은 환경의 변화가 협동조합에 닥쳐올 것이다. 어떤 협동조합은 지속적으로 포용적 혁신을 계속할 것이며, 어떤 협동조합은 내부 구성원들의 합의에 따라 닫힌 협동에 머물며 보수화될 수도 있다. 정권의 변화에 따라 그동안 쌓아 올린 제도·정책적 성과가 무너지기도 하고, 그에 따라 정부 정책과 연계된 비즈니스 모델을 수립한 협동조합이 존폐의 기로에 설 수도 있다. 초국적 자본이 막대한 자본과 새로운 기술을 앞세워 플랫폼 비즈니스를 강화하면 소매 업종 협동조합 중 일부는 경쟁력을 잃어 도산의 위기에 처하는 경우도 있을 것이다.

그러나 협동조합 지역사회를 통해 조밀한 네트워크의 구조 위에서 업종별 연합회가 튼튼히 자리 잡고, 협동조합총연합회의 적극적인 제도 정책 활동이 발전 단계에 도달하면 이런 환경 변화에 대한 협동조합계 전체의 대응 역량도 높아질 것이다.

다양한 네트워크 속에서 각자의 발전에 최선을 다하는 협동조합은 개별적으로 움직이는 협동조합에 비해 더 높은 성과를 만들고, 더 오래 더 많이 조합원의 필요를 충족하며, 미래의 흐름에 더 능동적으로 대응할 수 있을 것이다. 이런 협동조합들의 연대를 통해 협동조합계는 전체 사회경제계가 지속 가능한 더 나은 미래를 만들어 나갈 수 있도록 앞에서 끌어 주는 개척자 역할을 할 수 있을 것이다. 협동적 기업가, 협동적 개척자로서 지속적으로 역할하기 위해서 협동조합의 정체성은 더 풍부하고 깊이 있게 연구되고 협동조합인 모두가 더 쉽고 널리 이해할 수 있어야 한다. 이를 위해 협동조합의 사상과 이론, 운동론은 더 확장되고 치밀하게 정리되어야 한다.

사업만 잘한다고 성공적인 협동조합이라고 할 수 없다. 협동조합은 본질적으로 사람 중심의 조직이다. 사람 중심의 조직은 사회 구성원인 사람들의 관계와 그 관계를 통해 만들어지는 다양한 공동 생활의 바다에서 자라나는 산호초와 같은 것이다. 따라서 협동조합과 사회적 경제는 건강한 사회의 구성원인 주창형 시민사회단체, 마을공동체를 비롯한 다양한 공동체, 주민 자치 운동과 그 제도적 구성체 등과 떨어질 수 없는 다양한 관계망 속에서 성장한다. 또한 동시에 발전한 협동조합은 지역의 사회적 관계를 더욱 풍요롭게 할 수 있도록 가능한 협력과 지원을 고민해야 한다. 따라서 협동조합은 국가와 시장과 대비되는 민간 사회의 모든 활동에 약방의 감초처럼 끼어 작동하는 것이 바람직하다. 이런 포지셔닝은 협동조합의 전체 집합을 더 풍부하고 다채롭게 만들어 나가는 데 기여할 것이다. 다양한 사회적 관계와 활동이 풍성해지면 협동조합이 발전하고, 발전한 협동조합이 다른 사회적 관계와 활동이 지속 가능하게 도와주는 선순환 구조를 추구하는 것은 미래 협동조합 운동의 필수적 과제이다.

후기산업사회의 도시화는 90%에 육박한 상황이다. 하지만 동시에 국가 균형 발전과 온라인 기술의 발전, 전염병의 위협 등으로 탈도시화의 압력도 강화되고 있다. 도시든 농어촌이든 사람들이 살아가는 지역사회 경제에는 언제나 해결해야 할 문제가 있기 마련이고, 하나의 협동조합만으로는 그 문제를 해결하기 어렵다. 따라서 그동안 이론적 영역에 머물던 협동조합 지역사회론을 현실로 끄집어내서 각자의 지역적 특징에 맞게 구현해 나가는 것이 매우 중요하다. 도시와 농어촌에서 협동조합 지역사회 건설을 동시에 추진하면 서로 협력하여 시너지 효과를 높이기도 쉬울 것이다.

협동조합 운동의 국제적 연대는 사회경제계가 지구화된 상황에서 선택이 아니라 필수이다. 하지만 국제기구의 영향력이 아직 크지 않은 상황에서 협동조합 운동은 우회하여 갈 수밖에 없다. 협동조합의 국제적 연대를 위해 가장 중요한 것은 각 국가의 전체 거버넌스 구조 속에서 협동조합 운동을 추진하려는 주체들이 중심에 서도록 세심하게 배려해야 한다는 것이다. 지역사회 공동체와 중앙정부가 함께 협동조합을 육성할 수 있도록 노력하는 것은 매우 중요하며, 이는 현재 선진국이 수행하는 ODA의 더 발전된 새로운 패러다임을 제시하는 것이다. 협동조합의 국제적 연대는 국제적 평화와 전 세계의 균등한 발전을 선도해야 한다.

협동조합 운동의 궁극적인 목적은 모든 인류가 현재보다 더 나은 사회에서 더 나은 사회경제적 삶을 살 수 있도록 하며, 이런 개인-모임-지역-국가-세계적 층위의 삶이 서로 어우러지고 균형을 이루어 지속 가능한 안정적 구조를 만들어 나가는 데 기여하는 것이다. 따라서 협동조합 운동은 언제나 어디서나 시작할 수 있고, 상대적 약자와 상대적 약자의 편에 서서 일하려는 사람들은 누구나 참여할 수 있는 보편적인 운동이다. 더 많은 사람들이 협동조합의 구성원이 되도록 더 널리 알려야 한다. 또한 협동조합의 구성원이 더 높은 수준의 협동조합 활동에 자발적으로 참여할 수 있도록 체계적인 교육 시스템을 갖추어야 한다. 협동조합 지도자는 더 많은 후계 협동조합 지도자를 양성하는 것이 자신의 중요한 과제라고 깊이 인식해야 한다.

협동조합 운동가의 뜨거운 가슴은 이런 높은 수준의 목적과 과제 앞에서 벅차게 된다. 전체 협동조합 운동의 발전을 위해 현재 자신이 해야 할 역할을 설계하고, 그것을 달성하기 위한 열정에 휩싸여 있다.

동시에 이런 미시적인 과제를 해결함으로써 협동조합 운동 전체의 거시적 과제에 가깝게 다가가기 위해 끊임없이 학습하고 분석하고 실천 방침을 확립한다.

협동조합 또한 사람이 하는 일이라 실수도 있고 실패도 있을 것이다. 어려운 상황이 닥칠 때에도 협동조합 운동가는 자조, 자립의 가치를 마음에 새기고 어려운 상황을 극복하기 위해 먼저 기꺼이 헌신할 각오를 마음에 새긴다.

협동조합 운동가의 머리는 더 나은 사회를 만들려는 높은 이상의 하늘을 향해 있으나 발은 굳건하게 땅을 딛고 있다. 운동과 사업의 균형, 기업과 어소시에이션의 균형, 협동조합 사무국과 조합원의 균형 …… 건강한 협동조합과 협동조합 운동가는 죽어 있는 균형이 아닌, 변화하는 상황 속에서 언제나 살아 있는 균형을 찾아 나가야 한다. 넘어지지 않고 전진하기 위해 우리의 몸과 생각은 의식적, 무의식적으로 끊임없이 균형을 잡기 위해 노력하고 있다. 역동적인 균형은 서로 엮여져 더 큰 영향력을 발휘할 것이다.

다양한 균형들이 얽혀 그물을 만들고, 그 중심에서 흔들리며 피는 꽃, 협동조합!

참고 문헌

강민수, 〈협동조합 연구 현황과 향후 과제〉, 서울대학교 대학원, 2016.

강종만 외, 《상호금융 미래 발전 전략》, 농협중앙회, 한국금융연구원·농협조사연구소, 2004.

권영근, 《협동조합의 정의, 가치와 7대 원칙》, 흙내, 2007.

김기태 외, 《협동조합기본법 제정에 대한 연구》, 국회사무처, 한국협동조합연구소, 2010a.

김기태, 〈지역농협의 역할 재규정과 지역종합센터 구상〉, 《농업농촌의 길 2010 심포지엄 자료집》, 2010b.

김기태 외, 〈신규 협동조합 유형의 운영 모델에 관한 연구〉, 기획재정부, 2012.

김기태·김형미·신명호·장종익·정병호 외, 《협동조합 키워드 작은 사전: 만인을 위한 협동조합 지식창고》, 알마, 2014.

김석준 외, 《거버넌스의 이해》, 대영문화사, 2002.

김영미, 《그들의 새마을운동》, 푸른역사, 2009.

남원호, 〈한국의 대안기업을 이야기하다〉, 모심과살림 포럼 발제자료, 2010.

레이들로, 《서기 2000년의 협동조합》, 김동희 역, 한국협동조합연구소, 2000.

맥레오드, 이인우 역, 《협동조합으로 지역개발하라》, 한국협동조합연구소, 2012.

박은태 편, 《경제학 사전》, 경연사, 2011.

브루니, 루이지노, 강영선 외 역, 《콤무니타스 이코노미》, 북돋움coop, 2020.

센, 아마르티아, 이상환·김지현 역, 《정체성과 폭력》, 바이북스, 2009.

안희경, 《오늘부터의 세계》, 메디치미디어, 2020.

유달영, 《협동과 사회복지》, 홍익제, 1998.

이철승, 《쌀, 재난, 국가》, 문학과지성사, 2021.

임영선, 〈협동조합의 이론과 현실〉, 한국협동조합연구소, 2014.

자마니, 스테파노·자마니, 베라, 《협동조합으로 기업하라》, 송성호 역, 북돋움, 2012

장종익, 〈한국협동조합 운동의 역사와 현황〉, 협동조합연구소 내부 자료, 1995.

장종익, 〈협동조합기본법으로 설립된 협동조합의 특성과 정책적 함의〉, 《한국협동조합연구》 35(2), 2017.

장종익 외, 《한국 협동조합 섹터의 발전방향과 사회적기업과의 연계 가능성》, 함께일하는재단, 2011.

장종익 외, 〈최근 협동조합 섹터의 진화〉, 《한국협동조합연구》, 32(1), 2014.

정약용, 《목민심서》, 권17 평부조.

정혜승 외, 《힘의 역전 2》, 메디치미디어, 2020.

조완형, 〈생활협동운동과 생활협동조합활동〉, 모심과살림포럼 발표문, 2010년 5월.

(주)지역농업네트워크, 《지역과 농업의 네트워킹, 10주년 심포지엄 자료집》, 2008.

최성욱, 〈한국의 거버넌스 연구 경향에 대한 분석〉, 《한국거버넌스학회보》 10권, 2003.

폴라니, 칼, 《거대한 전환》, 홍기빈 역, 길, 2009.

피케티, 토마, 안준범 역, 《자본과 이데올로기》, 문학동네, 2020.

황민섭, 이응균, 〈도시화가 1인당 탄소 배출에 미치는 영향〉, 《환경영향평가》 25권 5호, 2016.

Birchall, J., *Co-op: the people's business*, Manchester University Press, 1994.

Birchall, J., *The International Co-operative Movement*, Manchester University Press. 1997.(장종익 역, 《21세기의 대안 협동조합 운동》, 들녘, 2003)

Birchall, J., & Ketilson, L. H., *Resilience of the cooperative business model in times of crisis*, 2009.

Böök, S. Å., *Co-operative values in a changing world: report to the ICA Congress*, Tokyo, October 1992(Vol. 19), The International Co-operative Alliance, 1992(《급변하는 세상에서의 협동조합의 가치》, 농협대학 농협경영연구소, 1995)

Hansmann, H., *The ownership of enterprise*, Harvard University Press, 1996.

ICA, *Guidance Notes to the Cooperative Principles*, International Cooperative Alliance, 2015.(한국협동조합협의회 역, 《ICA 협동조합 원칙 안내서》, 2017)

Laidlaw, A. F., *Co-operatives in the Year 2000 : A Paper Prepared for the 27th Congress of the*

International Co-operative Alliance, Moscow, 1980.(《서기 2000년의 협동조합》, 김동희 역, 한국협동조합연구소, 2000/염찬희 역, 《21세기의 협동조합》, 알마, 2015.)

MacPherson, I., *Co-operative Principles for the 21st Century* (Vol. 26). International Co-operative Alliance, 1996.

Marcus, L. *Cooperatives and basic values. In ICA*, XXIX Congress, Stockholm, Agenda &Reports. 1988, July.

http://ica.coop/en/whats-co-op/co-operative-identity-values-principles

http://www.coop.go.kr/COOP/state/guildEstablish.do

http://www.mondragon-corporation.com/eng/

다시, 협동조합을 묻다
정체성 전환의 시대, 한국판 레이들로 보고서

초판 1쇄 2021년 12월 1일

지은이 | 김기태, 강민수

펴낸곳 | 북돋움coop(북돋움출판협동조합)
펴낸이 | 상현숙
디자인 | 채홍디자인

신고　| 2020년 7월 30일 제25100-2020-000056호
주소　| 서울시 마포구 잔다리로7안길 41, 101호
전화　| 02-6369-0715
팩스　| 0303-3447-0715
블로그 | http://blog.naver.com/bookddcoop
이메일 | bookddcoop@naver.com

ISBN | 979-11-971422-6-0 (03320)

* 책값은 뒤표지에 있습니다.
* 파본이나 잘못된 책은 구입한 서점에서 바꿔드립니다.